# 马克思主义在中国早期传播

第一卷

张远航 路军 主编

重庆出版集团 重庆出版社

## 图书在版编目(CIP)数据

马克思主义在中国早期传播.第一卷/张远航,路军主编.—重庆:重庆出版社,2023.9(2024.12重印)
ISBN 978-7-229-15727-2

Ⅰ.①马… Ⅱ.①张… ②路… Ⅲ.①马克思主义—传播—资料—汇编—中国 Ⅳ.①D61

中国版本图书馆CIP数据核字(2021)第008643号

### 马克思主义在中国早期传播(第一卷)
MAKESI ZHUYI ZAI ZHONGGUO ZAOQI CHUANBO(DI-YI JUAN)
张远航　路　军　主编

责任编辑:李　茜
特约审校:王江鹏　李少华
责任校对:刘小燕
装帧设计:李南江

重庆出版集团
重庆出版社　出版

重庆市南岸区南滨路162号1幢　邮政编码:400061　http://www.cqph.com
重庆出版社艺术设计有限公司制版
重庆市国丰印务有限责任公司印刷
重庆出版集团图书发行有限公司发行
E-MAIL:fxchu@cqph.com　邮购电话:023-61520646
全国新华书店经销

开本:787mm×1092mm　1/16　印张:23　字数:350千
2023年9月第1版　2024年12月第2次印刷
ISBN 978-7-229-15727-2
**定价:138.00元**

如有印装质量问题,请向本集团图书发行有限公司调换:023-61520678

版权所有　侵权必究

# 总序

1840年，英国发动鸦片战争，用坚船利炮轰开了中国的大门。从此，中国人民为谋求民族解放、民族独立和民族复兴，进行了可歌可泣的斗争。而身处欧洲的马克思对发生在遥远东方的战争深感同情，撰写了十几篇关于中国的通讯，揭露西方列强侵略中国的真相，为中国人民伸张正义。到19世纪末20世纪初，中国社会矛盾进一步加剧，在各种运动相继失败，各种思潮、主张无力解决中国问题的背景下，流行于欧美、日本的马克思主义和社会主义思想被译介到中国。

孙中山是第一位系统接触马克思主义的中国人。1895年广州起义失败后，孙中山流亡欧美，他考察了欧美资本主义国家的社会经济政治状况。1896年居留伦敦期间，孙中山在大英博物馆研究欧洲社会主义运动时，接触了包括《共产党宣言》《资本论》在内的马克思、恩格斯著作，并深受马克思主义的影响。

1899年，马克思的名字第一次出现在中国的报纸上。这年，英国传教士李提摩太在上海广学会创办的《万国公报》第一二一期至第一二四期译介《大同学》一文，其中提到马克思的名字。不仅如此，《大同学》还译介了《共产党宣言》《资本论》的部分内容。

第一个在著述中提及马克思主义的中国人是梁启超。梁启超是中国近代著名的政治活动家、启蒙思想家、教育家、史学家、文学家，戊戌变法领袖之一。1902年，梁启超在《新民丛报》第十八号上发表《进化论革命者颉德之学说》，对马克思作了简要介绍，称之为"社会主义之泰斗"。1904年2月，梁启超在《新民丛报》第四十六号至第四十八号上发表的《中国之社会主义》一文，又对马克思的社会主义作了简要介绍。

甲午中日战争后，一大批进步学生东渡扶桑，走上曲折的救国救民之路。他们通过开办报馆，举行讲习会等形式宣传革命进步思想。其中，《译书汇编》是留日学生最早创办的译书杂志，译介了大量马克思主义文献。《译书汇编》于1900年在日本东京创办，主要译载欧美、日本等地资产阶级政治、经济、法律、社会新思潮等方面的著作，受到国内外青年和学生的青睐。1901年《译书汇编》连载了日本学者有贺长雄的《近世政治史》一文，文中将西方反对资本主义压制、倡导贫富均衡的学说称为"社会主义"。1903年，中国近代学者、教育家、政治活动家，广西大学创建人马君武在《译书汇编》第二卷第十一期上发表的《社会主义与进化论比较》一文指出："马克司者，以唯物论解历史学之人也。"第一本系统介绍社会主义学说的译著是《近世社会主义》，该书1903年3月由赵必振翻译，广智书局出版，介绍了马克思的生平、著作、学说，以及欧美诸国社会党的现状，它称《共产党宣言》为"一大雄篇"。此外，无政府主义者创办的机关刊物《天义》和《新世界》也是早期传播社会主义思想和马克思主义学说的重要载体。《天义》是刘师培等留日学生创办的无政府主义机关刊物，在宣传无政府主义的过程中，间接介绍了马克思主义。尽管他们站在无政府主义的立场，但在客观上扩大了马克思主义的影响。1912年《新世界》连载的《理想社会主义与实行社会主义》（即恩格斯的《社会主义从空想到科学的发展》），是早期社会主义流传过程中在中国出现的一部较为完整的著作。

在孙中山的影响下，宋教仁、胡汉民、廖仲恺等资产阶级革命派都曾译介过《共产党宣言》及马克思的其他著作。胡汉民在《民报》上发表的《告非难民生主义者》一文，宋教仁于1906年6月在《民报》上发表译自日本《社会主义研究》上的《万国社会党大会略史》，廖仲恺在《民报》第七、九两期上发表的《社会主义史大纲》和《无政府主义与社会主义》，等等，都在一定程度上宣传了马克思主义和社会主义。在介绍马克思及其学说方面，朱执信是资产阶级革命派中对马克思主义在中国传播贡献最大的人物之一。朱执信是中国近代资产阶级革命家、思想家，被毛泽东称为"马克思主义在中国的传播和拓荒者"。1906年，朱执信撰写《德意志社会革命家小（列）传》，在《民报》上连续介绍马克思、恩格斯，翻译《共产党宣言》和《资本论》部分内容。1911年，孙中山领导辛亥革命推翻了中国两千多年的封建帝制。资产阶级革命派坚持以革命方式解决社会问题，热心地介绍与宣传马克思主义。辛亥革命至五四时期，孙中山一再高度评价马克思主义，称马克思是社会主义的"圣人"，认为"马克思所著的书和所发明的学说，可说是集几千年来人类思想的大成"。

新文化运动时期，中国先进知识分子的思想发生着激烈碰撞与转变。经过新文化运动洗礼，在十月革命和五四运动影响下，通过学习、宣传马克思主义以及"与劳工为伍"的实践，马克思主义思想的阵地得以扩大，一批进步青年转变为马克思主义者，并迅速投入到宣传马克思主义和创建中国共产党早期组织的行动中去。这批进步青年中的代表有陈独秀。陈独秀是中国新文化运动的发起人，中国共产党创始人之一。1915年，陈独秀在上海创办《青年杂志》（后更名为《新青年》），对旧思想、旧文化、旧礼教发起了猛烈批判。陈独秀在他创办的《新青年》上发表了大量马克思主义文献，促进了马克思主义的传播。在《新青年》第一卷第一号上，陈独秀在撰写的文章《法兰西人与近世文明》中论道："近世文明之特征，最足以度古之道，而使人心社会划然一新者，厥有三事，一曰人权说，一曰生物进化论，一曰社会主义是也。"又说："德意志之拉萨尔及马克思承法人之师说，发挥而光大之。"从以上论述看，陈独秀对马克思主义学说的本源和主要内容的认知层次尚浅。1920年陈独秀在《新青年》第八卷第一号发表《谈政治》一文，宣称抛弃先前崇仰的西方民主共和政治，拥护马克思主义的无产阶级革命和无产阶级专政。该文标志着陈独秀从激进民主主义转向马克思主义，从文人学者转为马克思主义信徒，对马克思主义的认识从浅显走向深入。他的言行给中国社会特别是青年知识分子带来了不可低估的影响。

新文化运动为当时中国人的思想解放打开了一扇门，而第一次世界大战及其所引起的一系列灾难性后果，促进了各国人民群众觉醒，推动了各国革命运动迅速高涨，对中国社会也产生了重大的影响。第一次世界大战也推动了世界无产阶级运动的发展，1917年11月7日，俄国爆发震惊世界的十月革命，列宁领导的布尔什维克党推翻了资产阶级统治，建立了工农苏维埃政权。俄国十月革命给陷于彷徨、苦闷的中国人昭示了新的理想目标和建国方案，这就是走俄国人的路，搞社会主义。毛泽东同志指出，"十月革命一声炮响，给我们送来了马克思列宁主义"。十月革命后，李大钊以极大的热情关注着俄国革命的发展，搜集关于俄国革命和马克思主义的书报，学习和研究马克思主义。1918年11月，他在《新青年》发表《法俄革命之比较观》一文，号召人们研究十月革命的经验，迎接这个世界的新曙光。在中国被瓜分的危急时刻，李大钊发表了《庶民的胜利》一文，进一步歌颂十月革命的胜利，指出马克思主义必将在全世界取得胜利。1919年李大钊发表的《布尔什维主义的胜利》一文指出：十月革命所开始的，"是世界革命的新纪元，是人类觉醒的新纪元。我们在这黑暗的中国，死寂的北京，也仿佛分得那曙光的一线，好比在沉沉深夜中得一个小小的明星，照见新人生的道路"。

十月革命给中国人带来巨大启示，那就是经济文化落后的国家也可以用社会主义思想来指引自己走向解放之路，这是马克思主义加速在中国传播的客观原因。十月革命后诞生的第一个社会主义国家，不仅号召反对帝国主义，而且还以平等态度对待中国，这是推动马克思列宁主义在中国广泛传播的又一重要原因。1919年7月，苏维埃俄国政府公开发表第一次对华宣言，宣布废除"沙皇政府从中国攫取的满洲和其他地区""废弃（俄国人在中国境内的）一切特权"等。该宣言于次年冲破中国反动当局的新闻封锁，在《新青年》等刊物上发表出来。长期饱受资本主义列强欺凌的中国人民在得知宣言的内容之后，感到"无任欢喜"。在新民学会长沙会员大会上，青年毛泽东就曾兴奋地指出，"俄式系诸路皆走不通了新发明的一条路，只此方法较之别的改造方法所含可能的性质为多"。

1919年爆发了以学生斗争为先导、各阶层积极响应的反帝爱国的五四运动。五四运动轰轰烈烈开展起来后，学生罢课、工人罢工将奋起救国推向高潮，在这次坚决的反帝反封建运动中，中国无产阶级开始登上政治舞台。

五四时期是中国先进分子思想发生激烈碰撞和转变的时期，一批先进分子相继从激进民主主义者成长为马克思主义者。在这批先进分子中，李大钊是中国最早的马克思主义者。陈独秀在五四运动的推动下，逐渐否定过去信仰的资产阶级民主主义，开始转向科学社会主义，并组织和领导工人运动。毛泽东、周恩来等人在五四运动的推动下，由激进民主主义者逐渐转变为马克思主义者。

毛泽东在五四运动前后接触和接受马克思主义，创建了革命组织新民学会，他创办的《湘江评论》别开生面，成为反帝反封建和传播科学社会主义的有力阵地之一。1919年12月，毛泽东第二次来到北京，有机会阅读更多的马克思列宁主义和有关俄国革命的书籍，进一步系统地掌握了马克思列宁主义理论武器。1936年，毛泽东在与美国记者斯诺谈话时回忆道："我第二次到北京期间，读了许多关于俄国情况的书。我热心地搜寻那时候能找到的为数不多的用中文写的共产主义书籍。有三本书特别深地铭刻在我的心中，建立起我对马克思主义的信仰。我一旦接受了马克思主义是对历史的正确解释以后，我对马克思主义的信仰就没有动摇过。这三本书是：《共产党宣言》，陈望道译，这是用中文出版的第一本马克思主义的书；《阶级斗争》，考茨基著；《社会主义史》，柯卡普著。到了1920年夏天，在理论上，而且在某种程度的行动上，我已成为一个马克思主义者了，而且从此我也认为自己是一个马克思主义者了。"

五四运动爆发后，周恩来在天津积极投入爱国运动，主编《天津学生联合会报》，参与发起建立觉悟社。觉悟社成为天津学生爱国运动的领导核心。1920年1月，周恩来等在反帝爱国运动中被北洋军阀政府天津警察厅拘捕。在被拘捕期间，他向难友们作了五次介绍马克思学说的讲演。其内容有马克思传记、唯物史观、剩余价值学说和阶级斗争史等。

参加辛亥革命的董必武、林伯渠、吴玉章等一批先进分子在五四时期成为了马克思主义者。著名马克思主义理论家、中共主要创始人和早期领导人之一李达翻译的《社会问题总览》，对马克思主义唯物史观作了较系统的阐述。马克思主义传播者杨匏安发表的《马克斯主义》对马克思主义三个组成部分作了比较全面的阐述。李汉俊译的《马格斯资本论入门》，对马克思主义经济学作了系统论述。中国现代文学家、中共早期主要领导人之一的瞿秋白1920年8月作为《晨报》的记者出访苏俄，并加入共产党。瞿秋白在苏期间，奋笔著述，写了大量关于俄国和十月革命的文章，受到苏维埃政府热情接待，多次见到列宁。从1921年开始，瞿秋白在《新青年》和北京《晨报》上发表了十篇重要通讯，对苏俄的政治、经济、文化、外交、党的建设、工人组织、农民问题等作了一系列报道和介绍。这是十月革命后，第一次由中国人向全国人民所作的关于列宁和社会主义国家的系统报道。

五四运动后，马克思主义在中国的广泛传播并且日益同中国工人运动结合的过程，也就是酝酿、准备到建立中国共产党的过程。1920年2月，陈独秀在李大钊亲自护送下去天津，途中，他们在骡车上商讨了建立中国共产党的问题。陈独秀到上海后，就开始到工人中了解罢工情况，和工会组织一起组织集会发表演讲，宣传马克思主义。1920年《新青年》第七卷第六号《劳动节纪念号》专刊共发表28篇文章，其中大部分反映了北京、天津、长沙、南京等地工人的状况。《劳动节纪念号》的编辑发行，是中国先进分子与工人运动相结合的产物。经过酝酿和准备，在陈独秀主持下，上海共产党早期组织于1920年8月在上海法租界老渔阳里2号《新青年》编辑部正式成立，取名"中国共产党"，这是中国的第一个共产党早期组织，陈独秀任书记。

1920年3月，北京大学成立马克思学说研究会，成员大多是五四运动中的骨干和积极分子。该研究会即是中国最早学习和研究马克思主义的团体，为建党作了重要准备。经过一系列准备工作，北京的共产党早期组织于1920年10月在北京大学图书馆李大钊的办公室正式成立。当时取名为"共产党小组"。党组织的最初成员有李大钊、张申府和张国焘三人。1920年底，北京党组织召开会议，决定成立"共产党北京支部"，由李大钊任书记。上海、北京的共产党早期组织成立后，武汉、长沙、广州、济南等地的先进分子以及旅日、旅法华人中的先进分子，也相继建立了共产党早期组织。

各地党的早期组织有计划地研究和宣传马克思主义，批判各种反马克思主义思潮，开展工人运动。1920年9月，上海的共产党早期组织将《新青年》改为党的公开理论刊物，宣传马克思主义的基本理论，组织创办半公开刊物《共产党》，介绍革命理论和党的基本知识。上海的党组织还起草了《中国共产党宣言》，阐明中国共产主义者关于实现共产主义社会的理想，提出消灭私有制、实行生产资料公有、废除旧的国家机关、消灭阶级的主张。同时，在极端困难的条件下，上海的共产党早期组织翻译出版马克思主义著作，如陈望道翻译的《共产党宣言》，这是马克思主义著作的第一个中文全译本，在马克思主义传播史上具有重要意义。陈望道，原名参一，笔名陈佛突、陈雪帆等，他于1919年从日本回国后，受聘于浙江第一师范学校。1920年春回到家乡，后来来到杭州大佛寺开始翻译《共产党宣言》，并于1920年4月翻译完成。《共产党宣言》于同年8月出版，9月应读者要求再次出版发行。可以说，《共产党宣言》的出版，为中国共产党的成立奠定了思想基础。

马克思主义在中国早期传播的过程，同时也是先进中国人在寻求挽救民族危亡道路上，从初步接触马克思主义，到主动传播和接受运用马克思主义，再至创建马克思主义政党的过程。《马克思主义在中国早期传播》丛书收集了1899年至1914年我国出版的大部分马克思主义早期文献，按时间顺序分为八卷。收录的文献既有专著，也有刊载在杂志上的文章。早期传入中国的马克思主义文献大多来自国外译著，作者受时代、认知和立场所限，有的观点和表述在今天看来并不妥当甚至错误，但作为那个时期的历史文献，仍有保存研究的价值。作为后世学人，应批判地继承历史文化，取其精华，去其糟粕。丛书中有的文献仅少部分与马克思主义直接相关，我们仍将文献全貌或较多的节选收入，以便于读者了解早期马克思主义传播的背景全貌。

这些马克思主义早期文献真实地反映了马克思主义早期传播者为寻求真理进行艰苦探索的过程。我们编撰此套丛书，既是对他们筚路蓝缕的致敬，也是为启示后来者，在实现中华民族伟大复兴的历史进程中，要始终高扬马克思主义伟大旗帜，坚定中国特色社会主义道路自信、理论自信、制度自信、文化自信。

张远航

2023年7月

# 编辑说明

一、本丛书选录文献原为竖排版，今改为横排版予以整理。文献底本中的"如左""如右"等表述保留原貌，不作改动。

二、全书文字遵循底本，仅将底本繁体字改为对应简体字，将现今不再使用，且有对应简体字的异体字改为正体字，其他异体字原则上保留。沈重、根原、计画等，均为当时通用用法，大体保留原貌，不作改动和统一。

三、晚清民国出版物，行文有时代风格，为保持原貌计，不作改动。但对音近形似、手民误植、作者误笔或误记等原因造成的明显错误之处作订正，大体上径改，部分需要说明时，于当页以页下注出校。底本中缺字用□表示。

四、底本部分已有句读，部分无句读，今一律用现代标点对其进行规范化标点，对于底本中明显的句读错误大体径改，断句或有与底本句读不同之处，书中不另作说明。

五、原文中有的文章全文相连，没有分段，整理时根据上下文意，酌情分段，以方便读者阅读。底本中双行小字，标点时改为比正文小一号的仿宋字体，随相应正文之后括注。

六、受时代、作者认识等所限，文献中存在一些表述不当的历史词语如"乱""贼""盗""支那""日清战争"等，以及不符合事实和当今主流思想的观点，如对于国家民族优劣、甲午战争、帝国主义等的评述，为保留文献原貌，均未作改动。望读者将这些内容放在历史的维度，以批判的态度加以辨识。

七、底本翻译的外国书名、人名等专用名词，与今日通行本不一致者，均保留原貌，不作改动和统一。如将孟德斯鸠译为蒙的斯鸠；不同文章对马克思有不同译法（马尔克斯、马克司等），均不作改动。

八、目录与正文均依底本录入，底本目录与底本正文不一致的，目录与正文标题均保持原貌，在整理文正文标题处加页下注说明。

九、为便于读者了解文献原貌，整理文字后附有文献底本图片，有的并非全文附上，有的影印效果不佳，有的底本页面有整理文字以外的文字，并非一一对应，仅作读者阅读参考。

# 目录

**总序** 001

**编辑说明** 001

## 大同学 —— 001

第一章　今世景象　003

第二章　论进境　008

第三章　相争相进之理　011

第四章　人世第一大事　014

## 近世政治史 —— 045

**第一部　德意志** 047

第一章　政府及政党　047

第二章　文化争斗及社会党镇压　050

第三章　社会党镇压及社会政策　055

第四章　帝国财政革新　060

第五章　卑思麦克之世界政策　064

第六章　扩充兵制及两帝逝世　067

第七章　德皇威廉第二　073

## 二十世纪之怪物帝国主义　153

《二十世纪之怪物帝国主义》序　155

《二十世纪之怪物帝国主义》原序　156

例言三则　157

中江笃介先生评　157

《每日新闻》记者石川安二郎评　158

《人民新闻》记者芳原华山评（节录）　159

《万朝报》记者河上年陵评　159

《土阳新闻》评　160

《读卖新闻》评　161

《劳动世界》记者评　162

《时事新报》记者评　162

《东京日日新闻》记者评　162

《日本人杂志》记者评　163

《报知新闻》记者评　163

《日出国新闻》记者评　164

《朝日新闻》记者评　164

《中央新闻》记者评　164

《警世》记者评　165

《中国民报》记者田冈岭云评　165

目录　166

第一章　绪言　173

第二章　论爱国心　175

第三章　论军国主义　191

第四章　论帝国主义　208

第三章[①]　结论　223

## 进化论革命者颉德之学说 —— 329

---

① 应为"第五章"。

1899

# 大同学

1899年2月至5月，上海广学会出版的《万国公报》第一二一期至第一二四期连载《大同学》第一章至第四章。该文对马克思以及马克思主义进行了简单介绍。这是中文书刊中第一次提到马克思的名字。《大同学》译自英国社会学家本杰明·颉德（Benjamin Kidd）的《社会演化》（*Social Evolution*）一书，由英国来华传教士李提摩太译、中国人蔡尔康撰文，先在《万国公报》分期刊发，后成书出版，共十章。今以《万国公报》1899年2月至5月第一二一期至第一二四期刊载的前四章为底本，予以整理。

# 第一章　今世景象

大圜之下，鸟飞兔走而成旦暮，扇凉炉暖而成冬夏。历旦暮冬夏之所积，飘瞥而逮于今世。其关系之重且巨，竟为百世之所未有。明哲之士，类能知之，且类能言之。或更创为高论曰：自今以往，将别成一新世界。不佞独居深念，兼博考通人之撰述。窃冀折衷至当，奉为治理今世之准绳。不谓十九周中（泰西以耶稣降世后每百年为一周，就华历言，自中国嘉庆初年以迄于今是为第十九周）分讲格致诸学，以专门名家显者，所在多有。更有讲生长变化之新学者，析理之精，旷代亦鲜出其右。及进而究大同（二字出《礼运篇》，盖禹汤文武成王周公之治，犹仅小康耳）之理。纵使名流接踵，多冥心屏气而不之道。其偶有道及之一二人，亦复凌躐失序，杂乱无章，不亦大可异欤！

英国才人施本思（或译作斯宾塞尔），善谈名理。曾著《万理合贯》一书。高筑选楼者，评之为今世要典之一。间尝受而读之，喜其能举生长变化之学，推诸万学，乃万学之冠。有如大同学者，竟未能明言其理，岂不可惜！德人某，施本思之高足弟子也，甚欲讲大同之学，以弥其师之缺憾，然亦未能妥洽。至于英士胡思礼，实为英国格致家之领袖，尝畅论今世安民之法，不料流于谬妄，竟如俄国之伲倅俐党人，尤为通儒所齿冷。更回溯至十八周之世（西历一千七百一年以后，当中国康熙中叶至嘉庆初元，是为第十八周），法国有喇飞雷者，恒语人曰："居今之世，人必以自主为君，断不可再为暴虐世界之奴隶。"此语流传至今日，人共知以自主为君，其妙不可思议。然而槁饿而死者，即此君也，则将若之何？

民为邦本，古有明训。乃不能糊口者，偏屡见于民之中。此所谓本实先拨，枝叶未有不受其害者也。美人哲而治有言："试问今日之君相，有真能得安民之良法者乎？藉曰自以为既得矣，乃起视斯民，仍终其身于困苦之中，所谓安者何在？"哲而治又曰："民皆平等，宜共操举官之权。意非不善也。特举官以治民，而治民之官，仍任民间有豪富之一流，又有赤贫之一类。是殆举三角形之物，而强令一角之植立于地也。颠仆之祸，傥焉如不终日矣。"英又有士提反者，著书立说，亦甚擅名于时。其言曰："今之讲学家，分门别户，各具专精之诣力。乃安民善学，独置不讲，是举其细而遗其大也。至若强作解事，作总挈语，实则含胡笼统，不关痛痒。徒装门面，庸有济乎。"

十八周之季，法国改革制度，夺世家上品之权，以予中品之绅富。其后，更遍分于下品之编氓。比户皆得举官，民心大餍。相沿至十九周，欧洲诸国，大半仿行。于是，士人之旦夕营求者，不在宰制之权，而在格致之学。精诚所注，金石为开。故虽新法之经其创获者，曾不过千百之一二，而一切工艺，兴也浡焉。第就制成大机器而言，已宏开草昧经纶之局。是故皇古无论矣。百年以前，五洲暌隔，寂寞荒寒。西被东渐，徒传虚语。今则轮声帆影，陆詟水慄，无远弗届，有感斯通。而且电线之长，以一京五兆里计。传消递息，万国比邻。利便斯民，莫可伦比。特是民生虽便，民力已殚。茅檐蔀屋之中，竞求更定安民之善法。爰有人言，今世金银气重，压损愁眉。有财者富驾侯王，罔知餍足。无财者贫如乞丐，莫可告哀。且也，乡间务农之人，日见其少。城市佣工之子，日见其多。究之居肆以成事者，巧虽恃乎机器，力终出于工人。相彼百工，乃仅可糊其一口乎？且夫机器与人力并兴，固世之所藉以生利者也。豪富之家，安坐而享其成，特所谓分利之人耳。分利之人日益富，生利之人日益贫。事之不平，孰甚于此。且豪家更施一网打尽之计。一事也，独力不能胜，则合什佰千万之众，尽力以霸占之，是曰纠股公司，工匠辈恒詈之为股盗。昔年，欧洲有大商局，肆行龙断之毒，众商呼之曰局盗。又有世爵之家，怙势殃民，万民呼之曰爵盗。今日之股盗，犹局盗也，犹爵盗也。工匠则茕茕孑立，生命悬于呼吸。坐视天下之美利，云驱风卷，以尽入于富室之贪囊。呜呼！天下之人，大抵不外二等耳。有一等之闲人，斯有一等之佣人。有一等篡位之人，斯有一等失位之人。有一等之剧盗，斯有一等之事主。有志安民者，于此能了然于心。则孰当爱护，孰当惩创，自不烦言而解矣。

欧洲百年以前，已有断断于二等之人类者。及至尽人操举官之权，足以限制乎旧法。又惜其未能善用，有权遂一如无权。而受苦之佣人、失位人，与夫被盗之事主，依旧惨无天日也。但物极必反，间亦有图泄其忿者，合众小工而成一大力，往往停工多日，挟制富室，富室竟一筹莫展。似此举动，较之用兵鸣炮，尤为猛厉。其以百工领袖著名者，英人①马克思也。马克思之言曰：纠股办事之人，其权笼罩五洲，突过于君相之范围一国。吾侪若不早为之所，任其蔓延日广，诚恐遍地球之财币，必将尽入其手。然万一到此时势，当即系富家权尽之时。何也？穷黎既至其时，实已计无复之，不得不出其自有之权，用以安民而救世。所最苦者，当此内实偏重，外仍如中立之世。迄无讲安民新学者，以遍拯此垂尽之贫佣耳。

泰西有教会焉。近年讲道士人，多喜讲雷同之事，而不甚讲矫异之端。且多喜奉行善事，而不甚研求名理，殊堪惋惜。但天主、耶稣两教中人皆言，上帝之道，不第使人尽得天生之福已也，更使人共享今世之福，而与格致家争辩不少屈。格致家之言曰：格物创新诸学，事在人为耳。道学家则曰：世间若但知创法，而不知修心，民何以安？历年以来，两家相持不下，乃至今而复有更变矣。格致家言天地万物之成，非有无量年前之上帝，特意创之也。天地万物，本由热气而生。热气盘旋于空际，不知其若干年岁。由渐增凉，凉气凝结乃成日月星诸球（地亦一星也，故言星可以括地）。今专以地球言，成球之后，渐生植物。而亦非尽百草万木，有人遍

―――――――――
① 此处有误，马克思为德国人。

造之也。从一物始，不知其几历岁时。渐变而化成诸物，其后于植物而生者，厥又有动物焉。一如植物之递变而递异，亦越于今。鸟兽虫鱼，胎卵湿化，各有主名之可指。问其世系，实皆荒远而不可究极。必谓太初之始，有人辛苦经营，则虚诬弥甚矣。此一说也。格致家之外，又有经学家。经学家博士之说曰：天下各国相传之经典，大半由后人搜集古书，指为某圣某贤之懿训，初非真出于圣贤之手也。此又一说也。泰西人缘此二说，遂视教会为无用之物，而谓只有格致之实学，大为世辅。苟能是，是亦足矣。

昔日之讲求格致者，大半皆教会中读书得闲之士。其有不受洗礼，而专讲格学者，往往签信卜筮星相诸事，实树正道之敌，故教会中人恒驳斥之。且劝众人，毋为所惑。若辈之气大沮。迨今一二百年来，讲求天文地舆诸学之士，虽未尽躬入教会，而多崇尚实学。更有专讲格致之真谛者，实已尽扫虚诬之习，与教士殊途同归。然前怨未忘，故居恒论列是非，仍与教士格格不相入。当法国百年前大变之际，甚有以沙汰教会之说，明目张胆而道之者。

特是教会之兴，已历一千数百年之久。纵使末流多弊，教律渐乖，然砥柱中流，正复大有人在。且沈几观变之士，恒忧世变之日亟，迫而动其求道之心。不但教会中人，不得传其道，则热中也。竟有素不好道者，亦谆谆然语人曰："斯道一日不立，斯世一日不兴。"职是之故，虽有消教会之无益于世者，更有斥教会之有害于世者。甚至以学术宏深之胡思礼，坚持排斥之说，而卒无以服人。英国奥刻师福（译言牛津）大书院诸生，皆彬彬乎博雅才也，且愿分肆业之功，代宣天道。盖道心之沦浃于人心，如此其深且久矣。

近数十年来，又有博采东西各教之嘉言者，汇集成编，按期宣讲。从而受业之士，亦复实繁有徒。

法国创立格致学会，专讲人事，力辟天伦（以人事天，是曰"天伦"）。会中主席之士，博学多闻，辩才无碍。然立会仅数十年，会中人渐次星散。可见人心本具秉彝之好，虽以格致学之精诣，究不得而灭之也。

格致家评量事物，悉按公理而蠲私见，且遇事留心细察，务期阐明其理，而后即安。独至一语涉于教会，即大异于讲求他事之肫诚。是故敬天修心，明明有实诣焉。格致家乃漫不加察，一概指为虚影。且天道之兴衰，实系国家之成败。格致家复一笔抹倒，迄未理会及之。窃思真有才人，遇极无用物，亦将分肌擘理，期化朽腐而为神奇。若夫教会之于世道，大有关系。各国历代史记，堪为明证。乃格致家仍屏不道，心偏执甚。后世必有明理之人，起而痛责其误者。

格致家与教会有夙仇，上节曾言之。实则讲学为天下之公道，岂能参以私见。英人达文，创讲生长变化之理，固驰名于五洲者也。其于教会也，忽问以有何用处？遍考格致家论辨他物之际，必先查明何事，然后讲明何理。从未有作此长柄葫芦之问者。不知人世既有教会，自当格出真谛，方尽格致本分。而乃达文之外，或则曰："敬天修心，本无理取闹之事。"或则曰："教会如空炮台，岂能守国？"或更曰："俟至遍地大兴学校之日，尽人而能读书。彼教会者，自遁归于无何有之乡矣。"施本思与其门弟子，尤蔑视教会不已。尝言："教会如野草，任其自生自灭而已。"施君著书，多讲物理。亦未有作如此不了汉语者，是皆深堪诧异者也。且格致家之学问，不但不能助教会已也。一行作吏之辈，欲究治民诸学，格致家亦罕有良法以助之。故如师米德暨米勒二君，同著《富国新策》。苦心孤诣，推究入微。然书中多讲积财之法，并未究安民之学。故抱道而忧时者，多未能心悦诚服。惟马尔沙别著一书，以道德为宗，以史事为证，以历代之治法为准，言治者庶堪借鉴焉。

要之，专精于格致之学者，虽能体会物理，洞晰毫芒，然试与之讲论安民良法，政如隔绝十重帘幕，声息不通。或者，动物学一门，庶可藉以为迷津之宝筏。特舍此之外，吾见亦罕。民困将奚自苏哉！夫天下大同之治，本不易致。然民吾同胞，苟任其穷而无告，已饥已溺之谓何也？乃格致之学，盛行者一二百年。而安民之举，竟共置诸脑后。事之可叹，孰甚于斯！所愿后之研求格致学者，由动物学而推诸安民学。则不徒处士免虚声之消，更可使苍生跻福禄之林矣。

## 第二章　论进境

　　人之所以异于禽兽者，无他，能求日进无疆而已矣。原夫上天造物之始，禽兽与人，同属动物之一类。惟人实冠于万物，用能日进无疆。不特超出于羽毛鳞介诸虫，更裦然为倮虫之长。且充其秀灵之孕毓，能各就其土地，联合而自成为国。且有君以宣其化，有民以承其流。民之从君，一如士卒之从将帅。号令既出，莫之敢违。

　　人为万物之灵，不第明君民之分际已也。盈天地间，皆气也，而人能一一略知之。有化学家出，更能审其质而标其名，分其类而知其用。甚至电气之属，供人驱使，不啻主之役仆。夫气，其至虚而无丽者也，其至微而无定者也。天地之大权，乃旁落于人中，人不几与神同其智能哉！

　　或问："人亦一物耳，而竟能登峰造极者，何也？"曰："人之由渐而明，一如国之由渐而兴。就其浅近者言之。人如饮食合宜，则充实壮健，否则病且死。有定理焉。惟国亦然，行大益事则兴。若缘不明之故，而行大损之事，亡也忽焉。"

　　昔有达文者，善能考察万物生长变化之理，盛名鼎鼎。然究其始，则实因考察各国之废兴成败，而推其理于万物者也。于此有人焉。覆由万物生长变化之理，而推诸治国。因遂回溯各国历代日进无疆之成迹，岂非绝妙之事。而无如明此理者之绝少也。

　　苟欲洞明此理，首宜知国家之兴，亦如动物之生长，多有不相上下者。然苟无人治理，不但无从兴国，而且逐代递降。试以物论，欲水之流，只须一端稍低，水即率其顺下之性，悠然竟去。其低更甚者，流即更速。此不易之理也。由物以推诸人。治国之道，贵乎得人。苟能擢用贤才，而沙汰其不贤不才者，国势即蒸蒸日上。若所选之人，仅能略胜于庸驽，国终不克大兴。然究胜于误用匪人者。若真得出类拔萃之人而用之，不崇朝而大治，一如水之飞流矣。

　　专以国论，凡国之所以兴，惟在进贤退不肖。中国之选贤也，必取学校中读书之士，法制实超于各国。盖人既读书向学，识见必较高于常人。国家用之，通国人皆沾其惠，国即由是而兴。他国之兴，今多突过中国者。

无他，其读书人多求实学，国家即利赖无穷也。

学如逆水行舟，不进即退。推诸治国，又有甚者。达文之言曰：人必生人，人日增而法不增，必致不足于食。人皆有患贫之苦，国安得不随而衰。夫人之生人，以传种也。乃不知求新法，其种必渐灭殆尽。欲救之者，惟选贤以为之长，而黜不肖而已。此不但兴国之理然也。近百年来，格物之士，创获至要之新理，以保护一切生灵为主。因而推诸天空、水底、山头，知其皆有微虫。而其为生灵之数，不知其亿兆京垓正壤秭载也。乃其藉以为保护者，实皆此理之所弥纶。噫嘻！可以人而不如物乎？

凡求进境者，不可无争胜心。争者，胜之祖也。与世无争，未有不退者也。惟物亦然。飞禽自泽其羽毛，争于色也。百啭于深林之内，争于声也。由飞禽而推诸走兽。兽有嘉德，亦有善心，皆相争也。牡者毛色华丽，牝为所诱，生子更美，递争而递胜也。由禽兽而推诸人。人能说理，又能合众，争机伏焉。自古至今，凡不知教化之国，人皆畏而避之。知教化矣，其有至善之教，人更乐与来往。于是善事日增，恶事日减。藉非争也，曷以致此？

更览五洲历代之史。太古时，日寻千戈，多与斐洲内地生番无异。既而有首出之一人，先创章程，以为律法。然仍简略而粗疏也。智者继起，增库培薄。遂合数千万人而立一君，其国即由是渐兴。然苟有人于此，章程愈善，武备愈精。新国更兴，前国遂为所败。问何以败？曰：惟未善故。问何以兴？曰：惟较善故。

凡国之所以日进无疆者，又必于相争相胜之道。历经试验，而以至善为归焉。然其中又有自然而然之理，宰治者初无容心也。昔者亚述、巴比伦、波斯、埃及、希腊、罗马诸古国，类如此也。之数国之君，如波斯之古烈、希腊之爱烈珊德、罗马之该撒，皆有囊括天下，席卷八荒之志。而不知各国兴盛之真机，即在于相争相胜。试观罗马大国，鲸吞蚕食。西方之地，皆隶版图。其心曰："今而后，莫予争也已。"然即此无所争之一心，衰兆遂从此始。

欧洲三百年来，各国相争，实为相胜之吉朕。其中有英国焉，争心尤过于他人。试观五洲新辟之地，大半皆操英语者之所辖治。且英人每至一地，见其人之愚蠢无知也，即设教养诸善法。于是，美洲、斐洲、澳洲及太平洋群岛中人，皆被英国教养之泽。然诸地之人，生齿仍不见增者。厥惟争胜之心，不敌英人故。

三十年前，美国南北大战。原其祸始，特欲省释黑奴数兆辈，俾为平民耳。今美国有获释之黑奴七兆余人，国家待之，无异白人。并予以举官之权。然若辈仍视若无关，一切悉任白人为政。近有白人言："莫妙于发遣若辈，各回原籍。"又有久居于黑人之中者为言："黑人虽蒙优待，不下于白人。然较之白人，实有天渊之判。特远推至上古之世，白人亦犹是黑人也。惟其能相争相胜也，故遂高出黑人。黑人惟其不知也，遂永无媲美白人之日。"

且不但白黑之判然也。同种之人，亦分类分党以争。故溯厥古初，族与族争，其后国与国争。及至目下，则所谓最上之国者，其人倘实有足以相胜之机，可自至贱之品流，一跃而至至尊之分位，则人与人争也，若以经商作工言之，亦皆以相争相胜为尚。昔者，人之执一艺以成名者，类多悠游自得。今则若不各竭其力，必致堕于人后，可知争胜之日益加紧。且昔之相争，仅在　方及　国耳，今则广而至于万方万国。而况古人有范围不越之道。同乡同业同宗，皆有拘忌，即皆阻人之前进。今则就执业一途而论，父不能强子，主不能强客，官不能强民。众人皆任意独行，相争之机乃益广。

查英、美等国之人，作事甚勤。东方之人，则似甚闲散也者。深维其故，始知居于寒地，即赤道迤北四十度以上者，皆矢业精于勤之意。五洲大事，遂太半归其掌握。东方人及居于赤道下者，精力较短，遂荒于嬉。若使二种人相争，大抵居寒地之人，必将较胜一筹。居于寒地者，英、美等国是也。英、美之人，虽求天下同享太平之福，而不得不留意于相争。既争矣，未受教化之人，必不能敌。试观太平洋诸岛，虽经英人设法教养，而生齿日见其少。惟印度及居美之黑人，生齿尚复如故。然相争相胜之心，即生人兴旺之至理，若辈仍茫然不知也。

# 第三章　相争相进之理

天生蒸民，有物有则。民之秉彝，好是懿德。此其所以超出于禽兽，而为万物之灵也。且人之所以为人者，又各具喜群而恶独之一念。度必先知合众之有益，复知专欲之无成。因而联人成家，联家成国。千百载后，当更有联国成一统天下之一日。斯喜群之量交尽，而生人之理大全矣。

地球之悬于天空，团团然一物耳。乃有至灵之人以居之，实为百思不到之奇事。顾远溯至皇初以上，固未尝有所谓人也。今泰西格致名家中，有创讲生长变化之新学者皆言，地球第一生灵子孓蠉蠕，只适有一节耳。譬诸鸟卵，或仅一黄，或但一白。绝无耳目手足之利用，亦不关骨肉血体之类，妙合而凝。既而有二节，俄而有三节，以迄于五六十节。乃又小节变为大节，一形化作数形。积之久焉，更变而为各种鱼，化而为各种鸟。后于鱼鸟而生者，厥又有各种兽。综其大要，后起之物，必较胜于先生。如造塔然，更上一层，必较下层为略高也。千变万化，千生万长，至于终极，遂合千万节而成一人。回视向者适有之一节，相去诚霄壤殊矣。

思之思之，抑重思之。向者适有之一节，非徒一类已也。有若干之一节类，奄然而就死。乃有若干之二节类者生，抑自三节类者生，以尽灭乎二节类者之物。由是递死递升，递生递灭。爰有百千万节之物，而仍共趋于相争相进之一途。试观大海之游鳞，寥天之飞羽，与夫深山穷谷之兽族，历代以来，非弱肉而强食，即影铄而声销。要其相争不已之时，败而死者，当不下恒河沙数。胜而存者，殆已可偻指计矣。然物既战胜而生存，必较诸败且死之物，弥多力亦弥多寿。似此至奥极妙之理窟，人苟潜心默想，当共失声长叹曰：斯世恒河沙数之物，何必令澌灭殆尽。而彼可偻指计者，仍未能造极登峰乎？然又不敢责造物之不仁也。其迫而出于优生劣灭之一途者，窈窕纠纷，使人不可思议。姑衡以井蛙之见，大抵若操他术，亦可成此人世。上帝必将改弦易辙，以善全乎无限生灵矣。

人为万物之灵，固也。然人类之始生，断不能遍察地球之繁赜。洎乎层累而上，曲折而赴。今世学业，远迈古初。遂有侈然自足者，阳托于与世无争之美德，实则晏安鸩毒，所谓今女画耳。不知人而无争，必将每下愈况。故欲蕲今之胜昨，务在舍让以趋争。如超距然，偶一徘徊，捷足者恐已先登。自顾微躯，瞠乎后矣。试专以争言之，一则其专谋利己者也，一则其兼谋利人者也。公私之殊，不可以道里计。然而历代之进境，不问其为公为私也，争焉而已。是故上古之世，父子兄弟，聚而成族。遇事与他族战，有众一旅（五百人为旅），决胜于蜗角之间，强凌弱，众暴寡，争也。既而有百里之君，成师（二千五百人为师）而出，彼零星之族靡矣。既而有王者兴，张我三军（万二千五百人为军），鼓行而前。列国诸侯，俯首听命，亦越于今。每一大国，养兵数兆，战胜攻取，无往不利。诸如此类，要仍概以一争。乃为之溯厥本原，则悉起于好群而恶独之一念。群愈盛，即争愈奋。争气愈炽，即胜概愈雄。是盖有莫之致而致，不期然而然者。而猥曰：聊以固吾圉耳，无事长驾远驭为也。其仆也，可立而待也。

且也居今之世，争胜负于疆场间者，其非徒坐拥重兵之谓。诘朝相见，旗帜连云。试按籍以句稽，兵数大略相等。然而兵机之利钝，明眼人从旁豫决，有无待乎兵刃既交者。是岂谓鬼神来告哉！国势之盛衰，端在人才之消长。圣君贤相之图治也，务使其全国之民，气体充实，识见广远，德性粹美。兼能上循天理，下处人事。以此众战，谁能御之。及察与之为敌者，则竟陷溺其民，事事适与之相反。虽有十倍之众，非交绥即溃，直不戢自焚耳。

由是观之，欲国之强，必先使一国中人，无一不强，斯无畏乎敌国外侮矣。乃世之只图安逸者，则曰：何忍以一己求胜之故，而导天下之争。甚至争地以战，杀人盈野。争城以战，杀人盈城乎？不知战败而死者，大抵其才其德，较逊于战胜而生还之人。故其死也，固可惨也。而后世之人，反因其死而受其益者，则缘继继绳绳，皆战胜者之苗裔，遂化弱而强也。或又曰：时会至今日，已非古世蛮荒之比，何忍仍令各国，一争而无不争。则请正告之曰：所贵乎人者，以其有相争相进之心也。此心既亡，人类即渐归于无何有之乡矣。今世生存之人，即先代争进之人之苗裔。苟不能绳其祖武，则在家为不肖子，在国为无用人。夫使一国之人，而尽成无用也，尚足以为国哉？！

今世之争，恐将有更甚于古者。此非凭空揣测之词也。试稽近代学派，有讲求安民新学之一家。如德国之马客偲，主于资本者也。美国之爵而治，主于救贫者也。美洲又有柏辣弥，主于均富者也（本广学会前译《百年一觉》之书，即衍其义）。英国之法便，尤以能文著。皆言人隶律法之下，虽皆平等。人得操举官之权，亦皆平等（君主之国无此权也）。独至贫富之相去，竟若天渊。语语翔实。讲求政学家，至今终无以难之。即格致家最著盛名之胡思礼，亦曰：若无善法，以救贫民。吁，莫若天空现一大彗星，与地球之行同轨道，突然相撞，尽成齑粉。人不论贤愚贵贱，死无噍类之为愈也。余尝遍察英、法诸国，凡开办大工程之地，贫民四集，如蚁附膻。万一机炉尽息，闭门谢众，疮痍满目，惟饥死耳！且非徒胡思礼之言也，英人有布忒者，遍查伦敦情景，终身不厌。著书八卷，实为专门名家之业。中有言，旅人纷集伦敦，乃赤贫之民，大抵居百之三十。且伦敦为地球第一富埠，然巨富之家，合诸小康之户，只居百之十七八。可与胡说互相印证。至于美洲之爵而治、柏辣弥二人，详论其本洲之事，与胡、布二人之论欧事，亦复如出一辙。此欲不争，安得而不争？

或曰：让，至德也，亦美名也。苟舍让而启争，扰扰纷纷，民生不将大乱乎？故英人米勒，讲求《富国新策》，独出冠时。其书中有言，安民之学，宜使无争。殊不思人尽安贫，世事即江河日下也。与米勒并世而生之达文，独辟相争相进之妙理。其警句云：贫民亦自谓不可争。呜呼！非不欲争也，其力不能夺他人之利，而其利反为人所夺也。沈痛之语，使人泪下。

今之最可痛者，世间纵有无穷之妙法，而救贫即以安民之理，迄无人体会入微也。且余之所谓相争者，又有利己与利众之争焉。私心太重之人，专为利己而争，固属有害于世道。然苟争求利众，而竟尽去其利己之争，则将尽学夷、齐之首阳槁饿乎？是故两者之争，如衡诚悬，宜使之适剂于平，不可顾此而失彼也。乃历代善言性理之人，亦未能讲明此理。惟有考求动物学者，二千三百余年来，苦心孤诣，始知物种之先有一节，人身之具有全体。要皆彼此相争，然后古今相进。因而推诸人事，历历不爽。且重言以申明之，曰：人若不争，即一代不如一代也。

## 第四章　人世第一大事

　　上章言，有以一人而敌众人者，亦有合众人而成一人者。此理既明，则知论世事之第一大题目，实在于此。而凡居此世界之人类，当共求进而益上之际，果宜恪遵何道，始能彼此不相殄灭，而世事已日异月新哉！夫能安辑人群，兼能裨益人生者，诚人世之莫大机缄，即论世者之绝大题目也。谓余不信，试罕譬以道之。

　　假如有一种生灵，出自星球，而来人世。乃先踵格致学家，请作导师，冀遍睹地球重大之关系。彼格致家者，自必导游各大国之都会，及古今诸名胜之地，而一一指示其崖略。比经礼拜堂门外，即使高华典丽，凌帝所而轹仙宸，格致家必傲然过之，而不一回顾也。星球客已心窃异之。既而旅居稍久，游踪更广。但见似此高华典丽之屋宇，实为人世之弁冕。况有恒河沙数之人，出入其间，营营不已，则必将问于格致家曰：此何地也？先生曷为而有不屑之意，幸明告我。格致家或当听尔而笑曰：此盖上古不明真理之时，流传之旧俗也。或亦语之曰：此往者拜初祖之地也。或更曰：有教会中人者，竟言有治理天地万物之鬼神，人乃皆入此室而拜之。但今之智士，已不愿随波逐流，再作似此之事矣。且昔之教会中人，恒指摘格致家之谬误。吾等视同水火，至今心未释然也。星球客闻之，即知格致家甚不愿齿及此事，亦不再问。迨与格致家握别后，重遇他人，则皆语之曰：我人之于教法，关系匪轻。人世各国，无教亦无以立也。星球客乃细察而深究之，始知格致家之所讲，皆系一身与接为亲之物。他事皆匿不道，惟入礼拜堂者，则从耳目所能见能闻之事，推而至于不能见闻之理。之两说者，如枘凿之不相入也。然各执一端，断无一误。欲分优绌，戛戛乎难。则试再考其近状，因知此一二百年间，虽有格致家之精诣，盛行人世。若上溯数千年之久，厥有教会中所订之条规。实与世道人心，互相维系。格致家虽与之龃龉，然亦有一切风气，本开自礼拜堂者，辄不觉其乐于遵守也。然则教会之事，断非如格致家见到之小事。而教会之扶翊世道，匡正人心，实超出于格致家万万也。

　　星球客固善知识也。体会入微而后，又觉两家互争之语，实各有其相助之机。然欧洲名宿，畅论教会之理。试为考其精警之语，亦复微有参差。甲若曰："教会知有上帝，而愿效其至善。"乙若曰："教化遵天命而行。"丙若曰："教也者，教人乐于修德也。"丁若曰："教会最教人之地位。"戊若曰："是恭敬心，是畏惧心，是愿从心。"己若曰："人当知何以待五洲万物。"庚若曰："人之微灵，能知创造天地万物者，有无穷无尽之灵。"辛若曰："凡见有德之人，当敬之爱之慕之。"壬若曰："奉造化主者之命。"癸若曰："愿择斯世之至善者，竭吾才力，则而效之。故不必求有益于己也，但求有益于至善之事。且充其信心之所至，共觉万物之外，有一真主焉。人在艰难困苦之中，可默冀主力之相助。"似此十说，备哉粲烂！而未已也。子又若曰："奉教之人，实深知天地万物之来历，及人在其中之本分。"丑若曰："教化起于敬，深于慕。"寅若曰："教会中人，共信有无始无终之上帝在天地万物之中，为之主宰。其治人也，一如人世之帝王。"

星球客备闻此言，乃知地球上人，有专讲目前者，有推及于人目所不能见，惟人心始能见之者。然专讲目所能见之人，必与多讲心所能见之人，互相牴牾。故格致、教化两家，自古一分而不能合。且迄今不让而必共争。惟是既启争端，教化家独擅胜场，格致家反遭败绩。历验不爽，纯任自然。夫教化家之所以能奏凯而归者，岂有异术哉！无亦治理历代之人心，有兼容并包者在也。

然而格致家之与教会，本非荟扫尘灭迹之心也。惟其意若曰："目之于色也，耳之于声也，鼻之于臭也，口之于味也，手之扪而足之蹈也，皆有迹象之可凭。"教会乃叩寂而课虚，孤行而冥悟，显树实学之敌，不得不辞而辟之耳。夫岂知两家所执之理，不在于实有虚无也，而在于近观远察。格致家所恃为实有者，特其近观而得者耳。教会则远近毕赅，虚无且迥超于实有。蚍蜉撼树，庸有济乎？

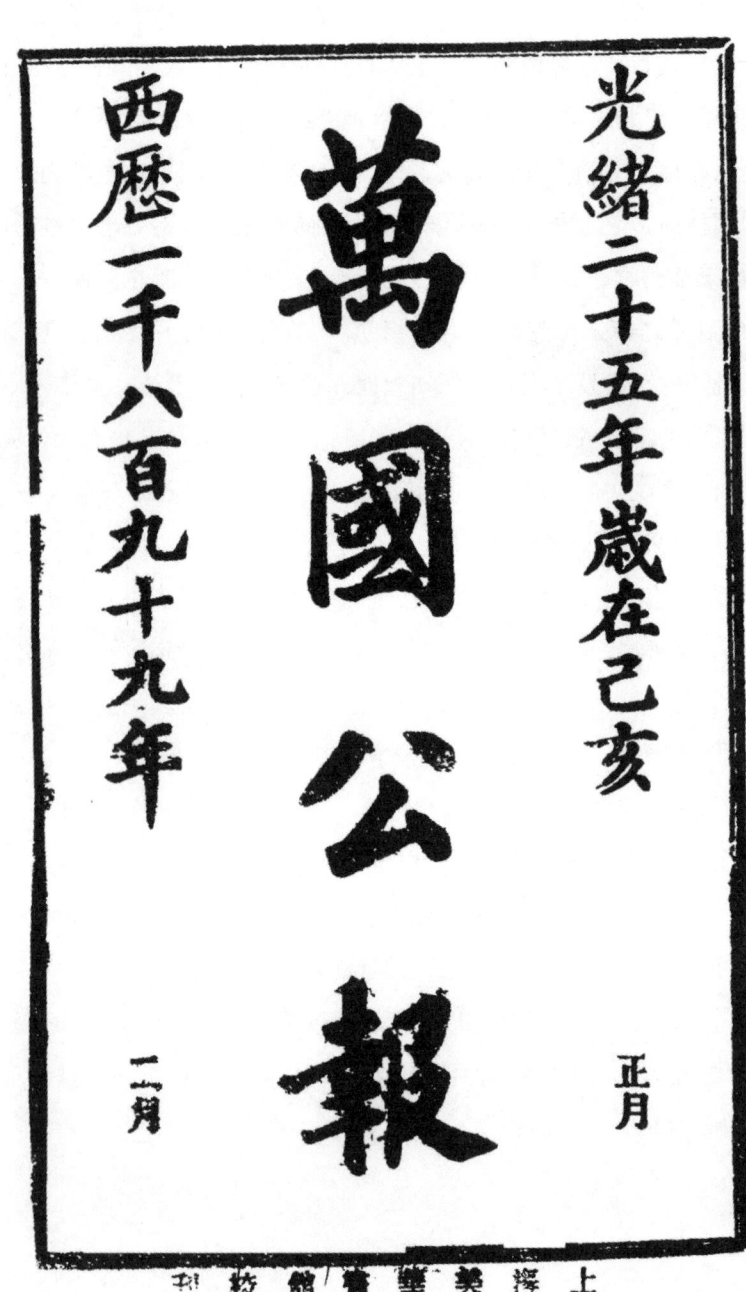

## 大同學第一章 今世景象

英國李提摩太學士譯著
上海沈毓桂贅叟筆述

大圜之下，烏飛兔走，而成旦暮；寒屬涼燠而成冬夏。歷旦暮冬夏之所積，罔曾而遠於今世，其開繁之盡且鉅覓百世之所求。有明哲之士，類能知之，且類能言之，或更創為高論。曰：自今以往，將別成一新世界，不僅獨居深念。蓋四方逈人之撰述，編篡者所在多有；更有濟生其變化之新學者，折衷之精。一鳥沈淹歷二百年中國影響之初，分講格致諸學以專門名家傳者，接踵多具心思氣而不之道。其偶膽代亦鮮出其右。及進而究大同二字出趙通臚書襄姪姪武之運，縱便名流接武。不亦大可異歟。年以這於今是為第十九例有道及之一二人，亦復凌禮失序，雜亂無章。

英國才人施本思實者倡善談名理，曾著萬運合員一書，高築選掄者許之為今世要典之一。間嘗受而讀之，誠其能舉出變化之學乃萬學之冠，有如大同學，有覺未能明言其理，實不可惜。某施本思之高足弟子也。誌欲講大同之學以事其師之欠然。亦未能究治至於英土。胡恩實為英國致家之領袖，當暢論今世安民之法，不料流於鄔妄，見知我國之偏僻，讓我日耳曼人才者通信華人曰：今之華人，久已自主，回溯至十八周之世，法國有碩彥家神阻國人，始知做國之偏房，資為黑奴。此語流傳至今日人共知以自主為君而妙不可忘惑萬揚俄國，死斷不可再為秦虐。世界之奴隸此

即此君也則將若之何

民為邦本古有明訓乃不能餂口者偏屬見於民之中此所謂本實先壞牧業未有不受其害病也英人

哲而治有盲試問今日之君相有真能得安民之真法者乎朝日自以為應辨不錯乃逼疑拜官仍筊其身

於困苦之中所謂安者何在哲而治又曰民皆平等宜共推舉官之權者弄不錯也將舉官以惑民而治

民之官仍任民間有豪富之一流又有赤貧之一觀是猶舉三角形之物面彈令一方之權立於地也顧

僕之謂僞為仰不終日矣英又有士起反對者強立說亦莊嚴名於時其首曰今之國家分門別戶各

具專精之詣力乃安民善學獨置不講是舉其網而遺其大也莫若強作解事作爛草蓆為見舍剛觀批

不圖痛擾徒裝門而庸有濟乎

十八周之季法國改革制度會世家上品之種以子中品之利萬其後更得分於下品之調碌此戶曾得

與官民心大駭相治至十九周歐洲諸國大半仿行於是主人之且夕警索者不在宰制之禍而在搾教

之學特感所注金石為開章眛經緯之制創籌會不過千百之一二而一切丁議貿也浮濫第就製

成大機器而言曰安開章眛經綸之局是故皇古無論矣百年以前五洲殷局家散主還西被東漸從

盧語今則輪舩帆樯水懍無滾弗屆有威斯過而且電綾之長以一京五兆里計較消悍巷開圍比

鄭利亞斯民英可倫比特是民生雜便民力已凰李繁葡萄之中較東更定安民之善法愛有人昌今世

18286

金銀氣重脂膏傷有財者富猶侯王罔知厭足集財者貧如乞丐莫可告哀且也總間務農之人日

其少城市傭工之子日見其多究之居肆以成事者巧難恃乎機器力終出於工人相彼百工乃僅可餬

其一曰夫機器與人力並興固世之所藉以生利者也豪富之家安坐而享其成特所謂分利之人

耳分利之人日益富實利之人日益貧實其於此且富家更施一網打盡之計一事也洞力不

能勝則合什伯千萬之眾盡力以霸占之是曰科股公司工匠暨恆受之寫股盜昔年歐洲有大商鉅賈

行龍斷之毒眾商呼之曰周盜又有世俗之家怙勢欺民萬民呼之曰賊盜今日之股盜猶周盜也猶賊

盜也工匠則煢煢子立生命懸於呼吸坐視天下之美利雲屬風捲以善入於富重之貪囊鳴呼天下之

人大抵不外二等耳有一等之閒人斯有一等之傭人有一等失位之人斯有一等得位之人

勞益斯有一等之事主有一等之傭人類之及至盡人攫舉官之橫足以限制乎君法災惰其未能普用

歐洲百年以前已有斷斷於二等之人及其懿舉官之權足以限制乎君法災惰其未能普用

不樺遂一如無樺而受苦之傭人失位人與夫秩盜之事主彼蒼養之無不也但物極必反圓亦有

其分名之合眾小工而成一大力往往停工多日抑制富重竟一事其屈巳此豈容較之用民命觀尤

能猛厲其以百工領袖著名者英人馬克思也馬克思之言曰獨股縱事之人貧甚則無道於君

相之範圍一國吾儕若不早為之所任其蔓延日甚恐禍稿地球之財施必將輸入其革發萬一到此時

勢常即係富家權盡之時何也窮黎既至其時貧已計無復之不得不出其自有之糧用以安民而救世
所救者常此內貧偏重外仍如中立之世迄無謂安民新學者以徧拯此季義之責備耳
泰西有教會為近年講道士人多喜講富同之事而不甚講殊異之端且多喜奉行待事而不甚研求名
理殊堪惋惜但天主耶穌闡教中人皆言上帝之道不第使人盡得天生之福已也實使人共享今世之
福而如格致家爭辦不少屈格致家之言曰格物創新諸學事在人為耳道學家困曰世間若但知創法
而不知修心民何以安歷年以來爾家之言相持不下乃至今而復有更變爽格致家言天地萬物之成非有
無故年前之十帝特意創之也天地萬物本由熱氣漸製而生熟氣蒸發於空際不知其若千年後由漸減
寫氣凝結乃成日月星諸毬 進此一層後 今鳥獸魚胎卵濕化各有主名之可指問其後於植物而亦非盡百草喬木有人獨
遞嬗以遞異亦遂於今鳥獸蟲魚胎卵濕化各有主名之可指問其後於植物而亦非盡百草喬木有人獨
話之世後一物始不知其幾歷歲時漸製而化成諸物其後於植物而生者歌又有動物焉一如植物之
初之始不人人以辨其經典則虛空淵甚矣此一說也格致家之外又有經學家經學家博士之說曰天下各
國相傳之經典大半由後人彙集古曾指為某聖某賢之證訓初非員出於聖賢之手也此又一說也泰
西人緣此二說遂視教會為無用之物而謂藏有格致之實學大為世補荷能是足矣
昔日之謂求格致者大半皆教會中歐洲得聞之士其有不受洗禮而專講格學者往往幾信卜蓍星相

諸事實樹正道之敵故教會中人恆駁斥之且勸衆人毋爲所惑若豐之氣大阻迨今一二百年來講求天文地輿諸學之士雖未盡邪入教會而多崇尚實學更有專講格致之眞諦者實已盡掃虛誕之發興教士殊深同歸然前怨未忘故厲恆論列是非仍與教士格格不相入當法國百年前大變之際甚有以沙汰教會之說明目張膽而道之者
特是教會之興已歷一千數百年之久縱使末流多弊教律漸乘然砥柱中流正復大有人在且沈幾觀變之士恆愛世變之日迫而勤其求道之心不但教會中也覺有棄不好道者亦嘗謂然語人曰斯道一日不立斯世一日不興譏是之故雖有譏教會之無益於蒼者更有斥教會之
牟害諱甚至以學衝宏深之胡思禮堅持抵斥之說而卒無以服人英國與師禮彬彬乎博雅才也比頗分輩禁之功代宜天道蓋道心之論淡於人心如此其深且久矣
近數十年來又有博探西各教之嘉言者數集成編枝期寅講從而受業之士赤無復寥寥有徒
法民利立格致學會專講人事力關天倫是自天會會中主席之士博學多聞拼寸無復然立會恆數十年會中人漸次星散可見人心本具秉彝之好難以格致學之精詣究不得面藏之也
格致家評批事物悉按公理而疑私見且遇事留心明明有實制則格致家乃遂不加教一 能遂爲虛影且天道
卽大異於講求他事物之肺誠是故敬天修心明明有實制則格致家乃遂不加教

之與衰實繫國家之成敗格致家復一叢扶倒迄未遇會及之一籲思實有才人遇極危用輒亦將分厥蒙理則化朽腐而爲神奇若夫教會之於世道大有關繫各國歷代史記其查明竈乃格致家仍屛不道心偏執甚後世必有明理之人起而痛實其誤者格致家與敎會有夙仇上節曾言之寔則講學當天下之公道豈能參以私見英人達文創講生長變化之理馳名於五洲者也其於教會也忽聞以有何用處運考格致家論辯能彻之必先查明何事然後講明何理從求有作此長柄胡蘆之間者不知人世快有教會自當悟出其實方能格致本分而乃遁文之外或則曰修心本無理取鬧之事或則曰敬天教會如空談豈豈能守固夾更曰俠至福地大學校之日盡人而能誠舊彼教會者自遇歸於無何有之鄉矣施本恩與其門弟子尤護視教會不已嘗言教會如野草任其自生自滅而已一行作更多講物理亦未有作如此不了漠話者是皆涇庭詩與之且格致家之學問不但不能助教會已也一行作更欲究治民諸學格致家亦罕有寅法以助之故如師米德暨米勒二君同著高困新策苦心孤詣推究入微然皆中多講積財之法塾未究安民之學敎道而毀時者多未能助心悅誠服惟馬爾沙別著一書以道竈爲宗以史事爲體以歷代之治扶當治者庶堪借鑑焉要之專精於格致之學者難能體會物理制剸送芒然試與之辟論安民良法政如周乞十畫眼眞畢

不通或者動物學一門庶可藉以為迷津之寶筏特舍此之外吾見亦罕民固將棄自襲歲夫天下大同之治本不易致然民吾同胞苟任其窮而無告已飢已溺之胸何也乃格致之學盛行者一二百年而安民之項竟其甦諸膨後來之可嘆矧甚於斯所願後之研求格致學者由動物學而推諸安民學則不徒虐士兔虛聲之誚更可使蒼生蹟福祿之林矣

第二章嗣出　東莞曰張國榮恭錄

## 光緒政要

臉行

自分發湖北道毛祖謨四川進蔣嗣鄰寧爾知府李盛鐸江四同知元為貴州同知李之寶山同貴州州刺史守德江蘇細縣張存彝陳世韓俱照例發往江南道監察御史裝戚昌諸授郵部郎中著聶劉家楨神授郎所選員外郎蔣益步無神授順主事著戴的信補授　上諭廣徐荻補授慶府府周郵虎為

欽遵若藝大趙補授　上諭太僕寺少卿務庚著在總埋各國事務衙門行走諸○碩榮徐荻補授慶府府周郵虎為欽遵若藝大趙補授　上諭太僕寺少卿務庚著在總埋各國事務衙門行走諸○上諭內來扶洪府江通商省外交涉事務木繁即內地各省亦時有教案應行諸各省將軍督撫往因事務漸多大臣力時奧諦清亦以邦離懸斷未便徑行以致遷延稍析不無曠誤毎遇各案各省將軍督撫當即選派妥員委衙門主大臣和皮尚諸公給　上諭清買皮皮岫議尸祁獲富圖法堂專務徐敢取御史甘宗桂遵中傅林開榮俱照例用同皆二十四年十一月十四○礪榮徐荻補授慶府府周郵虎為　上諭內來扶洪府江通商省外鈴兼響諸　○上諭御史徐士佳義違不宜簽任期受遺首鯛請大臣敢為盡之敢孫形勤襲於雍正年問設立電機處凡充取機大臣特同之員皆由閣部大臣特同出蒸尸門以董盡之敢孫形勤襲於雍正年問設吏務衙門專辦中外交涉事件亦不得材於部院董不能諸道務等銷務區支持復歲修王權綠之所以多多

《萬國公報》卷一百二十一　光緒政要

光緒二十五年歲在己亥 二月

萬國公報

西歷一千八百九十九年 三月

上海美華書館校

萬國公報卷壹伯貳拾貳目錄 光緒二十一年十一月第二卷

續各家富國策辨 美國馬林著 金陵李玉書

養蒙正軌下 附若伯訓蒙法 英秀耀春 蔡汪振聲 譯

論儒敎宜崇實黜虛 隱名氏來稿

天下大通說

大同學第二章 論進境 英林樂知局篆 蔡爾康載筆

光緒政要

　上諭恭錄

曾懷卿中丞請變通成例以培國本而固民心疏 李提摩太譯 龔爾康撰文

總理衙門議奏特設商務大臣並特派近支宗室遊歷各國事宜疏

總理衙門議奏遴選生徒游學日本事宜片

## 大同學第二章 論進境

英國 克卡樸 著
上海 蔡爾康芝紱 撰文
李提摩太 譯

人之所以異於禽獸者無他能求日進無疆而已矣原夫上天造物之始禽獸與人同為動物之一類惟人質雖於萬物用能日進無疆不特超出於羽毛鱗介諸蟲更裹然為裸蟲之長且究其秀靈之學識能各就其土地聯合而自成為國且有君以承其流民之從君一如士卒之從將號令既出眾必敬遵

人為萬物之靈不第明君民之分際已也盈天地間皆氣也而人能一一畧知之有化學家出更能察其質而標其名分其類而知其用其至電氣之屬供人驅使不啻主之役僕夫氣其至虛而無麗者也其至微而無定者也天地之大權乃旁落於人中人不幾與神同其智能哉

或問人亦一物耳而竟能登峯造極者何也曰人之由漸而明一如國之由漸而興就其淺近者言之人如飲食合宜則充實壯從否則病且死有定理為惟國亦然行大益事則興若緣不明之故而行大損之事凶也忽焉

昔有達文者善能考察萬物生長變化之理盛名鼎鼎究其始則實因考察各國之廢興成敗而推其理於萬物者也於此有人焉視由萬物生長變化之理而推諸治國因遂週溯各國歷代日進無疆之成跡豈非絕妙之事而無如明此理者之絕少也

苟欲洞明此理首宜知國家之興亦如動物之生長多有不相上下者然苟無人治理不但無從興國而且逐代遞降試以物論欲水之流、必須一端稍低水卽率其順下之性悠然竟去其低更甚者流卽更速此不易之理也由物以推諸人治國之道、貫乎得人苟能擢用賢才而沙汰其不賢不才者國勢卽蒸蒸日上若所選之人僅能駑於庸駕國終不克大興然究勝於誤用匪人者若眞得出類拔萃之人而用之不崇朝而大治一如水之飛流矣。

專以國論九國之所以興惟在進賢退不肖、中國之選賢也必取學校中讀書之士法制實超於各國蓋人旣讀書向學識見必較高於常人國家用之通國人皆沾其惠、國卽由是而興他國之興今多突過中國者無他其讀書人多、求實學國家卽利賴無窮也

學如逆水行舟不進卽退推諸治國又有甚者達文之言曰人必生人人日增而法不增必致不足於食人皆有患貧之苦國安得不衰夫人之生人以傳種也乃不知求新法其種必漸滅殆嗜欲之者

一切生靈爲土因而黜不肖而已此不但與國之理然也近百年來格物之士、創獲至要之新理以保護惟選賢以爲之長、而推諸天空水底山頭知其皆有微蟲而其爲生靈之數不知其億兆京垓正壞砵載

也乃其生藉以爲保護者實皆此理之所彌編噫可以人而不如物乎

凡求進境者不可無爭勝心爭者勝之祖也與世無爭未有不退者也惟物亦然飛禽自擇其羽毛爭

色也百蜂於深林之內爭也飛禽而推諸走獸有嘉德亦有善心皆心爭相勝也牡者毛色華麗化爲所誘生子更美遞爭而遞勝也由獸而推諸人人能說理又能合衆爭機伏焉自古至今凡不知教化之國人皆畏而避之知教化矣其有至善之教人更樂與來往於是善事日增惡事日減藉非爭也曷以致此。

更覽五洲歷代之史太古時日尋干戈多與斐洲內地生番無異既而有首出之一人先創章程以爲律法然仍簡畧而疎也智者繼起增庳培傳遂合數千萬人而立一君其國由是漸興然苟有人於此章程愈善武備愈精新國更興前國遂爲所敗問何以曰惟較善故

凡國之所以日進無疆者又必於相爭相勝之道歷經試驗而以至善爲歸然其中又有自然而然之理宰治者初無容心也昔者亞迭巴比倫波斯埃及希臘羅馬諸古國類如此也之數君之眞機即在於相

古烈希臘之愛烈珊德羅馬之該撒皆有囊括天下席捲八荒之志而不知各國與盛之君如波斯之

爭相勝試觀羅馬大國鯨呑蠶食西方之地皆隸版圖其心日今而後莫予爭也已然即此無所爭之

理宰治者初無容心也昔者亞迭巴比倫波斯埃及希臘羅馬諸古國類如此也之數君之眞機即在於此

歐洲三百年來各國相爭實爲相勝其中有英國焉爭心尤過於他人試觀五洲新開之地大半皆操英語者之所轄治且英人每至一地見其人之愚蠢無知也即設教養諸善法於是美洲斐洲澳洲

心衰兆遂從此始。

及太平洋群島中人皆被英國教養之澤然諸地之人生齒仍不見增者厭惟爭勝之心不敵英人故三十年前美國南北大戰原其禍始特欲省釋黑奴數兆輩俾爲平民耳今美國有釋之黑奴七兆餘人國家待之無異白人并子以舉官之權然若輩仍視若無關一切悉任白人爲政近有白人言莫妙於髮進若輩各回原籍又有久居於黑人之中者爲言黑人雖蒙優待不下於白人然較之白人寶有天淵之判特遠推至上古之世白人亦猶是黑人也惟其能相爭相勝也故遂高出黑人黑人惟其不知也逐永無娩美白人之日

且不但白黑之判然也同種之人亦分類分黨以爭故溯厥古初族與族爭其後國與國爭及至目下則所謂最上之國者其人倘寶有足以相勝之機可自至賤之品流一躍而至至尊之分位則人與人爭也若以經商作工言之亦皆以相爭相勝爲尚昔者人之執一藝以成名者類多悠游自得今則人各竭其心必致困於人後可知爭勝之日益加緊且昔之相爭僅在一方及一國耳今則廣而至於寰宇而況古人有範圍不越之道同鄉同業同宗皆有拘忌即皆阻人之前進今則就執業一途而論父不能強子主不能強僕官不能強民衆人皆任意獨行相爭之機乃益廣

查英美等國之人作事其勤東方之人則似甚閒散也者深維其故始知居於寒地即赤道迤北四十度

若使二種人相爭，大抵居寒地之人必將戰勝，一載居澳寒地者，英美之人是也。英美之人欲求天下同享太平之福，而不得不留意於相爭。既爭矣，未受教化之人必不能敵。試觀太平洋諸島雖經英人設法教養，而生齒日見其少。惟印度及居美之黑人生齒尚復如故，然相爭相勝之心即生人興旺之至理，若蕫恰茫然不知也。

## 光緒政要

### 上諭恭錄

有廣西左江鎮遊擊著鄧廷忠補授，四川梁萬營都司著倚德懋補授，山東平度州知州著吳丙南補授，四川綏定府城口廳通判著謝勳補授，四川寧節縣知縣著林清照補授，浙江常山縣知縣著劉朝銘補授，直隸永清縣知縣著王錫麟補授，安徽和州直隸州州同著鄭涂補授，廣平府府北贊善著王謙熙補授，陝西四延安府理事同知著裁取戶部郎中鈺誡劉中書工部郎中王謙覺俱照例用年滿熱河理事司員，部候補主事張志嘉著碧保候補知州王鍾海著照例用復舊甘肅候補准其兼襲原官，仍咨原省照例用日巡視西域事務著李樞英去，○有膺事府右贊善著夔善補授江南道監察御史鍾萬木教補授陝西道監察御史著吳湧甲補授，安徽道馮詠葡湖北道江聯封江蘇通判鎮蕺文愁俱照例補授藏取禮科給事中黃毂綠補授內閣中書劉錫光閣病詿俱准其補授黑龍江理問主事歷山寧天候補道明教四川補用知府張鳳德陝西候補知縣趙志杰俱照例用明保舉黑龍江理問主事歷山寧天候補道明教四川補用知縣長垣縣知縣程照補知縣趙志杰俱照以用中萍昆敬授陝西道監察院侍外郎著吳愆補授分發安徽道馮詠葡湖北道江聯封江蘇通判鎮蕺文愁俱照例補授藏取禮科給事中黃毂綠補授內閣中書劉錫光閣病詿俱准其補授黑龍江理問主事歷山寧天候補道明教四川補用知府張鳳德陝西候補知縣趙志杰俱照以用

光緒政要卷一百二十二

十八

光緒二十五年歲在己亥

萬國公報

西歷一千八百九十九年

三月

四月

上海美華書館鉛印

萬國公報第壹佰貳拾叁卷總目

廣學會校刊

教化本乎經訓論　　　　　　中國　林樂知說　蔡爾康撰

懲前毖後說　　　　　　　　英國　林樂知授意　蔡爾康撰

暹羅中興記　并論　　　　　亞洲　疲荳蕝紀　授意

本不養工論　　　　　　　　英國　鶴鳴生譯　蔡爾康著

大同學第三章　相爭相進之理　英國　李提摩太譯　清　蔡芝紱撰文

記美國商務會派員至中國事　　清　金陵　李玉書

光緒政要　　　　　　　　　　華人舒高第來稿

上諭　恭錄

總署戶部會奏遵議山西省築路開礦辦法並改訂章程疏

濟韓通商條約　江督劉大臣通飭除茶弊以興茶利札文

鏡海探驪錄三　　　　　　　　　大清奕劻康選

英議員籌華新議上　英報策俄印阿之險

俄國弭兵條欵 附德報紀大事并論叉欵　俄營東道確數

冠多髮亂　德治膠州灣新章　美轄古巴

美興續志　　　　　　　　　　　美中國全錄

電話擷新　　　　　　　　　　　美林樂知原譯

書自強軍西法彙編後　　　　　　伊川伯子初脫稿

天生利源富闢強民之某自嘉靖明中奧之挂並開礦開路之扶費金一概請給最君亦願勸助中國新設之商務會令其安派人員常川與飛院久遠往來且凡中外有見識之人不失此機將貨物暢流照幾有用之院會不乘於後也附錄護照原文　大清欽命總理各國事務衙門爲給發護照事茲准　大奧國康大臣函稱日前偕本國博物院總理人孟得厲赴晉甯籀博物院一切之事詳速現請酌給鳥兩以便持往進關南北洋大臣各省督撫及次官府俾得資其利助得厲以考核物產易於聘辦一切地於其所欲辦之專均行助其辦安查卽將就萬函送由本館轉給前來查該總理人孟得厲係爲考核中國商情土產以便易於聘辦於中美兩國均屬有裨爲此給護照一紙交順天府蕭用卽信說發給該總理人孟得厲收執凡經過之處各驛地方官均卽查驗放行安爲關照如欲搉調官府亦卽准其進關以勁睁誼須至護照者右給總理人孟得厲收執光緒二十四年十一月　日

大同學第三章　相爭相進之理

英國學士企德著　英李提摩太師筆
中國蔡爾康撰文

天生烝民有物有則民之秉彝好是懿德此其所以超出於禽獸而爲萬物之靈也且人之所以獨人者又各具兹羣而羣獨之一念度必先知合衆之有益復知專欲之無成因而聯人成家聯家成國不百載後當更有聯國成一統天下之一日斯賓塞之飛交盡而生人之理大全矣地球之懸於天空閴然一物耳乃有生靈之人以居之實爲百思不到之奇事顧遠溯草皇初以未嘗有所聞於人也今泰西格致名家中有創講生長變化之新學者皆言地球第一生最子不遲虻舐遂

有二節俄而有三節以迄於五六十節乃又小節變為大節一形化作數形積之久遠而更變而為各種魚化而為各種鳥後於魚鳥而生者厥又有各種獸綜其大要後起之物必較勝於先生如造塔然更上一所必較下層為崇高也千變萬化千生萬長至於終極遂合千萬節而成一人迥視向者適有之一節相去誠霄壤殊矣

思之思之抑重思之向者適有之一類巳也有若干之一節類徒一類巳也有若干之二節類者生抑自三節類者生以至成乎二節類者之物出是遞死遞升遞生遞減矣有百千萬節之物而仍共趨於相爭相進之一途試觀大海之游鱗空天之飛羽與夫深山窮谷之獸族歷代以來非弱肉而強食即影鑠而聲銷要其相爭不已之時敗而死者常不下恆河沙數勝而存者殆已可僂指計矣然物既戰勝而生存必較諸敗而死之物彌多力彌多等似此至奧極妙之理寗人苟潛心默想常失聲長歎曰斯世恆河沙數之物何必不令測減殆盡而彼可僂指計者仍未能造極登峯乎然又不仁也其迫而出於優生劣減之一途者舍辭蠻糾紛使人不可思議姑衡以非蛙之見大抵於操他術亦可成此也此人類之始生斷不能徧察地球之繁頤泊乎累而上曲折而赴今世學萊強適人為萬物之靈固也然人類之生既不得不仰托於與世無爭之美德實則吳安鳩鳶所訓今女讙耳不知人而無爭必將每古初遂有依然自足者陽

大同学
卷一百二十三大同學第二章
十二

下愈况故欲蘄今之勝昨務在舍讓以趨爭如趨距然偶一徘徊捷足者恐已先登自顧微攄瞠乎後矣。試擧以爭言之一則其專謀利己者也一則其兼謀利人者也公私之殊不可以道里計然而歷代之進境不問其爲公爲私也爭爲而已是故上古之世父子兄弟聚而成族遇非與他族戰有衆一旅決勝於蝸角之鬪強陵弱衆暴寡爭也既而有百里之君成師（二千五百人爲師）而出彼零星之族靡矣。既而有王者與張我三軍（百人爲卒）鼓行而前列國諸侯俛首聽命亦越於今每一大國養兵數兆戰勝攻取無往不利諸如此類仍槪以一爭及爲之溯源本原則悉起於好羣而惡獨之一念羣愈盛即爭愈舊爭氣愈熾即勝槪愈雄是盡有莫之致而致不期然而然者而獲曰聊以周吾圉耳無事長駕遠取爲也其佔也可立而待也

此也居今之世爭勝負於疆場間者其非徒坐擁重兵之謂詰朝相見旗幟連襲試按籍以句稽兵數大畧相等然而兵機之利鈍明眼人從旁豫決有無待乎兵刃交者是豈們見神來告哉國勢之盛衰端在人才之消長聖君賢相之圖治也務使其全國之民氣體充實識見廣遠德性粹美兼能上俯大理下感人事以此衆戰誰能禦之及察與之爲敵者則覓陷溺其民事事適與之相反雖有十倍之衆非交綏卽潰直不戰自焚耳

以一己求勝之故而迺天下以爭戰至爭地以戰殺人遍野爭城以戰殺人盈城乎不知戰敗而死者大抵其才其德較遜於戰勝而生還之人故其死也固可憐也而後世之人反因其死而受其益者則繩繩繼繩皆戰勝者之苗裔遂化弱而強也或又曰時會至今日已非古世蠻荒之比何忍仍令各國一爭而無不爭則請正告之曰所貴乎人者以其有相爭相進之心也此心既亡人類即漸歸於無何有之鄉矣今世生存之人即先代爭進之人之苗裔苟不能繩其祖武則在家爲不肖子在國爲無用人夫使一國之人而盡成無用也烏足以爲國哉

今世之爭恐將有更甚於古者此非懸空揣測之詞也試稽近代學派有講求安民新學之一家如德國之馬客偲主於資本者也美國又有柏辣彌亦皆主於均寓者也

英國之法便尤以能文著言人隸律法之下雖皆平等人得操舉官之權亦皆平等

之相去竟若天淵語翔官講求家至今終無以難之即格致家最著盛名之胡思禮亦曰若無

法以救貧民吁莫若天空現一大對星與地球之行同軌道突然相撞盡成齏粉人不論貴賤虞贊皆死無

噍類之寫念也余嘗徧察英法諸國凡開辦大工程之地貧民四集如蟻附羶一機纔息一機復開門謝衆

瘡痍滿目惟飢死耳且非徒胡思禮之言也徧查倫敦情景終身不販者舊八卷資鴉片

門名家之業中有言旅人紛集倫敦乃赤貧之民大抵居百之三十且倫敦爲地球第一富埠然鉅富之

萬國公報 卷一百二十三 大同學第三章 光緒貳拾

家合諸小國，戶祇居百之十七八，可與胡說互相印證。至於美洲之爵而治栢辣彌二人評論其本洲之事與胡布二人之論歐事亦復如出一轍，此欲不爭安得而不爭。或曰讓至德也，亦美名也，苟舍讓擾爭擾擾紛紛民生不將大亂乎，故英人米勒講求富國新策，獨出冠時，其書中有言安民之學宜使無事殊不思人盡安貧世事即江河日下也。與米勒並世而生之達文，獨關相爭相進之妙理其警句云貧民亦自謂不可爭嗎，非不欲爭也，其力不能奪他人之利而其利反為人所奪也。洗痛之語使人淚下。

今之最可痛者世間縱有無窮之妙法而救貧卽以安民之理迄無人體會入微也。且余之所謂相爭者又有利己與利衆之爭，茍有害於世道然苟爭求利衆而竟盡去其利己之爭，則將蠢學夷齊之首陽槁餓乎。是故爾者之爭如衡誠酌宜使之適剤於平不可顧此失彼也。乃歷代善言性理之人亦未能講明此理惟有考求動物學者二千三百餘年來善心孤詣始知物理之先有一節人身之其有全體要然彼此相爭然後古今相進因而推諸人事歷歷不爽且重之以申明之曰人若不爭卽一代不如一代也。

18426

# 萬國公報

光緒二十五年歲在己亥 四月

西曆一千八百九十九年 五月

上海美華書館校刊

## 萬國公報卷壹伯貳拾肆總目 己亥曆潤三月 十一年第四卷

廣學會発兌

- 匡華新策
- 地工本三說
- 大同學第四章 人世第一大事
- 論日
- 論月
- 論行星
- 史學列傳小叙 見山續一百名人傳
- 光緒政要
  - 上諭 懿旨

### 萬國公報

- 大清國 類林樂知雅副康全撰
- 英國體林樂知著 金緻飾中士李玉書譯
- 英美國李提摩太譯華書 中國蔡爾康述西文書
- 英美國李提摩太譯華書 中國蔡爾康述西文書
- 英美國李提摩太譯華書 中國蔡爾康述西文書
- 英美國李提摩太譯華書 中國蔡爾康述英文
- 草莽臣蔡爾康恭錄

## 鏡海探驪錄四

慶親王等遵查督辦鐵路大臣被參事件疏

英議員籌華新議中英交涉藍皮書譯要 英國林樂知 上海 全選 譯

英議員會議藍皮書 英大臣辭華語署

義議院聚議索租華地事 華義交涉案續述

比利時策華譯署

美國讓華東下電文 奧人垂涎華地問詞

美國林樂知 亞洲氏 子雅 全 述著

電書月報

本卷公報總跋 英國林樂知 大國 全 錄譯

中國基督幼徒會大會啓

大同學第四章　人世第一大事

英國學士企德著
英 李提摩太譯書
中國 蔡爾康撰文

上章言有以一人而敵眾人者亦有合眾人而成一人者此理既明則知論世事之第一大題目實在於此而凡居此世界之人類當共求進而益上之際果宜恪遵何道始能彼此不相殘滅而世事已日異月新哉夫能安頓人羣兼能禆益人生者誠人世之莫大機械創論世者之絕大題目也謂余不信試罕譬以道之

假如有一種生靈出自星球而來人世乃先踵格致學家請作導師遍睹地球重大之關繫彼格致者自必導遊各大國之都會及古今諸名勝之地而一一指示其崖畧比經禮拜堂門外卽使高華典麗凌駕所而蟻仙寰格致家必徹然過之而不一週顧也星球客已心竊異之旣而旅居稍久遊踨更廣但見似此高華典麗之屋宇實爲人世之并冕況有恒河沙數之人出入其間譽譽不已則必將問於格致

之地則利亦不得過多以地限之上爲租其下爲價爲利盈於彼必輸於此自然之運也即舍工而論矣如有一異器能使人不織而有衣不耕而有食而且所衣所食皆不須致其手而自可果其腹自可章其身絕不賴人工之力此其人之所得仍與無此器者同蓋地主有權人不能離地而別立也有工無覓仍歸之地主而其本可謂多而利亦可謂厚矣然地主有權本主無權人不能離地而別立也有工無本其理亦然觀乎此可知本之有利固與工價爲儔而與地租爲敵者也

家曰此何地也先生曷爲而有不屑之意華明告我格致家或曾聽聞而笑曰此蓋上古不明眞理之時流傳之舊俗也或赤語之曰此往者拜初祖之地也或更曰有教會中人者觀音有治理天地萬物之鬼神人乃皆入此室而拜之但今之智士已不顧隨波逐流再作似此之事矣且昔之教會中人恒指摘格致家之謬飄吾等視同水火至今心未釋然也星球客聞之即知格致家甚不顧齒及此事亦不再問道與格致家握別後置過他人則皆語之曰我人之於教法關繫匪輕人世各國無教亦無以立也星球客乃細察而深究之始知格致家之所講語皆係一身與接篤觀之事置不道惟入禮拜堂者則從耳目所能見能聞之事推而至於不能見聞之理之兩說斷無一誤欲之久厭有教會中所訂之條規實與世道人心互相推戴格致家雖與之細語然亦有一切風氣本開自禮拜堂者雖不覺其樂於遵守也然則教會之事斷非如格致家見到之小事而教會之扶翊世道匪正人心實超出於格致家萬萬也

星球客固善知體也惚會入彀而後又覺爾家互爭之語實各有其相助之機然歐洲名宿暢論教台之理試寫考其精鷙之語亦復彼有參差甲若曰教會最敬人之地位丙若曰星球敬心是眞國心是眞建
而若曰慢必者微人果於後細而丁若曰教會知有上帝而顯效其至善乙若曰

若曰人當知何以待五倫萬物廣若曰人之魂靈能知造天地萬物者有無窮無盡之靈幸若曰凡見有德之人當敬之矣之慕之千若曰摶造化主者之命　若曰願擇斯世之至善者場吾才力則而效之故不必求有益於己也但求有益於至善之事且充其信心之所至共覺萬物之外有一眞主焉人在艱難困苦之中可歇蓋主力之相助似此十說備哉粲爛而未已也子又若曰奉教化人實深知天地萬物之來歷及人在其中之本分卅若日奉教化起於敬深於慕眞於教會中人共信有無始無終之上帝在天地萬物之中爲之主宰其治人也一如人世之帝王星球宇宙間此言乃知地球上人有專講心所能見之者有專講目所能見之人必與多講目前者有推及人目所不能見惟人心始能見之者然而必共爭惟是旣啓爭端教化家獨攬勝場格致教化爾家自古一分而不能合且迄今不葵凱而歸者豈有異衛哉無亦治理歷代之人心有兼容並包者在也然而格致家之與教會本非審掃歷廠跡也惟其意若曰目之於色也耳之於聲也鼻之於臭也口之於味也手之足之捫而足之蹈也皆有跡象之可懸教會乃叩寂而謀虛冥行而矢悟顧樹實學之敵不得不辭而闢之耳夫豈知爾家所以之運不在於實有虛無也而在於近觀遠察格致家所恃爲實有者其近觀而得者耳教會則違近舉賤虛無且遠趨於實有此好拔櫳贏有湑乎

1900—1901

# 近世政治史

日本学者有贺长雄所著《近世政治史》包括三部：第一部"德意志"、第二部"俄罗斯"和第三部"法兰西"。1900年至1901年，由留日学生翻译的第一部"德意志"在中国留日学生创办的刊物《译书汇编》第一、二、三、六、八期上连载。文中介绍了马克思在科隆创办《新莱茵报》时，由于受到统治者的迫害，被迫移居伦敦；马克思领导创立第一国际，并担任第一国际领导人等情况。今以《译书汇编》第一、二、三、六、八期为底本予以整理。

# 第一部　德意志

## 第一章　政府及政党

### 第一节　政府

合十数联邦而成一德意志。各邦之中，有君主，有政府，有议会，各理其邦之政务。而置一帝国政府于中央，以管辖外交、军事、通商等共同事务。普鲁士国王即德皇也，普鲁士宰相即帝国首相也。以各邦君主之全权委员，创设联邦会议，合议帝国之行政。而又通较各邦人口之多寡，以别选举之多寡，选定议员。（联邦会议，乃会议行政，非会议立法。）

自其成立而言之，则德一共和政体也。德皇除帝国宪法中所有权力之外，毫无实权。行政诸事，均束缚于联邦会议之决议。详言之，即德皇不过一联邦会议之议长，任以执行议定之事而已。不知创立共和政体之各邦府，瞎盘之自由都市外，均君权政府也。普鲁士既有实权，其君权较各邦更大。故帝国政府之成立，虽似共和，而实专偏于君主。且帝国政府，不受议会之牵制。政党内阁，尚未行于德国也。

帝国议会，毫无立法之权。其所决议，不得联邦会议之同意，不能成为法律。关于行政上者，虽有议员十五人赞成，可以提议，可以决议，并有质问政府、上奏君主之权。而取舍之实权，则仍操之君主与政府，系于内阁大臣之进退也。内阁不啻一君权内阁。帝国议会，仅有一反对政府之权而已。

## 第二节 政党

议会之权力，如此其微弱，固宪法所使然。而亦非无他故。即政党失之过多，俱无一大团力。千八百七十年以后，毋或稍变。十余党派之中，一党无论矣。即二三党派联合之后，尚难占得实权。其为问题也。种种变化，常无固定之势力。故政府易得而操纵之。此党而有一实行政略，要政府之赞成，政府即择其轻而易行之条许之。他之问题起，而彼党之条件又结矣。德之政党，约分为二。

### 一、反对宪法之四党

其一，本为丹麦之一部，后并于德之小兰司矣地方所选之代议士一人也。

其二，普鲁士及扑山地方之堡兰民种所选之代议士十三人或十九人也。其数之变动，视堡兰民种与普鲁士人所杂居之地之选举若何。彼等乃贵族政治主义，而其教则加特力也。

其三，取自法兰西之安杀司及落来州所选之代议士十五人也。彼等乃民主政治主义，而其教则亦类从加特力也。

以上三党，因领土被并之故，致与帝国抗议。尚有所谓客亚罗党者，则凡欲恢复被普鲁士所并之瞎诺威王国者，皆入此党。而亦合于加特力党也。

其四，社会党是也。社会党本分二派，而自千八百七十五年团并以后，则所谓劳动社会党也（劳动，下等社会之谓也）。此党虽未许用共和党之名，而实与君主政体反对，并与资本家及教会之势力相抗者也。初其数甚少，于政治上尚无十分势力。然赞同者甚众，将来可期有为。故当总选举之际，彼即利用此赞同者，以为传播社会党主义之计。虽在无可希冀之处，亦必派人演说社会党主义，招人入党，久之而其效大著。通计全国社会党选举之数，自三十万递加至百七十万。社会党之代议士，选自制造事业盛处者，少则二人，多至四十四人。

**二、承诺宪法之各党**

不与宪法相抗，而据他问题以决去就者，其数甚多。大抵与各邦国会之党派相联络，而存其本据于普鲁士国会者也。

其一，保守党，此乃普鲁士之贵族及新教之转化者，而有本据于普鲁士东部之农业地者也。其党员类皆贵族之大地主，而奉戴现今之王统，保全君主之权力，扩充军队之规模，以养农业上贵族之实权、教育上宗教之势力为主义者也。此党之特性，在保存普鲁士旧法。故与并普鲁士为联邦之一卑思麦克政略，大相凿枘。普鲁士既为联邦之一而犹能占于帝国之霸者地位者，实此党之力有以助之也。威尔爱老帝特重此党，故在帝国朝廷，今尚大有势力。普鲁士外虽无一党员，而普鲁士上议院中，既占多数。在帝国议会代表者，少亦二十一人，多至七十六人。其所以赞成政府与否，视问题之若何耳。

其二，保守党自由派，即帝国党也，系合普鲁士中央部之大地主及官吏而成者。常助政府。

其三，国民自由党，是乃合帝国各部中教会以外之中等公民而成。制造家、商业家及大学教授，均入此党。犹太人亦多。以助卑思麦克之帝国团结主义为主义，而期贸易上与宗教上自由者也。其望责任内阁也，裁国会议员之岁俸。其于帝国议会之议员也，不得干涉工商各业，及废消费税。其于普鲁士国会也，去町村自治上贵族之权力，普通教育上僧侣之权力，而得享有印刷（即著书出报之类）自由之权利。其中分为二派：一则盲从卑思麦克，一则稍能独立。两派之领袖死，至千八百七十七年卑思麦克之方针变后，俱式微矣。

其四，进步党，是虽如国民自由党集宗教外之中等公民以成。而其所以稍异者，则抵抗军人与官吏也。彼之志在缩小军备，输入英国之政法，商业则专效孟其司达（英国一大都会，商业极盛处也）之模范。此党根据地之最要者，大市邑及普鲁士之花尔司达州、海衰国、索撒国是也。此党亦分二派。

其五，人民党，此党俱在南方诸邦，而中以瓦敦堡为尤多，专抗教会及普鲁士之势力者也。

其六，中央党，即加特力党也。此党在普鲁士国会，与保守党相合。而自帝国创立以来，则与民权党相结，名中央党以自别。彼等之公然主义，在立于宗教国家之外，保其自由。而实则欲维持加特力教会之权力，罗马法王之政权，及普通教育上宗教之势力者也。此党之根据，在加特力国之巴威里、婆典及普鲁士之西方。不承诺宪法各党，大抵与此党相提携也。今将千八百七十一年，及七十四年所选举之议员党派分别表录如左：

|  | 千八百七十一年 | 千八百七十四年 |
| --- | --- | --- |
| 保守党 | 五六 | 二一 |
| 帝国党 | 三九 | 三六 |
| 国民自由党 | 一二〇 | 一五二 |
| 进步党 | 四六 | 四九 |
| 人民党 | 二 | 一 |
| 社会派 | 二 | 九 |
| 中央党 | 六三 | 九一 |
| 反对宪法党 | 一九 | 四四 |
| 无所属 | 一 | 一 |

# 第二章　文化争斗及社会党镇压

## 第一节　帝国统一政策

德意志战事未竟之时，卑思麦克固尝以团结主义，坚持新建之帝国也。然各邦之中，各有君主，有历史。欲以普鲁士为帝国风气之正，而强各邦人民以从同，颇非易易。财政上则以收自法国之赔款，先备各种之用，而取岁必减缩之策（如养兵费、战备费、国防费、制舰费之类）。千八百七十二年，各邦货币，概归一例。发行帝国货币，以换废各邦之纸币，创设德意志银行。千八百七十三年，殆全废铁之输入税，关税则概行低减。近乎自由贸易主义矣。如是则岁入不足，乃以各邦之岁入补之。司法制度，亦颇不易。各邦之间，以从来之裁判制度各异。故联邦会议，自不能赞同帝国议会所议定之统一法。于是使各邦之司法大臣，先会于伯林协议，继使其会合法律学者以咨询之。以其提案，交之帝国议会之委员。调查四年，始得公布执行。依此办法而制定者，则民事诉讼法、破产法、刑事诉讼法，及裁判所构成法也。

德之兴也，德皇与宰相，潜心一意，以计守成。惟冀后此之德，得如今此之德之长治久安也。此所以卑思麦克之经历，较之拿破仑之事迹，不啻霄壤之别也。拿破仑只计一己之光荣，卑思麦克则不顾一身之名利。拿破仑递次扩张其势力，无所底止。卑思麦克则善知所止，志在守成。然卑思麦克之所以如此者，其故有二：内恐加特力教会之势力恣于目前，外恐法兰西国民之复仇，危在将来也。对外之策，如外交史所诉三国同盟之事就绪，既无可虑，则惟计如何处此内敌而已。今述之。

## 第二节　加特力教会及南德诸邦

卑思麦克欲竟帝国之功业，料不能不与加特力僧徒大争。故于未破法军之时，业经筹画一一，数年而渐就绪，此之谓文化争斗。文化争斗云者，虽去加特力派旧弊之谓。而实则政治上之争，非宗教上之争也。北德联邦之间，加特力宗徒其数甚少，殆不足虑。而南德诸邦，其数顿增。于政府内部之措置，极多妨害。

巴威里国民，多系加特力派，而与法兰西有相亲之势。近世外交史中有曰：普法战事，因巴威里愿居中立，故法王拿破仑第三决意主战。而既战之后，巴威里政府与议会，所以援普者，盖期胜法后，割地而为巴威里之府属也。孰意事与愿违，不得领有安杀司、落来（法兰西之二省）。而以此为德意志帝国所直辖，置之帝国宰相管理之下。于是巴威里官民，大怀不平。瓦敦堡及婆典亦为失望。因近来南德诸邦之中，独立之势虽盛，尚未敢公然与帝国为敌。故此诸国，藉加特力教会之力以敌政府。即以西翻里亚及兰因河沿岸一带之加特力教徒为中心点。于是反对宪法各党，大都与此合矣。

## 第三节　加特力教会及罗马教皇政权

加特力教会之抗政府也，意欲于选举之时，使加特力教徒，占议员之多数于普鲁士国会及帝国议会。而推尊罗马教皇，必待政府赞助此说，方不与抗。彼谓教皇之威权，非世界各国之权力可比，而伊大利竟敢侵并其所领之地。故欲合各国之加特力教徒，谋恢复其政权。此加特力之宗旨也。

## 第四节　加特力教会及王政复古

然教皇之权力，其有害于帝国安全之处，在稍通外情者，自能知之。法兰西全部，俱系加特力教。而万杀有（德意志联邦之一）国会之中，加特力教会之势力特盛。法常教唆彼等，合南德诸邦之加特力教徒，以乱帝国内部。法即乘机复仇，则帝国立被其祸，一也。加特力教会若得势力，则法兰西、西班牙二国，必恢复其教皇之权。即藉教皇之力，与各强国同盟，以复德仇。盖西班牙当内乱之际，德尝助西班牙之共和党。当法兰西将复王政，立新盘公为法王。而卑思麦克尝私袒法兰西之共和党，则二国皆有夙怨。矧西班牙国王之候补者同卡罗，与新盘公相亲。而亦属于加特力教，自不难互相戮力，以谋德国，二也。

## 第五节　加特力教徒之选举

教皇结西班牙、法兰西以胁德使，德不得已而援教皇。于是一千八百七十一年二月，普鲁士国会中，始议助教皇以恢复其政权。未几，又议保全宗教之独立，而特列条款于帝国宪法及普鲁士宪法。时普鲁士宪法中，载有三条如左：

第十五条　新教罗马加特力教，及其他各教会，各得自治其教务，保有其产业。及因传教教育、救济善会等所营之房产。

第十六条　教会中人，与其教主往来，均得自由。教会所发之告示，不得为寻常告示所牵制。

第十八条　教官之任命、指名、选举、许可，向为国家所行者，概行废止。但国家因保护及有他故者，不在此限。

要之，各种学校之教育，凡关于宗教者，悉任诸加特力教会。又教官之除授，政府绝不干涉。教会与教皇，音信往来，悉听自由。凡由教会公示人民之处，巡查官不得而管辖之。

麦因之牧师名开銮者，于德之加特力教中颇有势力。以一千八百七十年十月，赠书于卑思麦克。其大旨谓新教之国，似足胜加特力教国，然亦不足恃。苟于新定宪法中，不保全教会之自由，则难期宗教上之平和云云。十一月，部萨之大牧师名来特化野者，亦致书于万杀有王威廉（即威尔爱）曰："请以仁义之师，再兴宗教国家，出教皇于危地。"十一月十六日，普鲁士国会选举议员。三月后，新帝国议会又选举议员。加特力教会竭力游说，以罗马教皇之恢复，及教会之自由为纲领。意欲使普鲁士宪法中所载之教会独立条项，务必通行于全国，此其本旨也。其后普鲁士下议院中，加特力党之获选者，五十七人。此五十七人，于一千八百七十一年十二月十八日，联名建白于威廉帝曰：若所谓宗教国家者，从此灭亡。则无以保加特力教徒之自由，而大害其权利。愿陛下早定大计，以复该教之权利，以保该教之自由云云。三月二十一日，帝国议会开议。二十七八两日中，有加特力党议员六十三人提议，谓新定帝国宪法中，须加入保全教会自由之条项。时卑思麦克将军于外，不遑内顾。乃令国民自由党，抗加特力党之议。

## 第六节　文化争斗及五月诸法律

帝国议会闭会。以十月十五日，再行召集。先是，九月，教会以大学校及中学校之宗教学教习，有背教旨。欲使之一律罢免，普鲁士政府不许。于是大起争端，势不并立。卑思麦克先废普鲁士文部省中之加特力教局，以文部大臣米可勒左袒加特力党，故罢其职，举枢密司法顾问官发尔开以代之。一千八百七十二年一月三十日，卑思麦克因讨议内政，亲诣帝国议会。以加特力党首领何因化而司演说过激，乃反驳之。盖卑思麦克见此情形，知加特力教徒，必与政府为难。故不得不为防御之策，乃公言曰："教理之问题，政府不愿干涉。吾人之信仰与否，虽各不相同。但其徒逾数百万者，则其教必有可取。无论为政府为人民，必以其教为是。惟教会欲干预国权，则在所不许。今不得不制限教会，以维持平和。此政府与教会所以并立，而议院中何必论神学哉！"卑思麦克之言如此，此即卑思麦克与加特力教徒开衅之始。故其后于小学教育，制限教会之权力，实基于此。于是政教交涉，三年中无已时矣。

二月，发布教育之新法。各地牧师，俱不遵奉，请罗马教皇指挥。卑思麦克乃派化亨落大牧师为帝国出使大臣，至滑其肯与罗马教皇商明政教之分界，使教会不得在议会中抗论。罗马教皇不纳，宣言与德政府为难，德政府乃逐裁西脱之教徒以报之。罗马教皇宣言与德政府为难者再。于是伯林与滑其肯之外交既绝，政府与教徒之衅端遂开，惟不相见以兵而已。

一千八百七十四年七月，卑思麦克至叩斯新开疗养。每日午后，必赴温泉。十三日，有自马车之左，发手枪以狙击之者，伤其左手及颊。凶汉乃二十一岁之工人，隶酸载潭之加特力会，为牧师司脱安门所指使。以卑思麦克为教会之公敌，誓必杀之以为快。当日即以此意自首于法廷，直认不讳。卑思麦克乃乘机而动，以旧教教徒之不奉国法者，悉付法衙，夺其官职。所谓五月诸法律，盖即一千八百七十三年、四年，及五年五月所发布之诸法律。无不去教会之权力，使其服属于国家者也。依此法律，除国家所设之大学校及学塾外，不得有宗教教育。凡欲为牧师者，须入国家之大学校，肄业三年，听国家考试。苟非经国家许可者，不准就职。欲传教者，须具一不背法律甘结，不具者不准。违者处罚，或逐出国境。一千八百七十五年，普鲁士国会所订宪法三条（见第五节），概行废止。

## 第七节　卑思麦克操纵国民自由党

卑思麦克当创建帝国之先，欲免宪法上之轧轹，故与保守党相合。举保守党中人，使入内阁。及欲削加特力教徒之权力，更离保守党而依于国民自由党。缘保守党中有亲于加特力教会者也。

国民自由党，取自由主义者也。故此时卑思麦克之内政，亦偏于自由主义。渐以国民自由党中人，代保守党，使入内阁。然卑思麦克之依附政党，与英国内阁之依附政党大异。决非尽听其主张，务使之赞成政府。如一千八百七十四年，常备兵额，加至四十万零一千人，故不得不筹七年之费用。又本年虽重定报馆章程而免其印花税及保险税。然妄攻政府，则处以重罚，及严定陆军刑法等。凡与政党相反之制度，无不得政党之同意。

自由主义之施行于普鲁士，其最著者，为改正自治制度一事。先是，普鲁士东部地主之权力过大，政府谋欲去之。为贵族院之保守党所抑，卒不果。一千八百七十二年，卑思麦克奏明威廉帝，特授二十五人为贵族院议员，卒夺地主之裁判权及警察权，而公选郡会议员以决其事。

# 第三章　社会党镇压及社会政策

（西国学者，悯贫富之不等。而为佣工者，往往受资本家之压制。遂有倡均贫富制恒产之说者，谓之社会主义、社会云者。盖谓统筹全局，非为一人一家计也。中国古世有井田之法，即所谓社会主义。）

## 第一节　社会党之由来

帝国政府自创业以来，即用力以镇压其社会党。始则用寻常之裁判制度以镇压之，而以一千八百七十三年之阻滞，故社会党之势焰顿增。社会党本分麦克司及拉司来二派，后合为一。

### 一、万国工人总会及德意志支部

麦克司与拉司来，均以一千八百四十八年，倡自由之说而两党之势以炽。然其主义，各不相同。麦克司始在可伦，开设报馆，倡均富之说。后为政府所不容，窜于伦敦。会一千八百六十二年[①]，各国工人之首领，均会集于伦敦，名曰万国工人总会。其会分为二部：一各国支部，各举总董。以每年一次，集会于康客来司总会，以议总会之宗旨及办法；二于总会之中，指定各董，另设参事会。置公所于伦敦，议总会之事，并管理交通各国支部事务。此总会之主义，始极平和。不过欲扩张英国工人同盟之范围，

---

[①] 此处时间有误，应为"一千八百六十四年"。

合各国工人之势力，以求保护工人，脱资本家之束缚而已。一千八百六十六年，开总会于其内伐，议定总会规约。麦克司自为参事会长，总理全体。一千八百六十七年，会议于瑞士国之落长，以为欲脱社会上之束缚，须先脱政治上之束缚。一千八百六十八年，会议于伐山尔，谓战争及常备兵，宜一律废止。凡同盟罢工时，各国工人宜互相协助。凡铁道、矿山、森林，均为共有，宜一律平分。土地之物产，为国家公有，宜一律平卖。一千八百六十九年，会议于拍而。欲全废土地私占之制，此即一千八百四十八年以前，所谓均产之说也。要之，德法战争以前，不过议定其主义纲领，尚未见诸实行。但政府恐外国工人为其后援，事更难措。故威逼资本家，殉同盟罢工者之请，实则并无援助工人之心，而未尝为之定工价。至德法战事起，万国工人之总会，遂为中止。更以战后巴黎之乱，万国工人总会，亦与闻其事。致法兰西及英吉利，均设为法律以禁制之。然德意志支部之势，日见其盛。

创此支部者，名黎白克内脱。即革命党新闻主笔麦克司之门弟子也。黎白克内脱始游说索撒之进步党公民，使创设工人教育会。更说一长于演说之工人名败败而，使之助己，卒公选为联邦议会议员。一千八百六十八年，遂变教育会为万国工人总会之德意志支部，名曰国民保工会。明年议定宗旨于爱成诺。其宗旨较万国工人总会，尤为激烈。今举其大旨如左：

第一，国民保工会，以设立自由民主国为目的。

第二，今日之政治，及社会之状态，腐败已极。此会宗旨，务尽全力与之反抗。

照此办法，务求精进。如限定工作时刻，限定妇女工作，废止幼者工作，制定累世遗产之税法。又国家宜均百姓之恒产而保护之。

此会以平权为主义，故不得听一人之指挥。须各会员合同商办，与寻常结会不同。故集同町同村内之会员以协议会事，中选一人，使掌集会及征收会费等事。每年开总会一次议定公事。置董事五人，监督十一人。董事与监督，不得同町同村。更以会中费用，发刊新闻纸一种。

## 二、拉司来之德意志全国工人会

万国工人总会，及德意志支部，既已述及。而当时德意志国中，与此派全无关系者，更有一派。拉以夫其之工人，于一千八百六十二年之顷，当伯林政治上争斗之后，乃互相结合以图改革，推拉司来为谋士。拉司来者，决非过激之辈，系有识之政治家。颇通文学。观其所著述，盖热心爱国之流。彼尝鼓动工人，藉其力以助卑思麦克而合并写而司何以与化而司脱因，以为他日保护工人之地步。即以一千八百六十三年，教拉以夫其之工人，使图改革。彼谓与其商之资本家而仍属徒劳，不如激动政府。设立均产公会，以仰国家保护。而苟欲激动政府，莫妙于行普通选举法（全国人民，皆有选举议员之权，谓之普通选举）。于是拉以夫其之工人，与兰因河沿岸一带之工人，合而为一，创立德意志全国工人会。举拉司来为会长，一切任其指挥。此会之宗旨，其所以异于黎白克内脱、败败而之国民保工会者，以此会之权，属于一人故也。拉司来至伯林，常与卑思麦克往来。卑思麦克在议会中演说，亦常称拉司来之为人。谓非无谋过激之流，所可同日而语。惜黎白克内脱及败败而讥其卖社会主义于政府，遂以一千八百六十四年，决斗而死。然其所结之会，尚未解散。继拉氏为会长者，为萧委脱安。即一千八百六十七年，选为联邦议员者也。

### 三、德意志工人会党

以上二派之工人会，始不相合，而普鲁士各命解散。乃以一千八百七十五年，共相联合，别为德意志工人会党。其意欲成一独立政党，公然于选举场中，与他政党相争竞。五月，会于华太讨议各事。

其所议者，一为政治主义，如普通选举权，参预立法权，及民兵、出版、集会等自由权，废止人民裁判诉讼之费，以宗教为一家之私事等是也。一为社会改良，如简易税法、同盟罢工之自由、限定工作时刻、禁止幼者工作、失业工人之保护法、工场卫生之管理法、雇主抚恤疾病负伤之工人、整理监狱内工作等是也。

此会办法，系仿麦克司派之国民保工会，置自治支部于各地。每年各派总董以开总会，分为三部：一曰理事所，设理事者五人。二曰监理所，设监理者七人（不得与理事者同町同村）。三曰判决所，设办事者十八人。若监理者与理事者有所争议，则使之调停其间。又设一库，以全党之会计，悉由是出焉。又刊新闻纸一种。

依此办法，工人会党之势力顿增。观于一千八百七十六年总会中提出之报告书，自一千八百七十五年六月八日，至第二年八月十日。其间所得之捐款，多至五万四千四百三十二马克。其外各地支出之党费，至少较此三倍。当此之时，业工者虽尚无起色。然食力之工人，颇能减其妻子衣食之需，助入会中，作为公用，其热心可想而知。其报馆所请之主笔，及会中所请演说之辨士，共六十八人。其中五十四人，均受全俸，十四人酌取俸给，均能文舌辨之士，长于游说者也。更有虽非请定，而常在会中热心演说者，七十七人。此百四十五人，无不出没于选举场中，大倡社会主义，以鼓动全国。

一千八百七十七年之报告书，更为可观。最重要之新闻纸，共销一万二千份。此外，更有大小新闻纸四十一种。又工人会党游戏新闻纸，共销三万五千份。工人会党年报，共销五万部。无论何地，必散布此等新闻纸，以广传社会主义，意欲使无恒产者与资本家相抗，而为平民者与政府中反对。更表扬一千七百九十三年共产党流血之徒，其宗旨在破败决裂。故行刺者则目为豪侠，举事者则尊为义烈。彼工人日薰陶于此等议论之中，尚有以此为不然者乎？

## 第二节　德皇遇刺及社会党镇压法

一千八百七十七年三月二十三日，为德皇威廉第一八十诞辰。德民以国运隆盛，故祝典之盛，远逾往例。更以其年四月二十四日，俄皇亚历山德第二与土耳其构衅，而德居局外，故上下咸歌太平。俄土之战几及一年，以三月三日，订和约于山同铁伐。英国不能默尔而息，遂与奥结，出面干预。其实英俄之龃龉，殆卑思麦克有以启之。卑思麦克更乘机出为调停，会各国公使于伯林。以六月十三日，召集公会。先是，五月十一日，威廉帝与其大公主白藤同车自公园还宫。途中有自车后发手枪以狙击之者，幸尚无恙。凶汉罢团，二十一岁之工人也。搜之得社会党各种新闻纸等，及黎白克内脱与败败而之照片，知其曾往来于社会党演说之地无疑。

五月二十三日，政府有法案六条，在议会中提出，名禁制社会党法，委联邦会议议决，而求议会之允许。苟照此办法，则政府得收没社会党之新闻纸等物，解散其会，违者处以禁锢之刑。然此日议会开议，以此法为然者五十七人，而以为否者乃二百五十一人。于是政府所建之议遂作罢论。二十四日，议会议定之后，遂闭会。至六月二日午后三点钟，威廉帝在马车中过黄探定林定街时，又有从第十八号客馆之三层楼上，发手枪以狙击之者。威廉帝之首，负伤数处，鲜血淋漓，护卫者负之入宫。凶汉诺比林者，哲学士也。居伯林已及二年，常出入于社会党中，感服其主议①，遂决计行刺。自认不讳。当日见事已成功，即欲自杀，不果，负重伤，遂被缚。

卑思麦克以六月六日，于联邦会议中演说，意欲解散议会，众以为可。遂于十一日举行，并定于七月三十日重举议员。先是，五月二十三日，政府所建之议，其所以不果行者，盖以国民自由党中均不以为然，故不得已而中止。乃此次改选之际，该党之数甚少，而保守党及帝国党之数为多。罗马教皇亦以威廉帝两次遇难，故赞助政府，加特力党亦如之。政府遂提出新案，亦名禁制社会党法，共二十二条。以十一月二十一日为执行之期，以一千八百八十一年三月三十一日为满期。

此法律之主眼，在禁遏社会党共产党之作乱，而以其权委之政府。社会党出没之处，严行防察，禁其集会。凡有嫌疑者，悉命去职。此法律更多延年期，以一千八百九十年为满期。以是社会党之新闻纸等，凡一百四十种，一律停刊，禁锢者百五十人，去职者九十人。此法既行，社会党遂不能伸其志，乃移其本部于外国。其总会或开于瑞士，或开于丹麦。在德意志各部，仅立小会，私相协议，密募党员。在瑞士之紫克西，刊行新闻纸名《社会民主党》者，密销于德意志各部。当是时也，一千八百八十一年之选举人总数，共三十一万人，代议士十二人。一千八百八十四年，共五十五万人，代议士二十四人。一千八百八十七年，共七十六万三千人。一千八百九十年，共一百四十二万七千人。

## 第三节　国家社会主义

然卑思麦克以禁制社会党法，未能奏功。更设一变通之法，以散社会党之势力。乃先使理财学者西司马来、滑葛南等，于一千八百七十二年，

---

① "主议"疑应为"主义"。

创设一会，名社会政策协会。其会宗旨，盖欲调停资本家与工人之利益，籍以服工人之心。遂以一千八百八十年十一月，置理财顾问官于普鲁士，以理财学者七十五人任之。第二年十一月，提出负伤工人保护法于帝国议会，宣谕于众曰："国家扶助贫苦之人，不仅为国家应尽之义，抑亦维持国家之一策也。"又曰"乐善之举，乃自有基督教以来，为国家所当尽之职，亦十八世纪以来普鲁士王室相传之主义也"云云。此所谓国家社会主义，实则采用西司马来等之社会政策协会主义而已。

国家社会主义，盖以资本家及国库中所出之费，养赡贫苦工人，不使失所。故负伤者保险法，经一千八百八十四年、五年、六年、七年而渐次改正。疾病者保护法，经一千八百八十三年、五年、六年，及九十二年始行制定。老病者及失业者保护法，于一千八百九十九年制定。

# 第四章　帝国财政革新

## 第一节　卑思麦克之宗旨一变

德法战争以后，所得法之赔款，皆以供政府一切费用。更以兴建铁道及伯林市中之工筑，所费不赀。遂于一千八百七十四年，财政大困。时保守党大不满于卑思麦克，决欲使安尼摩伯代为内阁，卑思麦克遂收安尼摩伯为己党。保守党更诬卑思麦克收犹太富人之贿，以政权供一己之私。于是诉之于法院，一时骚然。

时有戈楷可夫者，与卑思麦克反对者也。以为德苟有利，俄必有以阻之，故不以三国同盟为然，而欲联英。当是时也，西班牙有客利司脱党者，颇执政权。与法之君政党合，谋戴罗马教皇为德意志主。且法兰西于一千八百七十四、五年间，扩张军备，有加无已。卑思麦克不忍坐视危局，乘军人之欲战者众，欲决一战，以免危局。而威廉帝欲保平和，不肯妄启兵端。更以俄皇亚历山德第二之干涉，而卑思麦克之志，卒无以偿。故此时卑思麦克之处境，颇有进退维谷之势。

一千八百七十四年至一千八百七十六年，卑思麦克所处，皆为逆境，而亦足以炼达其干事之才。故卑氏之对外政策，向主联俄，今乃一变其十五年来所守之主义，而忽取排俄主义。其治内政策，向主自由贸易之说，而取铁道属民主义，今亦一变而均取保护之说。（按：泰西言商学者，有自由贸易说及保护贸易说两派。自由贸易者，谓外国货物入口不科以税，即科之，亦甚轻，故外商得以自由。保护贸易则反是，必重科其税以保护本国之贸易。又管理铁道之法亦有二说：一曰铁道宜属国。一曰铁道宜属民。属国云者，宜归公众保护，归国家公办。属民云者，听民自为，谓宜归商办也。）

一千八百八十一年，卑思麦克在议会中演说曰："自一千八百六十五年以来，自由贸易之制既坏。唯赖法之赔款五亿，稍补不足而已。故讲求救济之方，万万不能再缓。然余前十五年间，专注于对外政策，不遑他顾。至一千八百七十七年，始稍就绪。而其时地方困穷，各处工场，均有停工之势。工业与工人，均疲弊不堪。全国工商大业，大为减色，此余所深虑也。"

此时卑思麦克，欲竭毕身之全力，以振兴德意志之财政，而立永久不变之基。据云卑思麦克于理财学夙有心得，故处理财政，颇为得手云。

## 第二节　卑思麦克力争财政之改革

一千八百七十七年，豫算不足。卑思麦克提议增课烟税，赞之者寥寥，乃不得已而辞职。威廉帝不许，仅赏假而已。卑思麦克遂归卧于甫利特利西酸，既又至叩斯新开，至完琴，至葛司脱因，至酸盘夫，又至完琴，与外务大臣皮由落时相往来，促大藏大臣即定豫算。自四月至十二月，凡九月间，置他事于度外，专讲财政。十二月十五日，致书于皮由落曰：

> 余之去留，一视税法之改正与否，及铁道章程之实行与否。若普鲁士中之有职者，不能照办，则余万难留任。阁下有便，请将此情代奏。余非有他故也，为普鲁士及帝国之公益计，欲得热心赞助之阁臣而已。

时大藏大臣坑步耗山，不能照卑思麦克之办法，制定豫算。而卑思麦克屡促之，谓苟不变革财政，断不能持久也。

## 第三节　财政之改革及政党之情形

照国民自由党之办法，意欲废止关税，及一切杂税。或减轻之，而专收落地税。征各邦之岁入，补帝国岁入之不足。各邦应出若干，则视邦之大小为等级，而岁有变动（一千八百七十二年，八千二百万马克。一千八百七十八年，七千万马克）。卑思麦克之宗旨，则不然。欲帝国之财政，离各邦之财政而独立。先仿法国之例，定烟叶专利之制，而课以重税。更设一切杂税，并仿近邻各大国之例（指奥法俄），征收关税。如是，则不特帝国之财政，可离各邦而独立，且可以帝国之余裕，分之各邦，而渐次废止落地税。又取铁道属国主义，概废铁道保护费，及一切运费。

依此办法，则国民自由党之自由贸易主义，全不能行，故与政府反对。而政府以一千八百七十八年二月二十八日，先提出烟叶增税法案，又欲实行烟叶专利之制。国民自由党知政府明与彼党为难，遂亦百计设法以反对政府。当其时，适社会党中有狙击威廉帝者，卑思麦克遂乘机解散去年改选之议会，更行选举。更选之后，保守党自四十人增至五十九人，帝国党自三十八人增至五十七人，而国民自由党反自一百二十七人减至九十八人。今将改选前后之党派比较，而列如左：

|  | 改选前 | 改选后 |
| --- | --- | --- |
| 保守党 | 四〇 | 五九 |
| 帝国党 | 三八 | 五七 |
| 国民自由党 | 一二七 | 九八 |
| 进步党 | 三六 | 二五 |
| 人民党 | 三 | 三 |
| 社会党 | 一二 | 九 |
| 中央党 | 九二 | 九四 |
| 反对宪法党 | 三〇 | 四〇 |
| 无所属 | 一 | 一 |

一千八百七十八年十月十七日，当议会协议，欲禁制社会党。政府忽

建议，欲改革德意志之关税，以保护德意志之农工业。故不独课制造物以税，更于农田所产各物，课以关税。议员之赞成者，二百零四人，中央党八十七人，保守党三十六人，帝国党三十九人，国民自由党二十七人。盖卑思麦克于未发此议之前，已与各党之首领，商议妥协，故皆赞成之也。议会既赞成之后，卑思麦克以十一月十二日，建议于联邦议院，欲另设改革关税调查委员数人。十二月十五日，遂以所拟条陈，傍示各人。书中通筹全局，无一遗漏。一字一句，无不斟酌尽善。故无疑义可指，遂得采用。

德意志帝国议会，以五月二日起，讨议关税法案，至九日而就绪。关税中之最重大者，为铁与米谷之进口税。故于会议时议之，其他税目，则决自调查委员。英国以铁为出口货之大宗，其铁矿多在附近德国之海滨，以运至德国为最便。故不得不课铁以进口税，以与英竞争。俄罗斯、葛利气亚、拉马尻，其运至德国者，以米谷为多。故又不得不课米谷以进口税，以保护内地之农业。于是议定铁值一百吉罗（一吉罗约抵中国一斤十两），抽税一马克，禾谷税二倍。议会并皆允可，遂以九月九日，关税法始定。

其间，中央党（即加特力党）更倡议于议院，谓一年之进口税，及烟税总额，若过一亿三千万马克。当照帝国宪法第三十九条，分其余裕于各邦，何因化而司演说而赞成之。国民自由党不以为然，而保守党助之，卒如其议。

讨议关税法案之际，帝国议会议长福禄恳败克，以五月十七日，在某会中演说食物进口税为不然。后为利希退而等所攻击，遂以二十日辞职，保守党之若伊笛维之代为议长。副议长司托非盘葛亦辞职，以中央党之福轮恳司太因代之。文部大臣发尔开辞职，以小来却州总知事步坑美而代之。大藏大臣化泼来希脱辞职，以议员罗希耶司博士代之。农务大臣福利定探辞职，以内务次官皮脱而代之。

文化争斗时，中央党与政府为难，至此忽赞助政府，其间必非无故。盖卑思麦克欲与罗马教皇和好，因与各州议会以便宜废止五月诸法律之权。而加特力教会，遂渐得复其本有之特权。

国民自由党以政府之政略变更，遂分二党。其赞成卑思麦克者，为一党。固守自由贸易及诸法律者，二十八人，别为一党。后至一千八百八十四年，均与进步党合，而别为夫拉新尼希党。

政府既以铁道归官办，故一千八百七十八年五月，于普鲁士政府，新设工部，以素谙铁道事务之麦以白福为工部大臣，先使之倡议收买国中之四大铁道。一千八百七十九年，协议于普鲁士国会中，然赞成者甚少。

# 第五章　卑思麦克之世界政策

## 第一节　奖励海外贸易

卑思麦克既遏加特力教徒及社会党之势力，又改革税法及关税制度。凡有利于财政者，无不竭力举行。其最大者，如开通桑克脱华塔特之隧道，以使与伊太利①及瑞士贸易，一也。开深怀萨而河口，以利步蓝门港之贸易，二也。开凿技而运河，又自波罗的海经丹麦海岸与绳特海峡而出北海，三也。筹开东洋航路，四也。

## 第二节　亚非利加殖民政策

卑思麦克于一千八百八十年四月，在议院中建议，拟买取南洋之萨马亚岛，以行殖民政策而保护海外贸易。有彭盘寒者，不以为然，议员赞助之甚众。遂不果行。至今德人犹耿耿于心也。

一千八百八十一年，枢密理财顾问官以为欲振兴德意志之财政，不可不有殖民地。于是须定十年之中，共须一亿二千五百万马克，以为经营殖民地之用。德之不可不有殖民地，其故有二：德意志人之迁至亚美利加者，每年不下十五万人，或二十万人。虽未必尽入合众国之籍。其于本国关系，不免日疏，而于国力有害。若有殖民地使居之，则德意志之国威益大，一也。外国进口之谷、烟叶、果子、茶、珈琲、米、香物、染料、棉花、麻布、绢、家畜、材木，每年共耗十亿马克。若使德意志人在殖民地

---

① 本文底本中"伊大利"与"伊太利"混用，皆指"意大利"，整理文中保留原貌，不作校订，特此说明。

中播植此等物产，则此十亿马克，每年仍为德意志所有，二也。又因传教故，亦不得不行殖民政策。五十年前，南亚非利加中，有一德国教会。其传教之地，在英国之喜望峰殖民地，及南亚非利加之西，达麦拉、纳麦客之间。自一千八百七十年以后，传教之暇，兼为贸易。然此时德意志政府，在亚非利加中毫无权力。故此教会，全赖英国保护。至一千八百八十年左右，达麦拉、纳麦客之民间，大起争端，攻袭传教师之住所者六次。英国政府并不严行惩禁。故拉阴之教会监督福亚捕利，以一千八百八十一年八月二十八日，致书于帝国外务省，请其向英国政府索取赔款。又著一书，极言德意志之不可不有殖民地。此书四年之中，重印三次，可谓风行一时矣。

此事未结，他事又起。一千八百八十三年之秋，步蓝门人商人聊豆利紫，在纳麦客之南，安葛拉败奎之附近，向该处酋长买得一百五十方里之地。以八月十八日，致书于喜望峰之德意志领事，请其向该处土人及英国政府，伸明此地已归德人所有。领事以此事达之本国政府，卑思麦克以一千八百八十四年电覆之曰：

> 据聊立利紫①所言，其所买得之地，以在奥伦治河流之北。恐英之殖民厅，或有意外交涉。足下即言明该商人及该地，皆归帝国保护可也。

此事实为卑思麦克之第一殖民政策。其次，则西亚非利加之殖民政策也。汉堡之殖民会社，以一千八百八十三年，在西亚非利加之卡美龙地方，买得一地，而求政府保护。政府即命欺由尼斯之总领事纳矣葛气尔，与该处酋长修好。而订通商及保护条约，以划定德意志之殖民地界。

纳矣葛气尔以一千八百八十四年七月四日，与脱华部族之酋长订保护条约，领取沿攀凝湾之脱华兰全部。使麻爱惟爱军舰之将士，上陆举行典礼，而建德意志国旗。

七月十一日，麻爱惟爱军舰回披耶福拉湾而至卡美龙河口，与攀尔、亚夸亚两酋长订保护条约。一切主权，皆归德意志。而赋课征发之权，仍

---

① 应为"聊豆利紫"。

归酋长。十四日,建德意志之国旗于酋长之宅。

于是渐进而南,近法国领地控华之界。德国政府以八月二十九日,电告驻劄巴黎之德国公使化亨落,嘱其往告福爱利大臣,谓德国一切举动,决不有碍法国之领权。此时德、法二国,正极亲密。

一千八百八十四年十二月,德意志又辟殖民地于东亚非利加。先是,有一德意志之会社,在绳席拔尔对岸之乌萨戈拉、乌客米、尼由罗等处,取得十三万吉罗之地。然此地仍属于绳席拔尔。未几,德意志之兵卒与土人生隙。德遂乘机派舰队至绳席拔尔,迫其不得干预对岸内地之主权。

(注)绳席拔尔,为回回教之文明国。其君主萨脱拔克西以聪明称。曾游历欧洲,赞成欧人之殖民事业,而助探中亚非利加者也。领有绳席拔尔、扑白、麦滑矣亚诸岛对岸之地。北自滑麦利斯,南至葡萄牙之麻场皮克领地。岛中之主权,悉归其掌握。一千八百六十二年,英、法二国共立条约以保护之。

## 第三节　一千八百八十五年之伯林会议

一千八百八十三年以后,卑思麦克既在亚非利加行殖民政策,遂大遭列国之忌。英国闻德国在卡美龙如此举动,即遣领事希怀脱乘福拉尔探炮舰至卡美龙,责问酋长攀尔、亚夸亚等,终占威尔夫阴、攀异而罢。此时英之自由党内阁,与葡萄牙订立条约,欲占领控华河之下流,以妨害各国之殖民地。于是德与法合,共抗一千八百八十四年二月二十六日之英葡条约。英、葡见德、法之势汹汹,遂罢前约。而葡萄牙更倡控华河之主权,当由英、德、法、葡四国分掌之议。法兰西首相乔翻利,以五月二十九日,与德国政府商酌。以为控华河之主权,非英、葡二国所共有,亦非葡萄牙所独有,当为各国所公有。德国大以为然。又驻劄伯林之法国公使康涩尔男,以为不但控华河当如此办理,师即那善河亦当如此办理。德国政府,亦以为然。

德、法二国,乃首倡召集万国会议之说。议定将来控华河之主权,为各国所公有。而定殖民及通商条约,载明各国皆属平等,以免彼此纷争。

于是，德国政府使其驻劄比利时、丹麦、英国、伊大利、荷兰、奥大利、匈牙利、葡萄牙、瑞典、诺威、西班牙、合众国之各公使，照会各国政府。驻劄英国之德公使，照会英国政府之辞如左：

近年西亚非利加之商务渐盛。德、法二国政府为兴商务解纷争起见，意欲妥订约章。俾各国之在此地通商者，皆地所遵守焉。今定其约如左：

一、在控华河之沿岸及河口，皆得自由通商。

二、维也纳会议有"川河往来，各国皆得自由"一条。后丹牛波河，仿照办理。今控华河之匿干河，亦当照行。

三、亚非利加海岸，当加以经营。

德国政府拟与法兰西政府，于本年中开会议于伯林，妥议以上各条。各国有与亚非利加商务有关系者，可派员至伯林会议云云。

英国允之，各国亦皆赞成。遂自十一月十四日开议于伯林，卑思麦克为议长，至明年二月二十六日而终，共议定三十八条，均关于国际法者也。

# 第六章　扩充兵制及两帝逝世

## 第一节　一千八百八十六年以后之德法关系

法国当乔翻利为首相之时，卑思麦克之世界政策，甚为得手。德法二国，亦极亲密。而乔翻利以办理东京一事（即越南事），未臻妥协，遂以一千八百八十五年三月三十日辞职。四月六日，白利沙代为首相。一千八百八十六年一月七日，福兰西馁又代白利沙为首相。至是德法二国，渐觉彼此不能相容。原其故，盖由于法人复仇之念又炽，或出于卑思麦克之计略，亦未可知。不然则彼此或皆有故。

福兰西馁首相，以婆仑桀将军为陆军大臣。婆仑桀极欲扩张陆军，而增常备兵额。以五月二十五日，提出军备扩张案于议会。十二月三日，福兰西馁辞职。戈普兰入为首相，仍以婆仑桀为陆军大臣。军备扩张案，亦经议定。

此时法国民间，有名爱国团者，盛倡复仇之说。又有一诗人名翟尔兰脱，作一爱国歌，慷慨淋漓，全国为之鼓动。

## 第二节　常备公额增加案

卑思麦克频使报馆中登载新闻，谓法兰西将欲与德为难。所以然者，或因侦知婆仑桀如此举动，将不利于德，即藉此为口实，以扩德意志之陆军，均未可和。十一月二十五日，帝国议会名集之际，遂提出常备兵额增加案。而定自一千八百八十七年四月一日至一千八百九十四年十二月三十日，共设常备兵四十六万八千四百零九人。而每年之自愿为兵者，尚不在内。

德意志之常备兵额，一千八百七十一年，共有三十七万八千零六十九人。一千八百七十四年，加至四十万零一千零五十九人。一千八百八十一年以后，又加至四十二万七千二百四十七人。然法兰西之人口虽少，而一千八百七十一年以后之常备兵额，反较德意志为多。一千八百八十年，自三十五万八千八百四十人，加至四十四万四千四百七十七人。一千八百八十六年，又加至四十七万一千零八十人。而婆仑桀之军备扩张案若准，更可加四万四千人。

又一千八百八十四年以来，俄罗斯与德意志曾立密约，谓德意志可不必防御俄罗斯，而世间并未知有此约，以是卑思麦克又讲防俄之策。于是俄土战后，俄罗斯亦大改兵制，多筑铁路以便运兵。而其常备兵额，除士官外，共有五十四万七千四百五十六人。

以是德意志南北受敌，兵额益形其不足。且德意志之兵役年限，平均砥有二年零四月有半，故又不及邻邦之兵之熟练。若不加长兵役年限，而欲兵之有用，是非大和兵额不可。

德法二国之海陆军经费，以德法二国人口之多寡相比较，法国每人较德国每人所出之额为多。而法人却甚踊跃轮将，并不为难。今录表如左：

### 甲　德意志

| 一八七〇年 | 二七二、四七八、三九七马克 | 一人所出 | 七.〇六马克 |
| --- | --- | --- | --- |
| 一八八〇年 | 四〇三、四二五、八二六马克 | 同 | 八.九二马克 |
| 一八八六年 | 四四六、二八八、六七二马克 | 同 | 九.五三马克 |

### 乙　法兰西

| 一八七〇年 | 三九七、八五六、〇〇〇马克 | 一人所出 | 一〇.三三马克 |
| --- | --- | --- | --- |
| 一八八〇年 | 七六六、〇九六、〇〇〇马克 | 同 | 二〇.四七马克 |
| 一八八六年 | 八二六、六一六、〇〇〇马克 | 同 | 二一.五七马克 |

一千八百八十六年十二月三日及四日，为开常备兵额增加案之第一次读会。由陆军大臣酸轮潭福宣布其意，时毛奇将军年已八十有六，亦演说而赞成。

但兵额既加，经费更大，故反对之者甚多。而以中央党之反对为尤甚。调查委员，乃修正而报告之。第一减为四十四万一千二百人。第二改七年之期为三年（自一千八百八十七年四月一日至一千八百九十年三月三十一日），而限一千八百八十七年以后之一年，置常备兵额四十五万人。然此修正案发表之际，舆论又甚非之。一千八百八十七年一月十一日，开第二次读会，议员司托非盘葛提出二修正案。第一案系如调查委员之报告，限一千八百八十七年以后之一年，加至四十五万四千四百零二人。第二案若第一案不决，则照原案四十六万八千四百零九人，而改七年之期为三年。

第二次读会，毛奇将军又演说，而主原案之数。卑思麦克亦于十一、十二、十三三日中，演说三次，谓若不赞成原案，当即解散议会。十四日，议会可决司托非盘葛之第二案。政府乃命解散议会。

此时法兰西陆军大臣婆仑桀，以为此机若失，再无复仇之一日。遂不谋之同僚，而备与德国开战，增筑兵营于国之东境，于滑藤、潘福脱、紫罗等各要塞中，贮足数年之弹药及粮食，商借巨款于商人，及试验炮弹及枪弹等事，为之不息。

波仑桀如此举动，却于卑思麦克改选议员之事大利。德意志保守党、国民自由党、帝国党，既与卑思麦克约而赞成增加常备兵额七年。卑思麦克遂以二月二十一日，改行选举。各党之势力，为之大变。德意志自由党，仅选得三十二人。德意志人民党，无一人得应选者。社会党，减至十一人。宪法不承诺党，自四十一人减至三十三人。中央党本有百人，此次赖罗马教皇之势，仅减去二人。而国民自由党，则自五十人加至九十九人。德意志保守党，自六十七人加至八十人。帝国党，自二十八人加至四十一人。

先是，罗马教皇使普鲁士政府施行寺院法改正之条约。至是，中央党与常备兵额增加案反对，颇于此事不利。故驻劄巴威里之罗马教皇公使撒绿，使中央党之首领何因化而司不得反对，何氏允之。

新选之议会，以三月三日召集。毛奇将军以年长故，暂为议长。七日，陆军大臣酸轮潭福演说曰："常备兵额增加案之可赞成，自无容疑。若赞成者多，即此案之效力更大云云。"次国民自由党之潘辩深，谓委员调查，当可从简，而即行决议。九日，议会遂可决常备兵额增加案，而中央党自愿不与决此案。

常备兵额增加案既决可，法国之政治，遂一大变。大统领葛兰维使其机关新闻名《拉攀意》者，载一论说，申明法兰西并不欲与德意志开衅之意。于是探兰豆以政府失此机会，深为可惜，即辞爱国团之首长。而婆仑桀之筹画，亦尽属徒劳。

## 第三节　兵役年限延长法

此时卑思麦克既得多数议员之助，凡有作为，自可赞成。故欲扩张兵备，亦非乘此时机不可。

此时白尔恳半岛有事，德意志虽守中立之约，而俄罗斯频干涉之。或至与奥大利失和，亦未可知。然奥大利为德意志之同盟国，奥大利若与俄罗斯开战，德意志必当出全力以为之援。至是卑思麦克又可藉口扩张兵备。

卑思麦克函告驻劄伯林之俄公使萧滑罗步伯，谓欲谒见俄帝，有事面奏。俄公使为之转奏俄帝亚历山德第三，允其自戈烹海耕归时，暂驻伯林以便面见。十一月十八日，卑思麦克遂见俄帝，告以俄德之间虽有中立密约，而俄若与奥开衅，德亦不得不遵三国同盟之约以援奥。且谓白尔恳之事，外间盛传德意志与俄罗斯反对，此皆不足为凭。于是俄德二国，亲密如旧。而俄之报纸上，仍攻击德意志不衰。十一月初旬起，即屡次派兵至葛利西亚国境，而俄罗斯亦决不遽尔中止。十二月五日，有某报纸详载俄兵所集之地，人颇注意。十二月九日，花司气福銮大臣，遂提出兵役年限延长法案。

俄罗斯之兵役年限共十五年，法兰西共二十年，而德意志只十二年。今依新法案，则现役仍照旧例，二十岁以上，二十七岁以下，为预备役者。改五年为十二年，分之为二级。后备亦分二级，即十七岁以上，三十九岁以下，而未为征兵者为一级。三十九岁以上，四十五岁以下者为一级。若行此制，则预备兵数，更当加至五十万人。一旦有事，可得二百六十七万四千人。一月十六日，开第一读会。攀尼克山等演说而赞成之，且付之委员调查。

一月三十一日，又提出一案，系为扩张兵备，而募公债二亿七千八百三十三万五千五百六十四马克。

卑思麦克以二月三日发布三国同盟之条约，德意志本欲备御法国，故与奥大利及伊大利同盟。今奥大利为俄罗斯所袭，德意志不得不竭兵力以援之。而伊大利政府，早于一千八百八十三年宣明三国同盟之事，惟未公示其条约。今为白尔恳之事，致使俄奥二国失和。于是德奥二国始商妥将此条约之全文，发布于伯林及维也纳。俄则于前年十一月中密告之矣。

二月六日，卑思麦克至议会演说三国同盟及今日发布此条约之故。次各党之代表者，亦均演说而赞成此事。遂开第二读会。福兰克司脱因及攀尼克山以为不必逐条讨议，即可决议。于是全会皆决为可。

议事即毕，卑思麦克遂出议会。适其车不在门前，乃步行归家。途人数千拥之而颂其功，且护送至家。此实巴黎陷落以来，卑思麦克最得意之时。而德意志帝国，此时亦为欧洲最大强国也。

## 第四节　德皇威廉第一逝世

一千八百八十七年三月二十二日，即常备兵额增加案决议之后二十余日，为威廉第一九十诞辰，全国举行庆典。友邦之君主，派公使来祝贺者八十五人。帝申谢国民之辞，以明日之官报公布之。

是年之秋，皇太子威廉第三患喉症甚重，而至深兰麻疗养。

六月，帝亲临瓦斯脱桀运河之开业式，遂罹风寒症。是后渐觉沈重。十一月行议会之开会式，遂不能亲临。召议长至宫中，而赐以敕语。此年帝国财政余五千万马克，而国家社会政策，亦已全行。一千八百八十八年三月三日，帝病革。八日，犹召毛奇将军而告以将来须再扩张兵备。侍医灰堪劝帝稍休，帝不之听。至九日而崩。

世皆知卑思麦克之为贤相，而不知威廉第一之为明君。威廉第一虽非豪杰出众之人，然能识卑思麦克而终始信之，以成大业，决非庸君所所出此。且其意以为外交虽善，而无兵力以支之，究属无功。故终其身，节公私之用以修兵备。而卑思麦克之政策，毛奇之军政，亦皆因之而成，遂成帝国统一之伟业。噫！可谓盛矣。

## 第五节　德皇威廉第三

威廉第三，以一千八百八十九[①]年三月九日即位。至六月十五日即位[②]。帝生于一千八百三十一年十月，娶英国女皇维多利亚之女。博学而慈，故为皇太子时，民已爱慕之。一千八百六十四年，从军于写而司何。以化而司脱因之役，一千八百六十六年，亲将一军以伐奥。一千八百七十年，以战功叙为元帅。战地居民，无不称其仁惠。

威廉第一崩时，皇太子病既笃，由深兰麻入即帝位，仍以卑思麦克为首相。而帝深信皇后，皇后又深信英国之议院政治，以是帝与卑思麦克不甚相得。皇后欲以公主多利亚嫁于勃客利亚王亚历山德，英国女皇亦赞成之。而卑思麦克以为如此必与俄罗斯夫和，故极力反对。且谓不听其言，当即辞职。帝乃止。帝又不直普鲁士内务大臣勃脱加美龙之行政，不谋之卑思麦克，而许其辞职，卑思麦克深为不安。

威廉第三既崩，皇后尽收国书之关于卑思麦克者。其中有秘密者，请赐还。后不之许，一时物议骚然。

帝未崩时，以日记一册赐国法学者盖福耕。崩后以之刊于《龙独萧》杂志中。其中所载皆系帝与卑思麦克之交涉。而为帝辩护者甚多，盖出于

---

① 底本有误，应为一千八百八十八（公元1888年）。

② "即位"有误，应为"即世"，即去世。

皇后之意也。卑思麦克命其停刊，且收没其既刊者。而使其机关新闻辨明此日记中所记，悉系虚语。捕盖福耕而交之于拉以夫其之法廷，目之为国事犯。绵历岁月，后以无罪故放免之。

# 第七章　德皇威廉第二

## 第一节　访问则国

今帝威廉第二，威廉第三之长子也。以一千八百五十九年生于伯林，娶写而司何以化而同脱因公爵之女奥克司维多利亚。帝好武而性急，颇见重于军人。而初握政权，果能统御帝国之安全与否，则未可卜也。

先帝最重卑思麦克，一切政务，皆委决之。及帝之世，极欲与俄罗斯结好。一千八百八十八年七月，帝亲率德意志舰队，出技而运河，访问俄帝亚历山德第三。十九日，两帝会于芬兰湾，相携而至圣彼得堡，逗留数日，观俄国陆军之观兵式于克拉司诺爱郊外。归途访瑞典王于斯筸克化，而召丹麦王于夸烹海庚。

帝又欲维持三国同盟，故于十月访奥大利帝于维也纳，伊太利王于罗马，二国均欢迎之。一千八百八十九年，伊大利王来访，接待之。后帝再出游，自诺威至英国，谒其外祖母维多利亚女皇。归后，又至希腊及土耳其。

## 第二节　社会党及同盟罢工

一千八百八十九年春，东司脱翻利亚有同盟罢工之事。各地之煤矿夫，以一日之工价只有三马克为不足，故又皆罢工。五月十三日，罢工者共九万人，煤遂缺乏。各处之矿夫与兵士接战，矿夫负伤者数人。既而汉堡之制酒者，伯林之业面包者，梅亭之木匠，紫兰维之马丁等，亦均罢工。而遣代表者至帝国政府，要约多端。帝许其当为变通，惟约其不得与社会党相结。

此时瑞士政府移文各国政府，谓为保护工人起见，拟开国际会议于攀龙府，议定列国共同之法。德意志帝雅欲以此事为己任，故却卑思麦克之劝，而请各国政府，即以此会议开于伯林，各国允之。瑞士政府遂撤前议。

一千八百九十年三月十五日至三十一日，为开国际会议之期。各国之代表者，分为数部，而决议各事：一、各国之各种工人，一礼拜中，当许其停工一日。二、讲求矿夫及矿内安全之策。三、疾病、负伤及残废之工人，当抚恤救济。北部中未满十四岁、南部中未满十二岁之幼者，不得使其采矿。四、不得使妇女在地下工作。五、其他各种工业，不得使北部中未满十二岁、南部中未满十岁之幼者为之。六、不得使妇女操作夜工。七、每日工作，不得多于十一点钟。

然以上各项，均不见诸实行。故同盟罢工之势，仍未稍杀。其年五月，工人中又有倡议，谓工作时刻，不得多于八点钟者。

## 第三节　卑思麦克辞职

威廉第二即位之初，即欲亲政，而卑思麦克尝牵制之，故两人之意见遂不合。保护工人之事其首端也，帝之意极欲保护工人而利用之，卑思麦克则大不为然。又德意志保守党本与国民自由党及帝国党相合而助政府者也，今忽欲离国民自由党而与中央党（即加特力党）相合，以抗普鲁士政府提出之小学教育无报酬法案。且使其机关新闻排斥三党联合之事，以为挟保守主义者不应与自由主义者为同志。倡此议者为宫廷僧官长斯籙爱勘氏，而威廉第二仍欲三党联合以助政府。此时一千八百八十七年成立之帝国议会，至一千八百九十年业已满期，遂以二月二十一日至二十八日为改选之期。改选后，三党仍相联合而三党之议员均大减少，如左：

| 德意志保守党 | 七十一人 | 减九人 |
| --- | --- | --- |
| 国民自由党 | 四十三人 | 减五十七人 |
| 帝国党 | 二十一人 | 减二十人 |
| 自由党 | 六十七人 | 增三十五人 |
| 人民党 | 十人 | 增十人 |
| 社会党 | 二十四人 | 增十三人 |
| 中央党 | 一百七人 | 增九人 |
| 反对宪法党 | 四十二人 | 增九人 |

于是政府党无不减少，而反对党无不增加。卑思麦克遂欲使德意志保守党与中央党相合以助政府，而帝不许。盖帝此时决欲亲政，而不愿卑思麦克之诸事掣肘也。

其后，帝又使普鲁士之国务大臣，不必经总理大臣，有事可与帝直商。而卑思麦克以为有背责任之制，遂辞职。辞表中引用一千八百五十二年之敕令以为之证。（敕令中言欲使总理大臣一人任责，不得不使总理大臣统一政权。）

帝以三月二十日许卑思麦克辞职，而封以公爵。卑思麦克以二十八日至泻洛铁福克，诀别威廉第一之灵，徘徊移时。夫德意志者，威廉第一与卑思麦克所手创者也。今先帝逝矣，而己又不见容于幼主，以致引身自退。言念及之，不胜怆感。此时卑思麦克年将七十有五矣。二十九日，退隐于甫利特利西酸。至兰罗探火车栈之时，人民送之者，不可胜数。

## 第四节　卞捕利维宰相及其宗旨

卑思麦克既辞职，帝即举海军大将卞捕利维为宰相，下诏曰：今国家之责，惟朕一人是任。一切措置，自当率由旧章。然观其所行之政，则有大不然者。以海军中人为宰相，则其欲扩张海军之意，从可知矣。卑思麦克在位之时，大权独揽。故议会中人咸与之不合，事无大小，皆反对之。今卞捕利维之政策，专尚温和，而议会之势，固之一变。余如印刷及集会等事，渐与民以自由。而社会党镇压条例，亦即至一千八百九十年而止。故社会党又可明目张胆，设立政党，并不如前此之东窜西突矣。

理财之策，亦稍有变通。虽未行自由贸易之制，而一千八百九十一年已先与同盟之奥大利、匈牙利及伊大利，订立通商条约。一千八百九十三年，又与比利时、瑞士、塞耳维亚、西班牙订立通商条约。一千八百九十四年，又与俄罗斯订立通商条约。既成，乃叙卞捕利维之勋为伯爵。

（注）与各国既订通商条约，外来之物遂无所制限。而内地物价，因之大减。于是农业中人咸抱不平。一千八百九十二年，东部普鲁士之保守党大地主创一经济党。一千八百九十三年，又改为农业党。此党之首倡者系一雪兰西亚之农夫。其宗旨不过欲讲求理财之道，而反对德俄通商条约而已。至一千八百九十四年，亦遂罢。

当卑思麦克之执政也，欲使扑山之波兰人，一切变其俗尚与德意志人同。故尽买波兰贵族所有之土地，以分住德意志之农民，小学校中不得教授波兰语。以是波兰之议员在帝国议会及普鲁士议会中者，常与反对党合而抗政府。卞捕利维鉴此，变其旧日政策。置波兰牧师以总理其旧教，优待波兰之贵族。故一千八百九十一年之后，帝国议会及普鲁士议会中之波兰议员，无不与政府党合而赞助之。

一千八百八十七年，改选议员之后，德意志保守党、帝国党、国民自由党，三党联合以助政府。及威廉第二即位之后，德意志保守党颇有离国民自由党，而合中央党之势。卑思麦克亦欲使中央党为政府党，而弃国民自由党。威廉第二不听，今政府之政策既变，议会之形势亦异。德意志保守党反对政府提出之地方自治制改正案，而国民自由党亦反对保护工人案，及增加军费案。于是卞捕利维决计联络中央党，而以一千八百九十年在议会中提出加特力教神学学生免当兵役之法律案，又提出地方自治制改正案及所得税法改正案。中央党赞成之。一千八百九十一年，皆决可。

地方自治制及所得税法之不可不改，普鲁士政府早知之。惟当时政府与德意志保守党、国民自由党相合，故未办理。今议会之势既变，因此可成功。普鲁士东部之村邑过小，均不能独立自治，乃合数村邑以协理道路学校救贫等事。所得税法未改正之前，工业家所纳之所得税甚少，未免过宽，今特加多，且采用累进法则，每年可得三万马克，而渐次可以减去地方附加税。

一千八百九十二年，威廉第二欲于小学教育上，增宗教之势力。使小学校中教授宗教教育，给凭于各教会之监督与宗教教习。凡有此凭者，即可为小学校教习。其学力不足，而既得此凭者，均须缴还此凭。保守党之新教派及中央党均赞成之。而其他各党，并力抗之。各大学校及市会中亦甚不以为然。于是威廉第二见舆论不服，遂撤回此案。而提出此案之文部大臣残特利脱，及赞成此案之普鲁士总理大臣卞捕利维，遂皆辞职。而卞捕利维仍为帝国宰相，而以油兰盘为普鲁士总理大臣。

## 第五节　扩张陆军

卑思麦克所定之陆军扩张案，共行七年，而以一千八百九十四年为止。卞捕利维以一千八百九十二年又在议会中提出一扩张陆军案，谓自一千八百九十三年十月一日至一千八百九十九年三月三十一日之现役兵数平均须有四十九万二千零六十八人。每年入队之数由皇帝敕定。而在营期限，则缩为二年。盖因俄法同盟而豫防之也。一千八百九十三①一月十二日，开委员会。卞捕利维伯即在其中演说，而赞成之者寥寥。又在本会议中演说且引毛奇、卑思麦克之言，以明德意志之不得不扩张陆军，而赞成之者又寥寥。五月十日，即在议场中公决可否，可者一百六十二人，否者二百零十人。于是政府遂命解散议会。

五月九日，威廉第二向各将校演说，谓下次选举之时，政府党若不得多数则百事皆当以权力行之。六月十五日至二十四日，为改选之期，政府党颇干涉此事，改选之后其数如左：

| 德意志保守党 | 七十人 | 减一人 |
| 国民自由党 | 五十二人 | 增十人 |
| 帝国党 | 二十七人 | 增六人 |
| 自由党 | 二十三人 | 减四十四人 |
| 人民党 | 十一人 | 增一人 |
| 社会党 | 四十四人 | 增二十人 |
| 中央党 | 九十九人 | 增八人 |
| 反对宪法各党 | 五十三人 | 增十一人 |

社会党镇压条例，既于一千八百九十年满期。故此次选举，社会党大有增加。若改正选举区之法律，社会党当更可多增议员。七月四日起开会，十五日公决陆军扩张案，可者二百有一人，否者一百八十五人。陆军扩张案，遂可照行。乃于安杀司、落来大演习陆军，伊大利皇太子亦往陪观，德皇又亲行观兵式。

---

① 漏字"年"。

## 第六节　社会党反对策及更迭宰相

威廉第二即位之初，颇善待社会党。及一千八百九十三年，改选之后，社会党之势大增。而帝之宗旨，又为之一变。一千八百九十四年九月演说之中，甚不满于社会党。而帝国宰相卞捕利维与普鲁士总理大臣油兰盘，亦各有意见。遂以十月，彼此皆辞职。帝乃举化亨落公为帝国宰相。当卑思麦克执政之时，化亨落曾为外交官，派至各国，与卑思麦克甚相得。其先代亦曾为普鲁士总理大臣也。

化亨落公，深奉帝之社会党反对主义，提出一案，谓无论何人，有教唆兵士以叛戾者，及詈宗教君政家族婚姻财产为不利者，罚之不贷。主张宗教教育之一派，及中央党，均赞成此案。而帝国党与其他各党，均反对之。一千八百九十六年五月，遂决为否。

## 第七节　改正民法及陆军刑事诉讼法

一千八百九十五年之冬至一千八百九十六年之春，改正德意志之民法。一千八百九十六年之冬至一千八百九十七年之春，又改正德意志陆军刑事诉讼法。

## 第八节　扩张海军

普法战争之后，德意志以陆军雄于地球。实行世界政策之后，德意志以商业鸣于列国。所不足者，海军之势力已耳。海军之势力，不力图扩张，即无以保其商业之进步。

德意志既拓殖民地于亚非利加，又移居数千万人于日本、支那、合众国、智利、叙利亚等处，以便经营殖民事业。德意志之权力，因之日大。而扩张海军之事，愈觉不能一日缓矣。

一千八百七十年至一千八百九十六年，为德意志商业进步最盛之时。商船吨数，共加一倍。其运搬力，则加四倍。一千八百七十年，德意志之海运业，不及法美二国，近反过之。英国之船舶，虽多于德国。而有速力十九米突以上之新式船，英国只有七艘，德国共有九艘。英国商船之人役，或间用外国人，德国则全用本国人。德国政府，又与海运业者以极大保护费。故英国之海运业，渐为德人所夺。而德意志欲保此海运业，非扩张海军不可。

德意志之海军，创自一千八百六十六年。虽为日尚浅，而已卓然可观。以舰数之多而言，第一英国，第二法国，第三俄国，第四即为德意志。三国同盟（德奥伊）之海军主力，其初本在伊太利，近渐移于德意志。而伊太利之海军，并未有所欠缺，特以财政紊乱，各事殊难振作耳。

一千八百七十二年以后，德意志之海军，始大进步。一千八百七十年，普普战争之际，北德意志联邦之海军军事费，不过一百二十万一千磅。一千八百八十五年，德意志海军军事费，已有二百十一万九千磅。威廉第二登位之初，加至二百七十万磅。一千八百九十六年，又加至四百三十一万五千磅。合八千六百三十万马克。一千八百九十七年，共有一亿二千万马克矣。威廉第二登位以来，共增军舰八十六艘。而帝及海军大臣化富盲提督，皆犹以为未足。

一千八百九十六年之冬，至一千八百九十七年之春，提出海军扩张案于议会，威胁力迫，以冀赞成此议。而卒以反对者多，未经议决。是年之冬，再行提出。十二月五日起，合众讨议。至明年三月二十八日，将原案稍加修正，遂决为可。于是新造铁甲舰五艘，巡洋舰九艘，合之以前所有，共得铁甲战斗舰十九艘，铁甲海防舰八艘，巡洋舰四十九艘。议定六年之内，共用造舰费一亿一千八百万马克。海军维持费，尚不在其内。于是更创一议，谓海军经常费，若每年须用一亿一千七百五十二万五千四百九十四马克以上，则当增设消费税以补每年岁入之不足，各党皆无异议。即从前最为梗阻之中央党，亦无不乐于赞同。此其故则以占据胶州湾一事，政府措置裕如，有以餍夫众望也。

## 第九节　占据胶州湾

占据胶州湾之初意，不过欲以为东亚之通商根据地耳。然非得中央党之赞助，必难有成。其故有二，请详述之：

一、德意志与罗马教皇之关系。文化争斗之时，卑思麦克力抑加特力教徒之势，使不得预闻政治。行之未久，亦自知其不利，乃尽废五月诸法律，略与加特力教徒以政权。及至改革财政之际，遂离国民自由党而与中央党（即加特力党）相亲。一千八百七十八年，扩张军备，大得罗马教皇之助。威廉第二亲政之后，亦以卑思麦克斥中央党，合德意志保守党、国民自由党、帝国党为不然，而与中央党最为相得，不特议会各事，皆求中央党之赞助。且与罗马教皇重修旧好，利用教皇之势力，以行德意志帝国之世界政策。凡此筹画，皆外务大臣皮由落及教皇之传教部长兰特化司有以助之也。

皮由落曾为德意志公使，久驻罗马。罗马之内情，无不审知。当时教皇虽无尺寸领土，而加特力教所行之处，即教皇势力所及之处。以故罗马之举动，无不与各国之政策，大有关系。皮由落鉴夫伊太利王之政务，日渐腐败，知教皇之势力，益当伸张。故与教皇深相结合，以便返国以后，一切政策，有所措手。

兰特化司，本堡兰人也。初为扑山地方长之时，甚与威廉第一相得。文化争斗之时，以罪系狱。三年之后，逃之罗马。教皇拍牙司甚庇护之。政教解和之后，教皇举以为教书会长，数年即升传教部长。传教部长，总统全地球之教会。教皇以此职，盖豫为与德意志联合，恢复教皇之政权也。一千八百九十二年，威廉第二至罗马，先访兰特化司。卑思麦克退职之后，遂与德皇时相往来，今且为罗马之德意志党领袖。恶自由主义而好帝国主义者，归之若鹜，于是皮由落引以为同志。而罗马教皇之政略，亦遂与德意志之政略如出一辙矣。欲知此政略之如何，当先详述加特力教徒在支那之情形。

二、加特力教徒在支那之情形。曩时在支那传教之加特力教徒，无论何国之人，皆归法兰西保护，支那人亦优礼待之。来自法兰西之教师，较之荷兰、葡萄牙之商人，尤为清高自许。故第十七世纪之中，与支那人颇为相得。然以宗教纷争之故，彼此遂不能相安。一千七百三十年，遂有禁制基督教之令，教师窘苦万分。至十九世纪之初，存者寥寥数人而已。鸦片之役既竣，一千八百四十四年九月二十四日，法国政府遂与清廷订约，与加特力教徒以保护之权。迨英法联合军入北京之后，一千八百六十年十月二十六日之天津条约及北京追加条约，亦照一千八百四十四年之条约办理。凡所毁坏之加特力教堂，悉由清廷赔款修理。于是加特力教徒，请之教皇，谓各国之加特力教徒，当尽归法兰西保护。教皇许之。

德意志人入支那内地传教，始自牧师墙山。初，墙山不堪政府之苛待，逃之外国。一千八百七十五年九月八日，至荷兰之司脱爱耳，建一福音会。一千八百七十九年，嘱其教友二人：一名恩砖，一名富辣内紫（均德人），入支那山东省传教。绵历岁月，信者日众。乃请司脱爱耳福音会，添派教师数人来东，分设一教会于山东省之南部，而以恩砖专理之。此一千八百八十六年一月十二日事也。

一千八百八十七年，罗马有遣使驻北京之议，恩砖亦参预此事，回至罗马，顺途赴德。此时卑思麦克正变其排斥加特力教徒主义，废五月诸法律，意欲藉该教之势，以行其世界政策。凡在外国传教之加特力派学生，悉免其兵役义务。四月三十日，又奖励设立传教学校者，召集帝国各地之牧师于福汗脱，议定仿照司脱爱耳福音会之章程，设传教学校六所于全国。恩砖既到伯林，卑思麦克数称其在东亚传教之功不置，优礼有加。恳其协助德政府，俾成东亚传教事业。恩砖即劝其以后德之加特力教徒，不必归法保护，而德政府自筹一保护策。一千八百九十一年以后，德政府即发护照于恩砖。凡山东省南部之加特力教师，皆归德自行保护。罗马之法公使霍亨，曾于一千八百八十七年及一千八百九十一年，两次禀告法政府，法政府皆置之不问。此山东省之权利，所以渐归德之掌握也。

日清战争之后，一千八百九十六所①。恩砖亲至伯林，请于兖州设一教会，遣一牧师专司其事。德皇许之，照会清国政府。即于一千八百九十七年九月八日，恩砖率各教师至兖州行开会典礼。既毕，恩砖复回德。而使尼斯及亨兰二教师，留于兖州。十一月一日，二教师为该地乱民所杀。恩砖时在伯林，骤接此报，即趋谒德皇，面呈其事。皇深嘉之，赐以己之相片，允其必向清国政府索偿。清国政府，后果厚其抚恤费，以恤二教师之家族。十一月十四日，德提督翟淡利，即占据胶州湾，而悬德之国旗。数

---

① 应为"年"。

年前德之地理学者，曾建策谓德在东亚，不可不有一通商根据地。而相度形势，当无逾于胶州湾矣。今果以兖州二教师被杀之故，藉端占据，不可谓非克偿厥愿矣。

威廉第二，即欲藉此时机，总揽山东省之权利，并收回保护加特力教徒之权。故任皮由落为外务大臣，令其去罗马时，谒见教皇，可与兰特化司并力说之。更派恩砖至罗马，善为周旋。于是三人见教皇时，皆盛言法之保护加特力教徒，未能妥协。山东省之加特力教徒，非归德意志保护不可。教皇不之许。盖其意实不欲以此开罪于法，以冀恢复其政权也。

保护加特力教徒之权，既属无望。乃乘占据胶州湾之势，以行其扩张海军政策。威廉第二本拟亲卒①舰队来东，嗣以政治上关系甚多，未便离国。乃以此职授其弟亨利亲王。时恩砖返自罗马，力说中央党以海军不得不扩张之故，中央党皆无异议，遂告厥功。

## 第十节　一千八百九十八年改选议员

海军扩张案，既经议决。一千八百九十三年之陆军扩张继续豫算案，至一千八百九十九年三月三十一日，亦已期满。自四月一日起之军费豫算，又当重议。而一千八百九十八年，适值议会改选之期，各党人数，大有更动。

| 德意志保守党 | | 六一人 |
|---|---|---|
| 帝国党 | | 二〇人 |
| 国民自由党 | | 四九人 |
| 自由进步党 | 人民党 | 三〇人 |
| | 一致自由党 | 一二人 |
| | 民权党 | 八人 |
| 社会党 | | 五六人 |
| 反对宪法各党 | | 六九人 |

---

① 应为"率"。

| 中央党 | 一○八人 |
| 无所属议员 | 二三人 |

中央党议员，百人以上，本无足怪。所可异者，社会党之如此增多耳。全国三百九十七选举区，每区之中，社会党计用游说费三十马克，共合五十九万余圆。是盖一千八百九十年废止社会党镇压法之后，社会党得以成一政党而自由游说之效也。社会党本不以扩张军备为然，而时局使然，断无不扩张军备之理，以故政府仍与中央党相合。

## 第十一节　德皇游历

德皇威廉第二，以十有①十二日，挈同皇后，率宰相化亨落公、外务大臣皮由落以下百官有司，发于伯林。十三日，乘御舰"花海龙"，护以二舰，向君士坦丁进发。十八日午前，抵君士坦丁，土皇极礼以迎之。午后，张盛宴于考司克宫中。土皇服元帅正服，佩德意志勋章，坐德皇于左侧，坐德后于右侧。德皇亲呈威廉第一及奥葛司脱皇后之相片于土皇，土皇亦赠勋章于德皇之随员。十九日，德皇引见各国公使于梅腊欣宫中。后又赐谒教皇之公使花馁利及俄皇所派之特使维爱福，晤谈数刻，恩礼有加。又使外务大臣皮由落，以黑鹭勋章授土之宰相及外务大臣。二十日午前，发于君士坦丁，渡地中海。二十五日午前，至海福上陆，陆行。三十日，入巴兰司庆。德皇及随员，皆服礼服。车驾入斜富亚门时，放皇礼炮，奏德意志国歌。皇及后，均于踏维特塔下下乘，万岁声中，徒步至耶稣墓前，行参诣礼。加特教会希腊教会等之教徒，迎皇于途而进以颂词，皇亦亲以勋章授之各长老。

初，土耳其之加特力教徒，无论何国之人，皆当归法兰西保护。法国以外之加特力教徒，苟欲至巴兰司庆礼拜耶稣圣迹者，非经法之领事官许可不可。以故德之加特力教徒，毫无尺寸之权。德皇此行，盖欲夺回此权已耳。法人知此事不可不有以防之，乃说教皇，冀保护加特力教徒之权不

---

① 应为"月"。

为德人所夺。而教皇亦助法，宣明此权本为法所固有，非他人所得擅取。德皇于是亦遂无所施其技矣。惟是加特力教徒保护之权，虽不可得，而土皇以德皇访问之故，报以柴雄山麓一地，此地即前耶稣之母麦利所居之处也。十一日①一日，德皇乃在巴兰司庆行耶稣坟墓寺院之开基式，一切典礼，备极隆盛。

---

① 应为"月"。

# 近世政治史

日本　有賀長雄著

## 第一部　德意志

### 第一章　政府及政黨

#### 第一節　政府

合十數聯邦而成一德意志各邦之中有君主有政府有議會各理其邦之政務而置一帝國政府於中央以管轄外交、軍事通商等共同事務普魯士國王即德皇也普魯士宰相即帝國首相也以各邦君主之全權委員創設聯邦會議<small>合議帝國之行政而又通較各邦人</small>口之多寡以別選舉之多寡選定議員<small>行政。非會議立法。</small>自其成立而言之則德一共和政體也德皇除帝國憲法中所有權力之外毫無實權行政諸事均束縛於聯邦會議之決議詳言之即德皇不過一聯邦會議之議長任以執行議定之事而已。不知創立共和政體之各邦府瞎盤之自由都市外均君權政府也普魯士既有實權其君權較各邦更大故帝國政府之成立雖似共和而實專偏於君主。且帝國政府不受議會之牽制政黨內閣尚未行於德國也。

帝國議會毫無立法之權其所決議不得聯邦會議之同意不能成爲法律關於行政上者雖有議員十五人贊成可以提議可以決議並有質問政府上奏君主之權而取捨之質權則仍操之君主與政府係於內閣大臣之進退也內閣不當一君權內閣帝國議會僅有一反對政府之權而已。

## 第二節 政黨

議會之權力如此其微弱固憲法所使然而亦非無他故即政黨失之過多俱無一大國力千八百七十年以後毋或稍變十餘黨派之中一黨無論矣即二三黨派聯合之後尚難占得實權其爲問題也種種變化常無固定之勢力故政府易得而操縱此黨而有一實行政略要政府之贊成政府即擇其輕而易行之條件許之他之問題起而彼黨之條件又結矣。

德之政黨約分爲二。

一反對憲法之四黨

其一本爲丹麥之一部後併於德之小蘭司矣地方所選之代議士一人也。

其二、普魯士及撥山地方之堡蘭民種所選之代議士十三人或十九人也。其數之變動視堡蘭民種與普魯士人所雜居之地之選舉若何。彼等乃貴族政治主義。而其敎則加特力也。

其三、取自法蘭西之安殺司及落來州所選之代議士十五人也。彼等乃民主政治主義。而其敎則亦類從加特力也。

以上三黨因領土被併之故。致與帝國抗議。倘有所謂客亞羅黨者。則凡欲恢復被普魯士所併之時。皆入此黨而亦合於加特力黨也。

其四、社會黨是也。社會黨本分二派。而自千八百七十五年團併以後。則所謂勞働社會黨也。勞働下等社會之謂也。此黨雖未許用共和黨之名而實與君主政體反對並與資本家及敎會之勢力相抗者也。初其數甚少於政治上尚無十分勢力。然贊同者甚衆將來可期有爲故當總選舉之際彼卽利用此贊同者以爲傳播社會主義之計雖在無可冀之處亦必派人演說社會黨主義招人入黨久之而其效大著通計全國社會黨選舉之數自三十萬遞加至百七十萬社會黨之代議士選自製造事業盛處者少則二八多至四十四人。

譯書彙編　近世政治史

二承諸憲法之各黨

不與憲法相抵而據他問題以决去就者其數甚多大抵與各邦國會之黨派相聯絡而存其本據於普魯士國會者也

其一保守黨　此乃普魯士之貴族及新教之轉化者而有本據於普魯士東部之農業地者也其黨員類皆貴族之大地主而奉戴現今之王統保全君主之權力擴充軍隊之規模以養農業上貴族之實權教育上宗教之勢力為主義者也此黨之特性在保存普魯士舊法故與併普魯士為聯邦之一之卑思麥克政畧大相鑿枘普魯士既為聯邦之一而猶能占於帝國之霸者地位者實此黨之力有以助之也威爾愛老帝特重此黨故在帝國朝廷今尚大有勢力普魯士外雖無一黨員而普魯士上議院中既占多數在帝國議會代表者少亦二十一人多至七十六人其所以贊成政府與否視問題之若何耳。

其二保守黨自由派　即帝國黨也係合普魯士中央部之大地主及官吏而成者常助政府。

其三國民自由黨　是乃合帝國各部中教會以外之中等公民而成製造家商業家及大

學教授。均入此黨。猶太人亦多以助卑思麥克之帝國團結主義而期貿易上與宗教上自由者也。其望責任內閣也。裁國會議員之歲俸。其於帝國議會之議員也。不得干涉工商各業及廢消費稅。其於普魯士國會也。去町村自治上貴族之權力。普通教育上僧侶之權力。而得享有印刷報之類。即著嘗山自由之權利。其中分爲二派。一則盲從卑思麥克。一則稍能獨立。兩派之領袖死至千八百七十七年卑思麥克之方針變後俱式微矣。

其四進步黨　是雖如國民自由黨集宗教外之中等公民以成。而其所以稍異者。則抵抗軍人與官吏也。彼之志在縮小軍備輸入英國之政法。商業則專傚孟其司達〈英國一大都會商業極盛處也〉之模範。此黨根據地之最要者大市邑及普魯士之花爾司達州、海衰國、索撒國是也。此黨亦分二派。

其五人民黨　此黨俱在南方諸邦而中以瓦敦堡爲尤多。專抗教會及普魯士之勢力者也。

其六中央黨　即加特力黨也。此黨在普魯士國會與保守黨相合。而自帝國創立以來。則與民權黨相結名中央黨以自別。彼等之公然主義在立於宗教國家之外保其自由。而實則欲維持加特力教會之權力羅馬法王之政權及普通教育上宗教之勢力者也。此黨之根據在加特力國之巴威里婆典及普魯士之西方不承諾憲法各黨大抵與此黨相提攜也。今將千八百七十一年及七十四年所選舉之議員黨派分色表錄如左。

| | 千八百七十一年 | 千八百七十四年 |
|---|---|---|
| 保守黨 | 五六 | 二二 |
| 帝國黨 | 三九 | 三六 |
| 國民自由黨 | 一二〇 | 一五二 |
| 進步黨 | 四六 | 四九 |
| 人民黨 | 二 | 一 |
| 社會派 | 二 | 九 |
| 中央黨 | 六三 | 九一 |
| 反對憲法黨 | 一九 | 四四 |
| 無所屬 | ── | ── |

## 第二章 文化爭鬪及社會黨鎭壓

### 第一節 帝國統一政策

德意志戰事未竟之時卑思麥克固嘗以團結主義堅持新建之帝國也然各邦之中各君主有歷史欲以普魯士爲帝國風氣之正而強各邦人民以從同頗非易易財政上則以收自法國之賠欵先備各種之用而歲必減縮之策，如養兵費、戰備費、防費、製艦費之類，國之各邦貨幣槪歸一例發行帝國貨幣以換廢各邦之紙幣創設德意志銀行千八百七十二年始全廢鐵之輸入稅關稅則槪行低減近乎自由貿易主義矣如是則歲入不足乃以各邦之歲入補之司法制度亦頗不易各邦之間以從來之裁判制度各異故聯邦會議自不能贷同帝國議會所議定之統一法於是使各邦之司法大臣先會於伯林協議繼使其會合法律學者以諮詢之以其提案交之帝國議會之委員調查四年始得公布執行依此辦法而制定者則民事訴訟法破產法刑事訴訟法及裁判所搆成法也。

德之興也德皇與宰相潜心一意以計守成惟冀後此之德得如今此之德之長治久安也。

此所以卑思麥克之經歷較之拿破崙之事蹟不啻霄壤之別也拿破崙祗計一已之光榮。

譯書彙編　近世政治史

七

卑思麥克則不顧一身之名利拿破崙遞次擴張其勢力無所底止卑志麥克則警知所止志在守成然卑思麥克之所以如此者其故有二一內恐加特力教會之勢力恣於日前外恐法蘭西國民之復讎危在將來也對外之策如外交史所述三國同盟之事就緒既無可慮則惟計如何處此內敵而已今述之

第二節　加特力教會及南德諸邦

卑思麥克欲竟帝國之功業料不能不與加特力僧徒大爭故於未破法軍之時業經籌畫一二數年而漸就緒此之謂文化爭鬪文化爭鬪云者雖去加特力派舊弊之誤而實則致治上之爭非宗教上之爭也北德聯邦之間加特力宗徒其數甚少殆不足慮而南德諸邦其數頓增於政府內部之措置極多妨害

巴威里國民多係加特力派而與法蘭西有相親之勢近世外交史中有日普法戰事因巴威里願居中立故法王拿破崙第三決意主戰而既戰之後巴威里政府與議會所以援普者蓋期勝法後割地而爲巴威里之府屬也執意事與願違不得領有安殺司落來之二省法蘭西而以此爲德意志帝國所直轄置之帝國宰相管理之下於是巴威里官民大懷不平五教

（未完）

堡及婆典亦爲失望因近來南德諸邦之中獨立之勢雖盛尙未敢公然與帝國爲敵故此諸國藉加特力敎會之力以敵政府即以西翻里亞及蘭因河沿岸一帶之加特力敎徒爲中點於是反對憲法各黨大都與此合矣。

第三節　加特力敎會及羅馬敎皇政權

加特力敎會之抗政府也意欲於選擧之時使加特力敎徒占議員之多數於普魯士國會及帝國議會而推尊羅馬敎皇必待政府贊助此說方不與抗彼謂敎皇之威權非世界冬國之權力可比而伊大利竟敢侵併其所領之地故欲合各國之加特力敎徒謀恢復其政槪此加特力之宗旨也。

第四節　加特力敎會及王政復古

然敎皇之權力其有害於帝國安全之處在稍通外情者自能知之法蘭西全部俱係加特力敎而萬殺有國會之中加特力敎會之勢力特盛法常敎唆彼等合南德諸邦〈德意志聯邦之一〉之加特力敎徒以亂帝國內部法即乘機復讎則帝國立被其禍一也加特力敎會若得勢力則法蘭西西班牙二國必恢復其敎皇之權即藉敎皇之力與各强國同盟以復德讎蓋

譯書彙編　近世政治史

西班牙當內亂之際德嘗助西班牙之共和黨當法蘭西立新盤公爲法王而卑思麥克嘗私祖法蘭西之共和黨則二國皆有夙怨矧西班牙國王之候補者同卡羅與新盤公相親而亦屬於加特力敎自不難互相戮力以謀德國二也

第五節　加特力敎徒之選舉

敎皇結西班牙法蘭西以脅德使德不得已而援敎皇於是一千八百七十一年二月普魯士國會中始議助敎皇以恢復敎權相持數議保全宗敎之獨立而特列條欵於帝國憲法及普魯士憲法時普魯士憲法中載有三條如左。

第十五條新敎羅馬加特力敎及其他各敎會各得自治其敎務保有其產業及因傳敎、敎育救濟善會等所營之房產

第十六條敎會中人與其敎主往來均得自由敎會所發之告示不得爲尋常告示所蒙制。

第十八條敎官之任命指名選舉許可向爲國家所行者概行廢止但國家因保護及有他故者不在此限。

要之各種學校之教育凡關於宗教者悉任諸加特力教會又教官之除授政府絕不干涉。教會與教皇音信往來悉聽自由凡由教會公示人民之處巡查官不得而管轄之。

教因之牧師名開孿者於德之加特力教中頗有勢力以一千八百七十年十月贈書於卑思麥克其大旨謂新教之國似足勝加特力教國然亦不足恃苟於新定憲法中不保全教會之自由則難明示教上之和平云云十一月部薩之大牧師名來特化野者亦致書於萬殺有王威廉即其旨請以仁義之師再興宗教國家出教皇於危地十一月十六日普魯士國會選舉議員三月後新帝國議會又選舉議員加特力教會竭力遊說以羅馬教皇之恢復及教會之自由爲綱領意欲使新憲法中所載之教會獨立條項務必通行於全國此其本旨也其後普魯士下議院中加特力黨之獲選者五十七人此五十七人於一千八百七十一年十二月十八日聯名建白於威廉帝曰若所謂宗教國家者從此滅亡則無以保加特力教徒之自由而大害其權利願陛下早定大計以復該教之權利以保該教之自由云云三月二十一日帝國議會開議二十七八兩日中有加特力黨議員六十三人提議謂新定帝國憲法中須加入保全教會自由之條項時卑思麥克將軍於外不違內顧乃令

譯書彙編　近世政治史

## 國民自由黨抗加特力黨之議

### 第六節 文化爭鬪及五月諸法律

帝國議會閉會以十月十五日再行召集先是九月教會以大學校及中學校之宗教學教習有背教旨欲使之一律罷免普魯士政府不許於是大起爭端勢不並立卑思麥克先廢普魯士文部省中之加特力教局以文部大臣米可勒左袒加特力黨故罷其職舉樞密司吉之顧問官發爾開以代之一千八百七十二年一月三十日卑思麥克因討議內政親詣帝國議會以加特力黨首領何因化而司演說過激乃反駁之蓋卑思麥克見此情形知加特力教徒必與政府為難故不得不為防禦之策乃公言曰教理之問題政府不願干涉吾人之信仰與否雖各不相同但其徒踪數百萬者則其教必有可取無論為政府為人民必以其教為是惟教會欲干預國權則在所不許今不得不制限教會以維持平和此政府與教會所以並立而議院中何必論神學哉卑思麥克之言如此此即卑思麥克與加特力教徒開釁之始故其後於小學教育制限教會之權力實基於此於是政教交涉三年中無已時矣。

二月發布教育之新法各地牧師俱不遵奉請羅馬教皇指揮卑思麥克乃派化亨落大牧師爲帝國出使大臣至滑其肯與羅馬教皇商明政教之分界使教會不得在議會中抗論羅馬教皇不納宣言與德政府爲難德政府乃逐裁西脫之教徒以報之羅馬教皇宣言與德政府爲難者再於是伯林與滑其肯之外交既絕政府與教徒之釁端遂開惟不相見以兵而已。

一千八百七十四年七月卑思麥克至叩斯新開療養每日午後必赴溫泉十三日有自馬車之左發手鎗以狙擊之者傷其左手及頰凶漢乃二十一歲之工人隸酸載潭之加特力會爲牧師司脫安門所指使以專卑思麥克乃乘機而動以舊教教徒之不奉國法者悉付法衙奪其自首於法廷直認不諱卑思麥克乃乘機而動以舊教教徒之不奉國法者悉付法衙奪其官職所謂五月諸法律蓋即一千八百七十三年、四年及五年五月所發布之諸法律無不去教會之權力使其服屬於國家之大學校肄業三年聽國家考試苟非經國家許可者宗教教育凡欲爲牧師者須入國家所設之大學校及學塾外不得有不准就職欲傳教者須具一不背法律甘結不具者不准違者處罰或逐出國境、一千八百

譯書彙編　近世政治史

一三

七十五年普魯士國會所訂憲法三條見第五節概行廢止。

第七節　卑思麥克操縱國民自由黨

卑思麥克當創建帝國之先欲免憲法上之軋轢故與保守黨相合舉保守黨中人使入內閣及欲削加特力教徒之權力更離保守黨而依於國民自由黨緣保守黨中有親於加特力致會者也

國民自由黨取自由主義者也故卑思麥克之內政亦偏於自由主義漸以國民自由黨中人代保守黨使入內閣然卑思麥克之依附政黨與英國內閣之依附政黨大異決非盡聽其主張務使之贊成政府如一千八百七十四年常備兵額加至四十萬零一千故不得不籌七年之費用又本年雖重定報館章程而免其印花稅及保險稅然妄攻政府則處以重罰及嚴定陸軍刑法等凡與政黨相反之制度無不得政黨之同意

自由主義之施行於普魯士其最著者為改正自治制度一事先是普魯士東部地主之權力過大政府謀欲去之為貴族院所抑卒不果一千八百七十二年卑思麥克奏明威廉帝特授二十五人為貴族院議員卒奪地主之裁判權及警察權而公選郡會議員

第三章　社會黨鎭壓及社會政策

第一節　社會黨之由來

社會云者。蓋謂統籌全局。非爲一人一家計也。中國古世有井田之法。即所謂社會主義。西國學者。憫貧富之不等。而爲傭工者。往往受資本家之壓制。遂有倡均貧富制恒產之說者。謂之社會主義。

帝國政府自創業以來即用力以鎭壓其社會黨始則用尋常之裁判制度以鎭壓之而以一千八百七十三年之阻滯故社會黨之勢焰頓增社會黨本分麥克司及拉司來二派後合爲一

一　萬國工人總會及德意志支部

麥克司與拉司來均以一千八百四十八年倡自由之說而兩黨之勢以熾然其主義各不相同麥克司始在可倫開設報館倡均富之說後爲政府所不容竄於倫敦會一千八百六十二年各國工人之首領均會集於倫敦名曰萬國工人總會其會分爲二部一各國支部各舉總董以每年一次集會於康客來司總會以議總會之宗旨及辦法二於總會之中指定各董另設參事會置公所於倫敦議總會之事幷管理交通各國支部事務此總會之主以決其事。

譯書彙編　近世政治史

義始極平和不過欲擴張英國工人同盟之範圍合各國工人之勢力以求作評。入脫資本家之束縛而已一千八百六十六年開總會於其內伐議定總會規約麥克司自爲參事會長總理全體。一千八百六十七年會議於瑞士國之落長以爲欲脫社會上之束縛須先脫政治上之束縛。一千八百六十八年會議於伐山爾謂戰爭及常備兵宜一律廢止凡同盟罷工時各國工人宜互相協助。九鐵道鑛山森林均爲共有宜一律平分土地之物產爲國家公有宜一律平賣一千八百六十九年會議於拔而欲全廢土地私占之制此即一千八百四十八年以前所謂均產之說也要之德法戰爭以前不過議定其主義綱領尚未見諸實行但政府恐外國工人爲其後援事更難措故威逼資本家殉同盟罷工者之請實則並無援助工人之心而未嘗爲之定工價至德法戰事起萬國工人之總會遂爲中止更以戰後巴黎之亂萬國工人總會亦與聞其事致法蘭西及英吉利均設爲法律以禁制之然德意志支部之勢日見其盛。

創此支部者名黎白克內脫即革名黨新聞主筆麥克司之門弟子也黎白克內脫始遊說索撤之進步黨公民使創設工人敎育會更說一長於演說之工人名敗敗而使之助己卒

公選爲聯邦議會議員。一千八百六十八年遂變敎育會爲萬國工人總會之德意志支部。名曰國民保工會明年議定宗旨於愛成諾其宗旨較萬國工人總會尤爲激烈今舉其大旨如左。

第一　國民保工會以設立自由民主國爲目的。

第二　今日之政治及社會之狀態腐敗已極此會宗旨務盡全力與之反抗。照此辦法務求精進如限定工作時刻限定婦女工作廢止幼者工作制定累世遺產之稅法又國家宜均百姓之恒產而保護之此會以平權爲主義故不得顯示之指軍須各會員合同商辦與尋常結會不同故集同町同村內之會員以協議會事中選一人使掌集會及徵收會費等事每年開總會一次議定公事置董事五人監督十一人董事與監督不得同町同村更以會中費用發刊新聞紙一種。

二　拉司來之德意志全國工人會

萬國工人總會及德意志支部旣已述及而當時德意志國中與此孤全無關係者更有一

派拉以夫其之工人於一千八百六十二年之頃當伯林政治上爭鬪之後乃互相結合以圖改革推拉司來爲謀士拉司來者決非過激之輩係有識之政治家頗通文學觀其所著述蓋熱心愛國之流彼嘗鼓動工人藉其力以助卑思麥克而合併寫而司何以與化而司脫因以爲他日保護工人之地步即以一千八百六十三年敎拉以夫其之工人使圖改革彼謂與其商之資本家而仍屬徒勞不如激動政府設立均產公會以仰國家保護而苟欲改勋攻府莫妙於行普通選舉皆有選舉議員之權謂之普通選舉於是拉以夫其之工人與蘭因河沿岸一帶之工人合而爲一創立德意志全國工人會舉拉司來爲會長一切任其指揮此會之宗旨其所以異於黎白克內脫敗敗而之國民保工會者以此會之權屬於一人故也拉司來至伯林常與卑思麥克往來卑思麥克在議會中演說亦常稱拉司來爲人謂非無謀過激之流所可同日而語惜黎白克內脫及敗敗而議其賣社會主義於政府遂以一千八百六十四年決鬪而死然其所結之會尚未解散繼拉氏爲會長者爲蕭委脫安即一千八百六十七年選爲聯邦議員者也

三 德意志工人會黨

（未完）

以上二派之工人會始不相合而普魯士各命解散乃以一千八百七十五年共相聯合別爲德意志工人會黨其意欲成一獨立政黨公然于選舉場中與他政黨相爭競五月會于華太討議各事。

其所議者一爲政治主義如普通選舉權參預立法權及民兵、出板、集會等自由權廢止人民裁判訴訟之費以宗教爲一家之私事等是也。一爲社會改良如簡易稅法同盟罷工之自由限定工作時刻禁止幼者工作失業工人之保護法工塲衞生之管理法雇主撫恤疾病負傷之工人整理監獄內工作等是也。

此會辦法係傚麥克司派之國民保工會置自治支部于各地每年各派總董以開總會分爲三部一曰理事所設理事者五人二曰監理所設監理者七人不得與理事者同町同村辦事者十八人若監理者與理事者有所爭議則使之調停其間又設一庫以全黨之會計。悉由是出焉又刊新聞紙一種。

依此辦法工人會黨之勢力頓增觀于一千八百七十六年總會中提出之報吿書自一千八百七十五年六月八日至第二年八月十日其間所得之捐歀多至五萬四千四百三十

二馬克其外各地支出之黨費至少較此三倍當此之時業工者雖尚無起色然食力之工人頗能減其妻子衣食之需助入會作爲公用其熱心可想而知其報館所請之主筆及會中所請演說之辦士共六十八人其中五十四人均受全俸十四人酌取俸給均能文舌辦之士長于遊說者也更有雖非請定而常在會中熱心演說者七十七人此百四十五人。無不出沒于選舉場中大倡社會主義以鼓勵全國。

一千八百七十七年之報告書更爲可觀最重要之新聞紙共銷一萬二千份此外更有大小新聞紙四十一種又工人會黨遊戲新聞紙共銷三萬五千份工人會黨年報共銷五萬部無論何地必散布此等新聞紙以廣傳社會主義意欲使無垣產產者與資本家相抗而爲平民者與政府中反對更表揚一千七百九十三年共產黨流血之徒其宗旨在破敗決裂故行刺者則目爲豪俠舉事者則尊爲義烈彼工人日薰陶于此等議論之中尙有以此爲不然者乎。

第二節　德皇遇刺及社會黨鎮壓法

一千八百七十七年三月二十三日爲德皇威廉第一八十誕辰德民以國運隆盛故視典

之盛邐逾往例更以其年四月二十四日俄皇亞歷山德第二與土耳其搆釁而德居局外故上下咸歇太平俄土之戰幾及一年以三月三日訂和約于山同鐵伐英國不能默爾而息遂與與結出而千預其實英俄之齟齬殆卑思麥克更乘機出爲調停會各國公使于伯林以六月十三日召集公會先是五月十一日威廉帝與其大公主白藤同車自公園還宮途中有自車後發手鎗以狙擊之者幸倘無恙凶漢罷鬪二十一歳之工人也搜之得社會黨各種新聞紙等及黎白克內脫與敗敵而之照片知其曾往來于社會黨演說之地無疑。

五月二十三日政府有法案六條在議會中提出名禁制社會黨法委聯邦會議議决而求議會之允許當照此辦法則政府得取没社會黨之新聞紙等物解散其會處以禁錮之刑然此日議會開議以此法爲然者五十七人而以爲否者乃二百五十一人於是政府所建之議遂作罷論二十四日議會議定之後遂閉會至六月二日午後三點鐘威廉帝在馬車中過黃探定林定街時又有從第十八號客館之三層樓上發手鎗以狙擊之者威廉帝之首貫傷數處鮮血淋漓護衛者負之入宮凶漢諾比林者哲學士也居伯林已及二年。

常出入于社會黨中感服其主議遂決計行刺自認不諱當日見事已成功即欲自殺不果負重傷遂被縛。

卑思麥克以六月六日于聯邦會議中演說意欲解散議會衆以爲可遂於十一日舉行并定於七月三十日重舉議員先是五月二十三日政府所建之議其所以不果行者蓋以國民自由黨甲均不以爲然故不得已而中止乃此次改選之際該黨之數遂助政府加特力黨亦如之政府遂帝國黨之數爲多羅馬敎皇亦以威廉帝兩次遇難故贊助政府加特力黨亦如之政府遂提出新案亦名禁制社會黨法共二十二條以十一月二十一日爲執行之期以一千八百八十一年三月三十一日爲滿期。

此法律之主眼在禁遏社會黨共產黨之作亂而以其權委之政府社會黨出沒之處嚴行防察禁其集會凡有嫌疑者悉命去職此法律更多延年期以一千八百九十年爲滿期以是社會黨之新聞紙等凡一百四十種一律停刊禁錮者百五十人去職者九十人此法既行。社會黨遂不能伸其志乃移其本部于外國其總會或開于瑞士或開于丹麥在德意志各部僅立小會私相協議密募黨員在瑞士之紫克西刋行新聞紙名社會民主黨者密銷于德意志各部當是時也。一千八百八十一年之選舉人總數共三十一萬二千人。一千八百八十四年共五十五萬人代議士二十四人。一千八百八十七年共七十六萬三千人。一千八百九十年共一百四十二萬七千人。

### 第三節　國家社會主義

然卑思麥克以禁制社會黨法、未能奏功、更設一變通之法、以散社會黨之勢力、乃先使理財學者西司馬來滑葛南等、於一千八百七十二年創設一會、名社會政策協會、其會宗旨蓋欲調停資本家與工人之利益、籍以服工人之心、遂以一千八百八十年十一月置理財顧問官於普魯士、以理財學者七十五人任之、第二年十一月提出負傷工人保護法於帝國議會、宣諭於衆曰、國家扶助貧苦之人、不僅爲國家應盡之義、抑亦維持國家之一策也。又曰、樂善之擧乃自有基督教以來、爲國家所當盡之職、亦十八世紀以來普魯士王室相傳之主義也云云、此所謂國家社會主義、實則採用西司馬來等之社會政策協會主義而已。

國家社會主義、蓋以資本家及國庫中所出之費、養贍貧苦工人、不使失所、故貧傷者保險法經一千八百八十四年、五年、六年、七年而漸次改正疾病者保護法。疾病者保護法經一千八百八十三年、五年、六年及九十二年始行制定。老病者及失業者保護法于一千八百八十九年制定。

## 第四章 帝國財政革新

### 第一節 卑思麥克之宗旨一變

德法戰爭以後所得法之賠欵皆以供政府一切費用。更以與建鐵道及伯林市中之工築。所費不貲遂于一千八百七十四年財政大困時保守黨大不滿于卑思麥克遂欲使安尼摩伯代爲內閣。卑思麥克遂收安尼摩伯爲已黨。保守黨更誣卑思麥克收猶太富人之賄。以政權供一已之私。於是訴之於法院。一時騷然。時有戈楷可夫者與卑思麥克反對者也。以爲德苟有利俄必有以阻之。故不以三國同盟爲然。而欲聯英當是時也。西班牙有容利司脫黨者頗執政權。與法之君政黨合謀戴羅馬敎皇爲德意志主旦法蘭西于一千八百七十四五年間擴張軍備。威廉帝欲保不利不肯妄啓兵端。忍坐視危局。乘軍人之欲決一戰以免危局。而卑思麥克之志卒無以償故此時卑思麥克之處境頗更以俄皇亞歷山德第二之干涉而卑思麥克之志卒無以償故此時卑思麥克之處境頗有進退維谷之勢。

一千八百七十四年至二千八百七十六年、俾思麥克所處皆爲逆境、而亦足以鍊達其幹事之才、故俾氏之對外政策向主聯俄、今乃一變其十五年來所守之主義而忽取排俄主義、其治内政策向主自由貿易之說、而取鐵道屬民主義、今亦一變而取保護之說。按泰西言商學者有自由貿易說及保護貿易說、兩派自由貿易者謂外國貨物入口不科以稅、即稅之亦甚輕、故外商得以自由保護貿易則反是、必乘科其稅以保證本國之貿易又管理鐵道之法亦有二說、一曰鐵道宜屬國、一曰鐵道宜屬民。國會者宜歸公衆保護歸國家公辦、恐民云者、聽民自爲詞、宜歸商辦也。

一千八百八十一年、俾思麥克在議會中演說曰、自一千八百六十五年以來、自由貿易之制既壞、唯賴法之賠款五億、稍補不足、而已故講求救濟之方、萬萬不能再緩、然余前十五年間專注于對外政策、不遑他顧、至一千八百七十七年、始稍就緒、而其時地方困窮、各處工場均有停工之勢、工業與工人均疲弊不堪、全國工商之業大爲減色、此余所深慮也。

此時俾思麥克欲竭畢身之全力、以振興德意志之財政、而立永久不變之基據云、俾思麥克于理財學夙有心得、故處理財政頗爲得乎云。

譯書彙編　近世政治史

## 第二節　卑思麥力爭財政之改革

一千八百七十七年豫算不足卑思麥克提議增課烟稅贊之者寥寥乃不得已而辭職威廉帝不許僅賞假而已卑思麥克遂歸臥于甫利特利西酸既又至卽斯新開至完琴至葛司脫因至醱盤夫又至完琴與外務大臣皮由落時相往來促大藏大臣卽定豫算自四月至十二月凡九月間置他事于度外專講財政十二月十五日致書于皮由落曰余之法留一視稅法之改正與否及鐵道章程之實行與否若普魯士中之有職者不能照辦則余萬難留任閣下有便請將此情代奏余非有他故也爲普魯士及帝國之公益計欲得熱心贊助之閣臣而已時大藏大臣不能坑步耗山不能照卑思麥克之辦法制定豫算而卑思麥克屢促之罰蜀不變革財政斷不能持久也

## 第三節　財政之改革及政黨之情形

照國民自由黨之辦法意欲廢止關稅及一切雜稅或減輕之而專收落地稅徵各邦之歲入補帝國歲入之不足各邦應出若干則視邦之大小爲等級而歲有變動一千八百七十二年八千二百萬馬

克一千八百七十八年。七千萬馬克。卑思麥克之宗旨則不然。欲帝國之財政離各邦之財政而獨立。先倣法國之例定烟葉專利之制。而課以重稅。更設一切雜稅並倣近鄰各大國之例。〔指與徵收關稅。如是則不特帝國之財政可離各邦而獨立。且可以帝國之餘裕分之各邦而漸次廢止落地稅。又取鐵道屬國主義。槪廢鐵道保護費及一切運費。依此辦法則國民自由黨之自由貿易主義全不能行。故與政府反對。而政府以一千八百七十八年二月二十八日先提出烟葉增稅法案。又欲實行烟葉專利之制。國民自由黨知政府明與彼黨爲難。遂亦百計設法以反對政府。當其時適社會黨中有狙擊威廉帝者。卑思麥克遂乘機解散去年改選之議會。更行選舉。選之後保守黨自四十人增至五十九人。帝國黨自三十八人增至五十七人。而國民自由黨反自一百二十七人減至九十八人。

今將改選前後之黨派比較而列如左。

　　　　　　　改選前　　改選後
保守黨　　　　四〇　　　五九
帝國黨　　　　三八　　　五七

譯書彙編　　近世政治史　　　　　三九

| | |
|---|---|
| 國民自由黨 | 一二七 |
| | 九八 |
| 進步黨 | 三六 |
| | 二五 |
| 人民黨 | 三 |
| | 三 |
| 社會黨 | 二 |
| | 九 |
| 中央黨 | 九二 |
| | 九四 |
| 反對憲法黨 | 三〇 |
| | 四〇 |
| 無所屬 | 二八 |
| | 四〇 |

一千八百七十八年十月十七日當議會協議欲禁制社會黨政府忽建議欲改革德意志之關稅以保護德意志之農工業。故不獨課製造物以稅更於農田所產各物課以關稅議員之贊成者二百零四人中央黨八十七人保守黨三十六人帝國黨三十九人國民自由黨二十七人嘉卑思麥克于未發此議之前已與各黨之首領商議妥協故皆贊成之也議會既贊成之後卑思麥克以十一月十二日建議於聯邦議院欲另設改革關稅調查委員數人十二月十五日遂以所擬條陳傍示各人書中通籌全局無一遺漏一字一句無不斟

酌盡善故無疑義可指遂得採用。

德意志帝國議會以五月二日起討議關稅法案至九日而就緒關稅中之最重大者為鐵與米穀之進口稅故于會議時議之其他稅目則次自調查委員英國以鐵為出口貨之大宗其鐵鑛多在附近德國之海濱以運至德國為最便故不得不課鐵以進口稅以與英競爭俄羅斯、為利氣亞、拉馬尼其運至德國者以米穀為多故又不得不課米穀以進口稅以保護內地之農業于是議定鐵值一百吉羅〔一吉繼約抵中國一斤十兩〕抽稅一馬克禾穀稅二倍議會並皆允可遂以九月九日關稅法始定。

其間中央黨力為〔即加特力黨〕更倡議于議院謂一年之進口稅及烟稅總額若過一億三千萬馬克當照帝國憲法第三十九條分其餘裕于各邦何因化而司演說而贊成之國民自由黨不以為然而保守黨助之卒如其議。

討議關稅法案之際帝國議會議長福祿懇敗克以五月十七日在某會中演說食物進口稅為不然後為利希退而等所攻擊遂以二十日辭職保守黨之若伊笛維之代為議長副議長司託非盤葛亦辭職以中央黨之福輪懇司太因代之文部大臣發衛開辭職以小來

譯書彙編　近世政治史

却州總知事步坑美而代之大藏大臣化潑朱希脫辭職以議員羅希耶司博士代之。農務大臣福利定探辭職以內務次官皮脫而代之文化爭門時中央黨與政府爲難至此忽贊助政府其間必非無故蓋卑思麥克欲與羅馬教皇和好因與各州議會以便宜廢止五月諸法律之權而加特力教會遂漸得復其本有之特權。

國民自由黨以政府之政畧變更遂分二黨其贊成卑思麥克者爲一黨固守自由貿易及諸法律省二十八人別爲一黨後至一千八百八十四年均與進步黨合而別爲夫拉新尼希黨

政府既以鐵道歸官辦故一千八百七十八年五月于普魯士政府新設工部以萊愷鐵道事務之麥以白福爲工部大臣先使之倡議收買國中之四大鐵道一千八百七十九年協議于普魯士國會中然贊成者甚少。

第五章 卑思麥克之世界政策

第一節 獎勵海外貿易

卑思麥克既過加特力致徒及社會黨之勢力又改革稅法及關稅制度凡有利于財政者、無不竭力舉行其最大者如開通桑克脫華塔特之隧迫以使與伊太利及瑞士貿易一也、開深懷薩而河口以利步藍門港之貿易二也開鑿技而運河又自波羅的海經丹麥海岸與繩特海峽而出北海三也籌開東洋航路四也。

### 第二節　亞非利加殖民政策

卑思麥克于一千八百八十年四月在議院中建議擬買取南洋之薩馬亞島以行殖民政策而保護海外貿易有彭盤衆者不以為然議員贊助之其衆遂不果行至今德人猶耿耿于心也

一千八百八十一年樞密理財顧問官以為欲振興德意志之財政不可不有殖民地于是須定十年之中共須一億二千五百萬馬克以為經營殖民地之用德之不可不有殖民地其故有二德意志人之遷至亞美利加者每年不下十五萬人或二十萬人合衆國之籍其于本國關係不免日疎而于國力有害若有殖民地使居之則德意志之國威益大一也外國進口之穀煙葉菓子茶珈琲米香物染料棉花麻布絹家畜材木每年共耗

譯書彙編　近世政治史　一

二

十億馬克諾使德意志人在殖民地中播植此等物產則此十億馬克每年仍爲德意志所有二也又因傳敎故亦不得不行殖民政策五十年前南亞非利加中有一德國敎會其傳敎之地在英國之喜望峰殖民地及南亞非利加之西達麥拉納麥客之間自一千八百七十年以後傳敎之暇兼爲貿易然此時德意志政府在亞非利加中毫無權力故此敎會全賴英國保護至一千八百八十年左右達麥拉納麥客之民間大起爭端攻襲傳敎師之住所者六次英國政府並不嚴行懲禁故拉陰之敎會監督福亞捕利以一千八百八十一年八月二十八日致書于帝國外務省請其向英國政府索取賠欵又著一書極言德意志之不可不有殖民地此書印三次可謂風行一時矣
此事未結他事又起一千八百八十三年之秋步藍門人商人聊豆利紫在納麥容之南安葛拉敗奎之附近向該處酋長買得一百五十方里之地以八月十八日致書于喜望峰之德意志領事請其向該處土人及英國政府伸明此地已歸德人所有領事以此事達之本國政府卑思麥克以一千八百八十四年電覆之曰
據聊立利紫所言其所買得之地以在奧倫治河流之北恐英之殖民廳或有意外交涉。

四八

足下即言明該商人及該地皆歸帝國保護可也。

此事實爲畢思麥克之第一殖民政策其次則西亞非利加之殖民政策也漢堡之殖民會社以一千八百八十三年在西亞非利加之卜賣龍地方買得一地而求政府保護政府即命欺由尼斯之總領事納矣葛氣爾與該處酋長修好而訂通商及保護條約以劃定德意志之殖民地界。

納矣葛氣爾以一千八百八十四年七月四日與脫華部族之酋長訂保護條約領取攀凝灣之脫華蘭全部使廠愛軍艦之將士上陸擧行典禮而建德意志國旗七月十一日廠愛惟愛軍艦回披耶福拉灣而至卜美龍河口與攀爾亞夸亞兩酋長訂保護條約一切主權皆歸德意志而賦課徵發之權仍歸酋長十四日建德意志之國旗于酋長之宅。

于是漸進而南近法國領地控華之界德國政府以八月二十九日電告駐劄巴黎之德國公使化亨落囑其往告福愛利大臣謂德國一切擧動决不有礙法國之領權此時德法二國正極親密。

譯書彙編　近世政治史

一千八百八十四年十二月德意志又關殖民地于東亞非利加先是有一德意志之會社，在繩席拔爾對岸之島薩戈拉島客米尼山羅等處取得十三萬喜羅之地，然此地仍屬于繩席拔爾。未幾德意志之兵卒與土人生隙德遂乘機派艦隊至繩席拔爾迫其不得干領對岸內地之主權。

繩席拔爾為回回教之文明國，其君主薩脫拔克西以聰明稱，曾游歷歐州贊成歐人之殖民事業，而助探中亞非利加者也。領有繩席拔爾撲白麥滯矣亞諸島對岸之地，北自滑麥利斯南至葡萄牙之廉揚皮克領地，島中之主權悉歸其掌握。一千八百六十二年英法二國共立條約以保護之。

（註）繩席拔爾

## 第三節 一千八百八十五年之伯林會議

一千八百八十三年以後卑思麥既在亞非利加行殖民政策遂大遭列國之忌英國開德國在卡美龍如此舉動即遣領事希懷脫乘福拉爾撲砲艦至卡美龍責問俾長攀爾亞夸亞等。終占威爾夫陰謀異而罷此時英之自由黨內閣與葡萄牙訂立條約欲占領控華河之下流以妨害各國之殖民地于是德與法合共抗一千八百八十四年二月二十六日之英葡條約英葡見德法之勢洶洶遂罷前約而葡萄牙更倡控草河之主權當由英德法葡四國分掌之議法蘭西首相弗利耶以五月二十九日與德國政府商酌以爲控華河之主權非英葡二國所共有亦非葡萄牙所獨有當爲各國所公有德國大以爲然又駐劄伯林之法國公使康澀彌男以爲不但控華河當如此辦理師即那善河亦當如此辦理德國政府亦以爲然

德法二國乃首倡召集萬國會議之議定將來控華河之主權爲各國所公有而定殖民及通商條約載明各國皆處平等以免彼此紛爭于是德國政府使其駐劄比利時丹麥英國伊大利荷蘭與大利匈牙利葡萄牙瑞典諸威西班牙合衆國之各公使照會各國政府駐劄英國之德公使照會英國政府之辭如左

近年西亞非利加之商務漸盛德法二國政府爲與商務解紛爭起見意欲爰訂約章俾各國之在此地通商者皆地所遵守爲今定其約如左

一在控華河之沿岸及河口皆得自由通商

二維也納會議有川河往來各國皆得自由一條後丹牛波河倣照辦理今控華河之區

譯書彙編　近世政治史　五

# 譯書彙編

第六期

光緒二十七年五月十五日
明治三十四年七月一日發行

（明治三十四年一月二十八日第三種郵便物認可）

（每月一次定期陰曆十五日發行）

千河亦當照行。

三亞非利加海岸當加以經營。

德國政府擬與法蘭西政府于本年中開會議于伯林安議以上各條各國有與亞非利加商務有關係者可派員至伯林會議云云。

英國允之各國亦皆贊成遂自十一月十四日開議于伯林卑思麥克爲議長至明年二月二十六日而終共議定三十八條均關于國際法者也

第六草　擴充兵制及兩帝逝世

第一節　一千八百八十六年以後之德法關係

法國當喬翻利爲首相之時卑思麥充之世界政策甚爲得手德法二國亦極親密而喬翻利以辦理東京一事（即越南事）未臻安協遂以一千八百八十五年三月三十日辭職四月六日白利沙代爲首相一千八百八十六年一月七日福蘭西餕又代白利沙爲首相至是德法二國漸覺彼此不能相容原其故蓋由于法人復讎之念又熾或出于卑思麥克之計署亦未可知不然則彼此或皆有故。

福蘭西餕首相以婆崙桀將軍爲陸軍大臣婆崙桀極欲擴張陸軍而增常備兵額以五月二十五日提出軍備擴張案于議會十二月三日福蘭西餕辭職戈普蘭入爲首相仍以婆崙桀爲陸軍大臣軍備擴張案亦經議定此時法國民間有名愛國團者盛倡復讎之說又有一詩人名翟爾蘭脫作一愛國歌慷慨淋漓全國爲之鼓動

第二節　常備公額增加案

卑思麥克頻使報館中登載新聞謂法蘭西將欲與德爲難所以然者或因偵知婆崙桀如此舉動將不利于德卽藉此爲口實以擴德意志之陸軍均未可知和十一月二十五日帝國議會名集之際遂提出常備兵額增加案而定自一千八百八十七年四月一日至一千八百九十四年十二月三十日共設常備兵四十六萬八千四百零九人而每年之自願爲兵者尚不在內

德意志之常備兵額一千八百七十一年共有三十七萬八千零六十九人一千八百七十四年加至四十萬零一千零五十九人一千八百八十一年以後又加至四十二萬七千二

百四十七人。然法蘭西之人口雖少而一千八百七十一年以後之常備兵額反較德意志爲多一千八百八十年自三十五萬八千八百四十八人加至四十四萬四千四百七十七人一千八百八十六年又加至四十七萬一千零八十八人而婆崙築之軍備擴張案若准更可加四萬四千八。

又一千八百八十四年以來俄羅斯與德意志曾立密約謂德意志可不必防禦俄羅斯而世間並未知有此約以是卑思麥克又講防俄之策于是俄土戰後俄羅斯亦大改兵制多築鐵路以便運兵而其常備兵額除士官外共有五十四萬七千四百五十六人。以是德意志南北受敵兵額益形其不足且德意志之兵役年限平均砥有二年零四月有半。故又不及隣邦之兵之熟練若不加長兵役年限而欲兵之有用是非大和兵額不可。

德法二國之海陸軍經費以德法二國人口之多寡相比較法國每人較德國每人所出之額爲多而法人却甚踴躍輪將並不爲難今錄表如左。

甲 德意志

一八七〇年　二七二、四七八、三九七馬克　一人所出　七、〇六馬克

一八八〇年　四〇三、四二五、八二六馬克　仝　八、九二馬克

一八八六年　四四六、二八八、六七二馬克　仝　九、五三馬克

乙 法蘭西

一八七〇年　三九七、八五六、〇〇〇馬克　一人所出　一〇、三三馬克

一八八〇年　七六六、〇九六、〇〇〇馬克　仝　二〇、四七馬克

一八八六年　八二六、六一六、〇〇〇馬克　仝　二一、五七馬克

一千八百八十六年十二月三日及四日爲開常備兵額增加案之第一次讀會由陸軍大臣酸輪潭福宣布其意時毛奇將軍年已八十有六亦演說而贊成。但兵額既加經費更大故反對之者甚多而以中央黨之反對爲尤甚調查委員乃修正而報告之第一減爲四十四萬一千二百人第二改爲七年之期爲三年。而限一千八百八十七年以後之一年置常備兵額四十五萬人然此修正案發表之際輿論又甚非之二千八百八十七年一月十一日開第二次讀會議員司託非盤蕒提

出二修正案第一案係如調查委員之報告限一千八百八十七年以後之一年加至四十五萬四千四百零二人第二案若第一案不決則照原案四十六萬八千四百零九八而改七年之期爲三年。

第二次讀會毛奇將軍又演說而主原案之數卑思麥克亦于十二月二十三日中演說三次謂若不贊成原案當即解散議會十四日議會可決司託非盤葛之第二案政府乃命解散議會

此時法蘭西陸軍大臣婆崙桀以爲此機若失再無復讎之一日遂不謀之同僚而備與德國開戰增築兵營于國之東境于滑藤潘福脫紫羅等各要塞中貯足數年之彈藥及糧食商借巨欵于商人及試驗砲彈及鎗彈等事爲之不息

婆崙桀如此擧動卻于卑思麥克改選議員之事大有利德意志保守黨國民自由黨帝國黨既與卑思麥克約而贊成增加常備兵額七年卑思麥克遂以二月二十一日改行選舉各黨之勢力爲之大變德意志自由黨僅選得三十二人德意志人民黨無一人得應選者社會黨減至十一人憲法不承諾黨自四十一人減至三十三人中央黨本有百人此次賴羅

馬敎皇之勢僅減去二人而國民自由黨則自五十八人加至九十九人德意志保守黨自六十七人加至八十人帝國黨自二十八人加至四十一人先是羅馬敎皇使普魯士政府施行寺院法改正之條約至是中央黨與常備兵額增加案反對頗于此事不利故駐劄巴威里之羅馬敎皇公使撤線使中央黨之首領何因化而司不得反對何氏允之。

新選之議會以三月三日召集毛奇將軍以年長故暫爲議長七日陸軍大臣酸輪潭福演說曰常備兵額增加案之可贊成自無容疑若贊成者多即此案之效力更大云次國民自由黨之潘辦深謂委員調查當可從簡而即行決議九日議會遂可決常備兵額增加案。

而中央黨自願不與決此案。

常備兵額增加案旣決可法國之政治遂一大變大統領葛蘭維使其機關新聞名拉攀意者載一論說申明法蘭西並不欲與德意志開釁之意于是探蘭豆以政府失此機會深爲可惜即辭愛國團之首長而婆崙桀之籌畫亦盡屬徒勞。

第三節　兵役年限延長法

此時卑思麥克既得多數議員之助凡有作爲自可贊成故欲擴張兵備亦非乘此時機不可。

此時白爾懇半島有事德意志雖守中立之約而俄羅斯頻干涉之或至與奧大利失和亦未可知然奧大利爲德意志之同盟國奧大利若與俄羅斯開戰德意志必當出全力以爲之援至是卑思麥克又可藉口擴張兵備。

卑思麥克函告駐剳伯林之俄公使蕭滑羅步伯謂欲謁見俄帝有事面奏俄公使爲之轉奏俄帝亞歷山德第三允其自戈烹海耕歸時暫駐伯林以便面見十一月十八日卑思麥克遂見俄帝告以俄德之間雖有中立密約而俄若與奧開釁德亦不得不遵三國同盟之約以援奧且謂曰爾懇之事外間盛傳德意志與俄羅斯反對此皆不足爲憑于是俄德二國親密如舊而俄之報紙上仍攻擊德意志不衰十一月初旬起即屢次派兵至葛利西亞國境而俄羅斯亦決不遽爾中止十二月五日有某報紙詳載俄兵所集之地人頗注意十二月九日花司氣福蠻大臣遂提出兵役年限延長法案。

俄羅斯之兵役年限共十五年法蘭西共二十年而德意志祇十二年今依新法案則現役

仍照舊例二十歲以上二十七歲以下爲豫備役者改五年爲十二年分之爲二級後備亦分二級即十七歲以上三十九歲以下而未爲徵兵者爲一級三十九歲以上四十五歲以下者爲一級若行此制則豫備兵數更當加至五十萬人一旦有事可得二百六十七萬四千八一月十六日開第一讀會攀尼克山等演說贊成之且付之委員調查一月三十一日又提出一案係爲擴張兵備而募公債二億七千八百三十三萬五千五百六十四馬克。

卑思麥克以二月三日發布三國同盟之條約德意志本欲備禦法國故與奧大利同盟今奧大利爲俄羅斯所襲德意志不得不竭兵力以援之而伊大利政府早於一八百八十三年宣明三國同盟之事惟未公示其條約今爲白爾懇之事致使俄奧二國失和于是德奧二國始商安將此條約之全文發布于伯林及維也納俄則于前年十一月中密告之矣。

二月六日卑思麥克至議會演說三國同盟及今日發布此條約之故次各黨之代表者亦均演說而贊成此事遂開第二讀會福蘭克司脫因及攀尼克山以爲不必逐條討議即可

決議于是全會皆決爲可。議事既畢卑思麥克遂出議會適其車不在門前乃步行歸家途人數千擁之而頌其功且護送至家此實巴黎陷落以來卑思麥克最得意之時而德意志帝國此時亦爲歐洲最大強國也

## 第四節　德皇威廉第一逝世

一千八百八十七年三月二十二日即常備兵額增加案決議之後二十餘日爲威廉第一九十誕辰全國舉行慶典友邦之君主派公使來祝賀者八十五人帝申謝國民之辭以明日之官報公布之

是年之秋皇太子威廉第三患喉症甚重而至深蘭麻療養

六月、帝親臨瓦斯脫桀運河之開業式遂罹風寒症是後漸覺沈重十一月行議會之開會式遂不能親臨召議長至宮中而賜以勅語此年帝國財政餘五千萬馬克而國家社會政策亦已全行一千八百八十八年三月三日帝病革八日猶召毛奇將軍而告以將來須再擴張兵備侍醫灰堪勸帝稍休帝不之聽至九日而崩

世皆知卑思麥克之爲賢相而不知威廉第一之爲明君威廉第一雖非豪傑出衆之人然能識卑思麥克而終始信之以成大業決非庸君所所出此且其意以爲外交雖善而無兵力以支之究屬無功故終其身節公私之用以修兵備而卑思麥克之政策毛奇之軍政亦皆因之而成遂成帝國統一之偉業噫可謂盛矣。

## 第五節　德皇威廉第三

威廉第三以一千八百八十九年三月九日即位至六月十五日即帝生于一千八百十一年十月娶英國女皇維多利亞之女博學而慈故爲皇太子時民已愛慕之一千八百六十四年從軍于寫而司何以化而司脫因之役一千八百六十六年、親將一軍以伐奧一千八百七十年、以戰功叙爲元帥戰地居民無不稱其仁惠。

威廉第一崩時皇太子病旣篤由深蘭麻入即帝位仍以卑思麥克爲首相而帝深信皇后又深信英國之議院政治以是帝與卑思麥克不甚相得皇后欲以公主多利亞嫁于勃客利亞王亞歷山德英國女皇亦贊成之而卑思麥克以爲如此必與俄羅斯夫和故極力反對且謂不聽其言當即辭職帝乃止帝又不直普魯士內務大臣勃脫加美龍之行政

不謀之卑思麥克而許其辭職卑思麥克深爲不安
威廉第三既崩皇后盡收國書之關于卑思麥克者其中有秘密者請賜還后不之許一時
物議騷然。
帝未崩時以日記一冊賜國法學者蓋福耕崩後以之刋于龍獨蕭雜誌中其中所載皆係
帝與卑思麥克之交涉而爲帝辯護者甚多蓋出于皇后之意也卑思麥克命其停刋且收
沒其既刋者而使其機關新聞辨明此日記中所記悉係虛語捕蓋福耕而交之于拉以夫
其之法廷目之爲國事犯綿歷歲日後以無罪故放免之。

## 第七章　德皇威廉第二

### 第一節　訪問則國

今帝威廉第二威廉第三之長子也以一千八百五十九年生于伯林娶寫而司何以化而
同脫因公爵之女奧克司維多利亞帝好武而性急頗見重于軍人而初握政權果能統禦
帝國之安全與否則未可卜也
先帝最重卑思麥克一切政務皆委決之及帝之世極欲與俄羅斯結好一千八百八十八

年七月帝親率德意志艦隊出技而運河訪問俄帝亞歷山德第三十九日兩帝會于芬蘭灣相攜而至聖彼得堡逗留數日觀俄國陸軍之觀兵式于克拉司諾愛郊外歸途訪瑞典王于斯蘀克化而召丹麥王于夸烹海庚。

帝又欲維持三國同盟故于十月訪奧大利帝于維也納伊太利王于羅馬二國均歡迎之。

一千八百八十九年伊大利王來訪接待之後帝再出游自諾威至英國謁其外祖母維多利亞女皇歸後又至希臘及土耳其。

### 第二節　社會黨及同盟罷工

一千八百八十九年春東司脫翻利亞有同盟罷工之事各地之煤鑛夫以一日之工價祇有三馬克爲不足故又皆罷工五月十三日罷工者共九萬人煤遂缺乏各處之鑛夫與兵士接戰鑛夫負傷者數人既而漢堡之製酒者伯林之業麵包者梅亭之木匠紫蘭維之馬丁等亦均罷工而遣代表者至帝國政府要約多端帝許其當爲變通惟約其不得與社會黨相結。

此時瑞士政府移文各國政府謂爲保護工人起見擬開國際會議于擎龍府議定列國共

同之法德意志帝雅欲以此事為己任故却卑思麥克之勸而請各國政府即以此會議開于伯林各國允之瑞士政府遂撤前議。

一千八百九十年三月十五日至三十一日。為開國際會議之期各國之代表者分為數部而決議各事一各國之各種工人一禮拜中當許其停工一日二、講求鑛夫及鑛內安全之策三、疾病負傷及殘廢之工人當撫恤救濟北部中未滿十四歲南部中未滿十二歲之幼者不得使其採鑛四不得使婦女在地下工作五、其他各種工業不得使北部中未滿十二歲南部中未滿十歲之幼者為之六不得使婦女操作夜工七、每日工作不得多于十一點鍾。

然以上各項均不見諸實行故同盟罷工之勢仍未稍殺其年五月。工人中又有倡議謂工作時刻不得多于八點鍾者。

### 第三節　卑思麥克辭職

威廉第二即位之初即欲親政而卑思麥克嘗牽制之故兩人之意見遂不合保護工人之事其首端也帝之意極欲保護工人兩利用之卑思麥克則大不為然又德意志保守黨本

與國民自由黨及帝國黨相合而助政府者也。今忽欲離國民自由黨而與中央黨（即加特力黨）相合以抗普魯士政府提出之小學教育無報酬法案且使其機關新聞排斥三黨聯合之事以爲挾保守主義者不應與自由主義者爲同志倡此議者爲宮廷僧官長斯蔣愛勘氏而威廉第二仍欲三黨聯合以助政府此時一千八百八十七年成立之帝國議會至一千八百九十年業已滿期遂以二月二十一日至二十八日爲改選之期改選後三黨仍相聯合而三黨之議員均大減少如左

德意志保守黨　　　七十一人　　減九人

國民自由黨　　　　四十三人　　減五十七人

帝國黨　　　　　　二十一人　　減二十人

自由黨　　　　　　六十七人　　增三十五人

人民黨　　　　　　十八人　　　增十人

社會黨　　　　　　二十四人　　增十三人

中央黨　　　　　　一百七人　　增九人

譯書彙編　近世政治史

## 反對憲法黨 四十二人 增九人

于是政府黨無不減少而反對黨無不增加卑思麥克遂欲使德意志保守黨與中央黨相合以助政府而帝不許蓋帝此時決欲親政而不願卑思麥克之諸事掣肘也其後帝又使普魯士之國務大臣不必經總理大臣有事可與帝直商而卑思麥克以爲有背責任之制遂辭職辭表中引用一千八百五十二年之勅令以爲之證帝以三月二十日許卑思麥克辭職而封以公爵卑思麥克以二十八日至瀉洛鐵福克訣別威廉第一之靈徘徊移時夫德意志者威廉第一與卑思麥克所手創者也今先帝逝矣而巳又不見容于幼主以致引身自退言念及之不勝愴感此時卑思麥克年將七十有五矣二十九日退隱于甫利特利西酸至蘭羅探火車棧之時人民送之者不可勝數

<small>勅令中言欲使總理大臣一人任責不得不使總理大臣統一政權</small>

### 第四節　卜捕利維宰相及其宗旨

卑思麥克旣辭職帝即擧海軍大將卜捕利維爲宰相下詔曰今國家之責惟朕一人是任一切措置自當率由舊章然觀其所行之政則有大不然者以海軍中人爲宰相則其欲擴

張海軍之意從可知矣卑思麥克在位之時大權獨攬故議會中人咸與之不合事無大小。皆反對之今卞捕利維之政策專尚溫和而議會之勢固之一變餘如印刷及集會等事漸與民以自由而社會黨鎮壓條例亦即至一千八百九十年而止故社會黨又可明目張膽。設立政黨並不如前此之東竄西突矣。

理財之策亦稍有變通雖未行自由貿易之制而一千八百九十一年已先與同盟之奧大利匈牙利及伊大利訂立通商條約一千八百九十三年又與比利時瑞士塞耳維亞西班牙訂立通商條約一千八百九十四年又與俄羅斯訂立通商條約既成乃叙卞捕利維之勳爲伯爵

（註）與各國既訂通商條約外來之物遂無所制限而內地物價因之大減于是農業中人咸抱不平。一千八百九十二年東部普魯士之保守黨大地主創一經濟黨一千八百九十三年又改爲農業黨此黨之首倡者係一雪蘭西亞之農夫其宗旨不過欲講求理財之道而反對德俄通商條約而已至一千八百九十四年亦遂罷

當卑思麥克之執政也欲使撲山之波蘭人一切變其俗尚與德意志人同故盡買波蘭貴

族所有之土地以分住德意志之農民小學校中不得敎授波蘭語以是波蘭之議員在帝國議會及普魯士議會中者常與反對黨合而抗政府卞捕利維鑒此變其舊日政策置波蘭牧師以總理其舊敎優待波蘭之貴族故一千八百九十一年之後帝國議會及普魯士議會中之波蘭議員無不與政府黨合而贊助之。

一千八百八十七年改選議員之後德意志保守黨帝國黨國民自由黨三黨聯合以助政府及威廉第二即位之後德意志保守黨頗有離國民自由黨而合中央黨之勢卑思麥克亦欲使中央黨爲政府黨而棄國民自由黨威廉第二不聽今政府之政策旣變議會之形勢亦異德意志保守黨反對政府提出之地方自治制改正案而國民自由黨亦反對保護工人案及增加軍費案于是下捕利維決計聯絡中央黨而以一千八百九十年在議會中提出加特力敎神學學生免當兵役之法律案又提出地方自治制改正案及所得稅法改正案中央黨贊成之一千八百九十一年皆決可。

地方自治制及所得稅法之不可不改普魯士政府早知之惟當時政府與德意志保守黨國民自由黨相合故未辦理今議會之勢旣變因此可成功普魯士東部之村邑過小均不

能獨立自治。乃合數村邑以協理道路學校救貧等事所得稅法未改正之前工業家所納之所得稅甚少未免過寬今特加多且採用累進法則每年可得三萬馬克而漸次可以減去地方附加稅。

一千八百九十二年威廉第二欲于小學敎育上增宗敎之勢力使小學校中敎授宗敎敎育。給憑于各敎會之監督與宗敎敎習。凡有此憑者即可爲小學校敎習其學力不足而旣得此憑者均須繳還此憑保守黨之新敎派及中央黨均贊成之而其他各黨併力抗之各大學校及市會中亦甚不以爲然于是威廉第二見輿論不服遂撤回此案而提出此案之文部大臣殘特利脫及贊成此案之普魯士總理大臣卜捕利維仍爲帝國宰相而以油蘭盤爲普魯士總理大臣。

## 第五節　擴張陸軍

卑思麥克所定之陸軍擴張案共行七年而以一千八百九十四年爲止卜捕利維以一千八百九十二年又在議會中提出一擴張陸軍案謂自一千八百九十三年十月一日至一千八百九十九年三月三十一日之現役兵數平均須有四十九萬二千零六十八人每年

入隊之數由皇帝勅定而在營期限則縮爲二年蓋因俄法同盟而豫防之也一千八百九十二月十二日開委員會卜捕利維伯即在其中演說而贊成之者寥寥又在本會議中演說且引毛奇卑思麥克之言以明德意志之不得不擴張陸軍而贊成之者又寥寥五月十日即在議場中公決可否可者一百六十二人否者二百零十八人于是政府遂命解散議會

五月九日威廉第二向各將校演說謂下次選舉之時政府黨若不得多數則百事皆當以權力行之六月十五日至二十四日爲改選之期政府黨頗干涉此事改選之後其數如左。

德意志保守黨　　七十人　　　　減一人
國民自由黨　　　五十二人　　　增十人
帝國黨　　　　　二十七人　　　增六人
自由黨　　　　　二十三人　　　減四十四人
人民黨　　　　　十一人　　　　增一人

# 譯書彙編

## 第八期

光緒二十七年七月十五日
明治三十四年八月廿八日發行

（明治三十四年一月二十八日第三種郵便物認可）

（每月一次定期陰曆十五日發行）

社會黨　　四十四人　增二十八

中央黨　　九十九人　增八人

反對憲法各黨　五十三人　增十一人

社會黨鎭壓條例旣於一千八百九十年滿期故此次選舉社會黨大有增加若改正選舉區之法律社會黨當更可多增議員七月四日起開會十五日公決陸軍擴張案可者二百有一人否者一百八十五人陸軍擴張案遂可照行乃於安殺司落來大演習陸軍伊大利皇太子亦往陪觀德皇又親行觀兵式。

### 第六節　社會黨反對策及更迭宰相

威廉第二即位之初頗善待社會黨及一千八百九十三年改選之後社會黨之勢大增而帝之宗旨又爲之一變一千八百九十四年九月演說之中甚不滿於社會黨而帝國宰相卜捕利維與普魯士總理大臣油蘭盤亦各有意見遂以十月彼此皆辭職帝乃舉化亨落公爲帝國宰相當卑思麥克執政之時化亨落會爲外交官派至各國與卑思麥克甚相得。其先代亦曾爲普魯士總理大臣也。

化亨落公深奉帝之社會黨反對主義提出一案謂無論何人有致唆兵士以叛戾者及詈宗敎君政家族婚姻財產爲不利者罰之不貸主張宗敎敎育之一派及中央黨均贊成此案而帝國黨與其他各黨均反對之一千八百九十六年五月遂決爲否。

第七節　改正民法及陸軍刑事訴訟法

一千八百九十五年之冬至一千八百九十六年之冬至一千八百九十七年之春又改正德意志陸軍刑事訴訟法。

第八節　擴張海軍

普法戰爭之後德意志以陸軍雄於地球實行世界政策之後德意志以商業鳴於列國所不足者海軍之勢力已耳海軍之勢力不力圖擴張即無以保其商業之進步。德意志既拓殖民地於亞非利加又移居數千萬人於日本支那合衆國智利叙利亞等處以便經營殖民事業德意志之權力因之日大而擴張海軍之事愈覺不能一日緩矣。

一千八百七十年至一千八百九十六年爲德意志商業進步最盛之時商船噸數共加一倍其運搬力則加四倍一千八百七十年德意志之海運業不及法美二國近反過之英國

之船舶雖多於德國而有速力十九米突以上之新式船英國祇有七艘德國共有九艘英國商船之人役或間用外國人德國則全用本國人德國政府又與海運業者以極大保護費故英國之海運業漸爲德人所奪而德意志欲保此海運業非擴張海軍不可。

德意志之海軍創自一千八百六十六年雖爲日尚淺而已卓然可觀以艦數之多而言第一英國第二法國第三俄國第四即爲德意志三國同盟德奧之海軍主力其初本在伊太利近漸移於德意志而伊太利之海軍並未有所欠缺特以財政紊亂各事殊難振作耳

一千八百七十二年以後德意志之海軍始大進步一千八百七十五年普普戰爭之際北德意志聯邦之海軍軍事費不過一百二十萬一千磅一千八百八十五年德意志海軍事費已有二百十一萬九千磅威廉第二登位之初加至二百七十萬磅一千八百九十六年又加至四百三十一萬五千磅合八千六百三十萬馬克一千八百九十七年共有一億二千萬馬克矣威廉第二登位以來共增軍艦八十六艘而帝及海軍大臣化富盲提督皆猶以爲未足

一千八百九十六年之冬至一千八百九十七年之春提出海軍擴張案於議會威脅力迫。

譯書彙編　近世政治史

以冀贊成此議而卒以反對者多未經議決是年之冬再行提出十二月五日起合衆討議至明年三月二十八日將原案稍加修正遂決爲可於是新造鐵甲艦五艘巡洋艦合之以前所有共得鐵甲戰鬪艦十九艘鐵甲海防艦八艘巡洋艦四十九艘議定六年之內共用造艦費一億一千八百萬馬克海軍維持費尚不在其內於是更創一議謂海軍經常費若每年歲入之不足各黨皆無異議即從前最爲梗阻之中央黨亦無不樂於贊同此其故補每年歲入之不足各黨皆無異議即從前最爲梗阻之中央黨亦無不樂於贊同此其故則以占據膠州灣一事政府措置裕如有以饜夫衆望也

第九節　占據膠州灣

占據膠州灣之初意不過欲以爲東亞之通商根據地耳然非得中央黨之贊助必難有成其故有二請詳述之

一德意志與羅馬教皇之關係　文化爭鬪之時卑思麥克力抑加特力教徒之勢使不得預聞政治行之未久亦自知其不利乃盡廢五月諸法律略與加特力教徒以政權及至改革財政之際遂離國民自由黨而與中央黨（即加特力黨）相親一千八百七十八年擴張軍備大

二八

四八

得羅馬教皇之助威廉第二親政之後亦以卑思麥克斥中央黨合德意志保守黨國民自由黨帝國黨爲不然而與中央黨最爲相得不特議會各事皆求中央黨之贊助且與羅馬教皇重修舊好利用教皇之勢力以行德意志帝國之世界政策凡此籌畫皆外務大臣皮由落及教皇之傳教部長蘭特化司有以助之也。

皮由落曾爲德意志公使久駐羅馬羅馬之內情無不審知當時教皇雖無尺寸領土而加特力教所行之處即教皇勢力所及之處以故羅馬之舉動無不與各國之政策大有關係皮由落鑒夫伊太利王之政務日漸腐敗知教皇之勢力益當伸張故與教皇深相結合以便返國以後一切政策有所措手。

蘭特化司本堡蘭人也初爲撲山地方長之時甚與威廉第一相得文化爭鬥之時以罪繫獄三年之後逃之羅馬教皇拍牙司甚庇護之政教解和之後教皇舉以爲教書會長教年即昇傳教部長總統全地球之教會教皇與以此職蓋豫爲與德意志聯合恢復教皇之政權也一千八百九十二年威廉第二至羅馬先訪蘭特化司卑思麥克退職之後遂與德皇時相往來今且爲羅馬之德意志黨領袖惡自由主義而好帝國主義者歸之若

譯書彙編　近世政治史　二九

驚。於是彼由落引以爲同志。而羅馬敎皇之政略。亦遂與德意志之政略如出一轍矣。欲知此政略之如何當先詳述加特力敎徒在支那之情形。

曩時在支那傳敎之加特力敎徒無論何國之人皆歸法蘭西保護支那人亦優禮待之。來自法蘭西之敎師較之荷蘭葡萄牙之商人尤爲淸高自許故第十七世紀之中與支那人頗爲相得然以宗敎分爭之故彼此遂不能相安一千七百三十年遂有禁制基督敎之令敎師嘗苦萬分至十九世紀之初存者寥寥數人而已鴉片之役旣竣一千八百四十四年九月二十四日法國政府遂與淸廷訂約與加特力敎徒以保護之權造英法聯合軍人北京之後一千八百六十年十月二十六日之天津條約及北京追加條約亦照一千八百四十四年之條約辦理凡所毀壞之加特力敎堂悉由淸廷賠欵修理於是加特力敎徒請之敎皇謂各國之加特力敎徒當盡歸法蘭西保護敎皇許之。

德意志人入支那內地傳敎始自牧師牆山初牆山不堪政府之苛待逃之外國千八百七十五年九月八日至荷蘭之司脫愛耳建一福音會一千八百七十九年囑其敎友二人

一名恩磚一名富辣內紫均德入支那山東省傳教綿歷歲月信者曰眾乃請司脫愛耳福音會添派教師數人來東分設一教會於山東省之南部而以恩磚專理之此一千八百十六年一月十二日事也

一千八百八十七年羅馬有遣使駐北京之議恩磚亦參預此事回至羅馬順途赴德此時卑思麥克正變其排斥加特力教徒主義廢五月諸法律意欲藉該教之勢以行其世界政策凡在外國傳教之加特力派學生悉免其兵役義務四月三十日又獎勵設立傳教學校者召集帝國各地之牧師於福汗脫議定倣照司脫愛耳福音會之章程設傳教學校六所於全國恩磚既到伯林卑思麥克數稱其在東亞傳教之功不置優禮有加懇其協助德政府俾成東亞傳教事業恩磚即勸其以後德之加特力教徒不必歸法保護而德政府自籌

一保護策一千八百九十一年以後德政府即發護照於恩磚凡山東省南部之加特力教師皆歸德自行保護羅馬之法公使霍亨曾於一千八百八十七年及一千八百九十一年兩次稟告法政府法政府皆置之不問此山東省之權利所以漸歸德之掌握也

日清戰爭之後一千八百九十六所恩磚親至伯林請於兗州設一教會遣一牧師專司其

事德皇許之照會清國政府即於一千八百九十七年九月八日恩磚率各教師至兗州行開會典禮既畢恩磚復回德而使尼斯及亨蘭二教師留於兗州十一月一日二教師為該地亂民所殺恩磚時在伯林驟接此報即趨謁德皇面呈其事皇深嘉之賜以已之相片允其必向清國政府索償清國政府後果厚其撫恤費以恤二教師之家族十一月十四日德提督翟淡利即占據膠州灣而懸德之國旗數年前德之地理學者曾建策謂德在東亞不可不有一通商根據地而相度形勢當無逾於膠州灣矣今果以兗州二教師被殺之故籍端占據不可謂非克償厥願矣。

威廉第二即欲藉此時機總攬山東省之權利並收回保護加特力教徒之權故任皮由落為外務大臣令其去羅馬時謁見教皇可與蘭特化司俾力說之更派恩磚至羅馬善為周旋於是三人見教皇時皆盛言法之保護加特力教徒未能安協山東省之加特力教徒非歸德意志保護不可致教皇不之許蓋其意實不欲以此開罪於法以冀恢復其政權也。

保護加特力教徒之權既屬無望乃乘占據膠州灣之勢以行其擴張海軍政策威廉第二本擬親率艦隊來東嗣以政治上關係甚多未便離國乃以此職授其弟亨利親王時恩磚

返自羅馬力說中央黨以海軍不得不擴張之故中央黨皆無異議遂告厥功。

第十節　一千八百九十八年改選議員

海軍擴張案既經議決一千八百九十三年之陸軍擴張繼續豫算案至一千八百九十九年三月三十一日亦已期滿自四月一日起之軍費豫算又當重議而一千八百九十八年。適値議會改選之期各黨人數大有更動。

德意志保守黨　六一人
帝國黨　二〇人
國民自由黨　四九人
自由進步黨〳人民黨　一二人
一致自由黨〵民權黨　八人
社會黨　五六人
反對憲法各黨　六九人

| 中央黨 | 一〇八人 |
| 無所屬議員 | 二三人 |

中央黨議員百人以上本無足怪所可異者社會黨之如此增多耳全國三百九十七選舉區每區之中社會黨計用遊說費三十馬克共合五十九萬餘圓是蓋一千八百九十年廢止社會黨鎮壓法之後社會黨得以成一政黨而自由遊說之效也社會黨本不以擴張軍備爲然而時局使然斷無不擴張軍備之理以故政府仍與中央黨相合。

## 第十一節 德皇遊歷

德皇威廉第二以十有十二日挈同皇后牽宰相化亨落公外務大臣皮由落以下百官有司發於伯林十三日乘御艦花海龍護以二艦向君士坦丁進發十八日午前抵君士坦丁皇極禮以迎之午後張盛宴於考司克宮中土皇服元帥正服佩德意志勳章坐德皇於左側坐德后於右側德皇親呈威廉第一及奧葛司脫皇后之相片於土皇土皇亦贈勳章於德皇之隨員十九日德皇引見各國公使於梅臘欣宮中後又賜謁教皇之公使花餕利

及俄皇所派之特使維愛福晤談數刻恩禮有加又使外務大臣皮由落以黑鷲勳章授土之宰相及外務大臣二十日午前發於君士坦丁渡地中海二十五日午前至海福上陸陸行三十日入巴蘭司慶德皇及隨員皆服禮服車駕入斜富亞門時放皇禮砲奏德意志國歌皇及后均於踏維特塔下下乘萬歲聲中徒步至耶穌墓前行參詣禮加特教會希臘教會等之教徒迎皇於途而進以頌詞皇亦親以勳章授之各長老。
初土耳其之加持力教徒無論何國之人皆當歸法蘭西保護法國以外之加特力教徒苟欲至巴蘭司慶禮拜耶穌聖跡者非經法之領事官許可不可以故德之加特力教徒毫無尺寸之權德皇此行蓋欲奪回此權巴法人知此事不可以防之乃說教皇冀保護加特力教徒之權不為德人所奪而教皇亦助法宣明此權本為法所固有非他人所得擅取德皇於是亦遂無所施其技矣惟是加特力教徒保護之權雖不可得而土皇以德皇訪問之故報以柴雄山麓一地此地即前耶穌之母麥利所居之處也十一日德皇乃在巴蘭司慶行耶穌墳墓寺院之開基式一切典禮備極隆盛。

近世政治史第一部完

譯書彙編　近世政治史

1902

# 二十世纪之怪物 帝国主义

《二十世纪之怪物帝国主义》由日本土佐幸德秋水著、赵必振译，1902年上海广智书局印行，是最早被介绍到中国的对帝国主义进行批判性分析的译著。书中借用世界史上的大量事实，揭露帝国主义的侵略野心，指出帝国主义必然灭亡的命运。特别是，书中第二章对"近世社会主义"的发展趋势作了专门阐述，把社会主义视为帝国主义的对立面，并指出社会主义将在同帝国主义的矛盾对抗中"隆然而勃兴"的历史趋势。今以上海广智书局1902年本为底本予以整理。

# 《二十世纪之怪物帝国主义》序

咄咄哉！二十世纪之怪物。岌岌哉！二十世纪之帝国主义也。自十八、九世纪以来，法儒卢梭氏《民约论》出，首倡天赋人权之说，谓国家由契约而成。蒙的斯鸠氏《万法精理》出，始创三权鼎立之法。于是欧陆风潮，为之一变。此百年中欧力之所以内充者，虽谓其受卢氏、蒙氏之赐可也。亘百数十年，十三州之独立，盖实行其主义。迨德儒伯伦知理《国家学》出，深驳民约论，而主强权之说。于是欧陆之风潮又一变，此实帝国主义之玉佩琼琚也。伯氏谓权由天赋，犹未合乎人道之极则。而终螯于物竞之公理，则强权之说尚焉矣。夫充于内者，必溢于外。故民族结合，遂有十三州独立之结果。民力澎涨，遂呈二十世纪之现象。虽美利坚向守其们罗主义者，今且不得不改其方针，势使然也。然则欧力之所以东渐，而享世界文明之幸福者，虽谓其受卢氏、蒙氏、伯氏诸贤之赐，亦未为不可也。此自东方闭化守旧之国视之，一闻卢氏之说，方且骇顾却走，目瞪舌挢而不敢言。而孰知在我为得未曾有，在彼已吐弃而不屑道矣。于以见欧人进化之速，殆不可几及。中国号称老大帝国，然并无所谓主义。即不然，帝自为帝，国自为国。适成其所谓个人主义，寡人政体。故一朝一姓之兴亡，不关于社会之进化，且阏扼之而涂毒焉。苟读中国历史者，类能辨之。夫积民成国，民族发达，而后其国始强。未有民族凋瘵，而可立国者，况处于竞争最烈之世界乎。所谓民族帝国主义者，殆民族强盛、内力外溢代表之名词也。吾友赵曰生氏译此书毕，属序于余。余尝闻诸观微之君子矣，或谓此义最不宜于今日之中国。诚哉其不宜，但不能不于以一审其目的之所在耳。兵家有云："知己知彼，百战百胜。"今吾且懵于自知，而遽欲与人决战，焉得不日就危亡，若迅风之扫败叶。吾国不欲自强则已，苟欲自强，则非致力于所谓民族主义不为功。不然，虽有追风之骥，逐电之辀，亦望尘莫及已耳。余愿与有国家观念者，一读此书也。壬寅七月吴保初序。

## 《二十世纪之怪物帝国主义》原序

人类之历史者，自始至终，信仰与腕力之竞争史也。有时信仰制腕力，有时腕力制信仰。比拉多钉于其利士德十字架之时，腕力胜信仰之时也。西兰之监督亚母波罗斯命帝王忏悔于梭德西亚斯之时，信仰胜腕力之时也。信仰制腕力，则时代光明。腕力压信仰，则时代暗黑。

在朝之学士，无一人而唱哲学者，以讲调和宇宙之道。在野之诗人，无一人而唱平和，以求安辑人民之规。而陆则十三师团之兵，剑戟灿然，以夸虎旅。海则二十六万吨之战舰，机轮相触，以煽鲸波。家庭紊乱，达其极点。父子相怨，兄弟相阋，姑媳相侮。而其对外也，则自夸为东海之樱国，世界之君子国。帝国主义者，实如斯而已矣。

友人幸德秋水君，成《帝国主义》以示余。君自少壮，以一身而立今日之文坛，独树一帜，人无不知君者。君信奉基督，其憎世之所谓爱国心者最甚。君曾游自由国，知社会主义之真面目者。余得友如君，独擅名誉。兹又有此独创的著述，以绍介世之荣誉焉。何幸如之！

明治三十四年四月十一日内村鉴三序于东京市外角筈村

# 例言三则

一、①东洋之风云日急，为天下之功名而发狂热，世之所谓志士爱国者，皆竖发裂眦，争逐于时。而独冷然而讲理义说道德，其不以崖山舟中讲大学者相嘲者几希。所以我知之而甘为之者，实为斯道百年计，忡忡不能自禁也。呜呼！知我者其惟此篇欤，罪我者亦惟此篇欤。

一、全书之说，皆采诸欧美识者之苦言痛语。而于现时之德尔士多伊、利拉、重莫尔列、白白尔、布拉伊昂为最多。其余有极进步之道义，抱极高洁之理想之诸氏，皆有所切偲。我不敢僭，故不题著而题曰述，以明非吾之作也。

一、是书虽眇小之册子，见卑识隘，不能详尽，而颇能握其纲领，是可自信者。世间瞆瞆之徒，若因之而感知其多少觉醒之机，为真理与正义得丝毫之贡献，于愿已足。

明治三十四年四月樱花烂漫之候秋水生识于朝报社之编辑局

# 中江笃介先生评

惠赠贵著《帝国主义》，扶病诵读，适已卒业。议论痛绝，顿忘疾之在身。行文劲练，而不失蕴藉之趣。敬服之至。

今日之所谓帝国主义者，实纯然之黩武主义。以秦皇、汉武之暴行，而佐以科学精利之器，可谓古今之极惨已。若于此际，而得如古之亚里斯多德、新西拉耶士、周武、殷汤、诸葛亮、曾国藩等，真以止戈为目的，以雄张于亚细亚大陆，则他年世界平和之大义，庶几有望欤。此等大事，到底非可与今日斗筲之辈而论道也，呜呼！

---

① 原文中的"一"为每行开头的符号，故录入文中在"一"后加顿号，表项目符号。后同。

# 《每日新闻》记者石川安二郎评

明治二十二年春四月，余去乡里之冈山，出大版①。一日访问中江兆民先生于曾根崎之寓居。立关一书生，垢衣蓬发而迎余曰：先生于数日前赴淡路，豫定今日归大版，可少待乎？余即入立关之室，相与语，意气轩昂。与之评论时势，则骂青年之薄志弱行，嘲政治家之无法非行。慷慨悲愤，宛然如读兆民先生之文。余愕然起敬，问其姓名与经历，则土佐之一书生也。前年曾客林有造君家，共林君等因保安条例而退职者之幸德传次郎，即君是。

余大喜，急与幸德君订为石交。其后再访兆氏②先生于小石川柳町之寓，亟问幸德君之消息。先生太息曰："惜彼以少年罹重患，归土佐，消息久疏。想已死矣。"余闻之大痛，又失同志者一人。及后二十九年之冬，得其确信，已病故于东京。其遗"著"载于《中央新闻》，披而读之，恍如八年前相晤之际。殆疑亡友之再苏，遂语同盟同志之友，亟为刊行。题为《二十世纪之怪物帝国主义》云。夫顽冥不灵之帝国主义，何足骂之。而极力攻击，不留余蕴，以发此伟大之评论者，岂有他哉！盖亦为保持彼平素所唱伟大之平和主义与光明之世界主义而已。

平和主义、世界主界③者，非彼一人之所专有也，实我同志者一贯之伟大主义也。彼冥顽不灵之鼠辈，横行于我日本。则我同志者诚为少数，屡屡为彼多数之鼠辈所迫害。然合世界之我同志者而计算，吾人未见为少数也。

本书者为传我平和主义、世界主义之福音。而与帝国主义如仇敌，倒戈以攻之者也。

幸德君为我同志者之主义，特著勇敢，以试挑战，同声感谢。其锐利之笔锋，吾人同志中，无论何人，非所企及，是同人所公认者。若夫现内阁总理大臣伊藤博文侯，有翻读本书之机会，余知侯必以往年退去幸德君之事，不能无动于心，是所可知者也。

---

① "大版"应为"大阪"，后同。
② 应为"民"。
③ 应为"义"。

## 《人民新闻》记者芳原华山评（节录）

幸德秋水君著《帝国主义》，君目帝国主义为二十世纪之怪物，其对帝国主义之意见可知。曩者余读泷本诚一君之《经济的帝国》论，深以为荣，双双反对。而其著书同时，其出版同时，不亦奇欤！二书并读，各描半面之真理，殆无余蕴。二君之学术识见，皆吾之所最敬者也。

## 《万朝报》记者河上年陵评

秋水子唱社会主义者，余亦唱社会主义者。秋水子唱平和主义者，余亦唱平和主义者。余之唱社会主义与平和主义以排帝国主义之热心，自信与秋水子同出一辙。今秋水子若①《帝国主义》一书，纵横攻击此主义，余安得而不大欢迎之。

余曩著《排帝国主义》一篇，公之《万朝报》之纸上。结篇一语，录之于左：

虽无加拉伊路，未见其失印度之全土，未见其失些其斯比亚，是何故欤？

未数日，秋水子之本书出。读其最后之一章，亦慨然曰：

英国自来之尊荣与幸福，而能钦有彼庞大之印度帝国者，岂有一加拉伊路在欤？若必特加拉伊路，非实欺我哉！

君与余之言，不期而合，有如符节，宁非奇欤？所谓暗合默契者，即是类也。

帝国主义者，实亘于十九世纪与现世纪，搅乱国际之平和、惹起人民之疾苦、蹂躏正义破弃人道之恶魔。而此恶魔之爱国心，加以国权论等之粉妆（粉妆，犹言妆饰外面以人炫也），人咸被其笼络，而不知终被其毒手也。我日本人以爱国心为无上之光荣，不知实为帝国主义之恶魔而欢迎之，是

---

① 应为"著"。

固无足怪也。

秋水子此著，发明帝国主义之真相，殆无遗憾。非细玩之，不知其中含蓄绝大之哲理的思想。吾人因秋水子之此书，而后知秋水子之为大理想家。

秋水子文章之巧妙，固不待言。惟以彼之健笔，写此等之奇想。则《帝国主义》一篇，实可为无韵之诗。即以被[①]之文学而论之，我国民读如此之著述，则思想亦为之一新也。

## 《土阳新闻》评

如群山万壑，齐赴荆门。如百川万流，咸朝东海。方今一代之风潮，倾注于帝国主义。世运滔滔，不知所底。举凡学者、政治家、军人相率而拜服于此主义之下，而世之唱道自由主义、讲究社会问题者，均未尝一语及之。但随世人，闻其美名，未有知其内容之如何者，比比皆然。友人幸德秋水君，夙忠于自由平等主义之士也。多年特具见地，欲解决此社会问题。注其心力，研钻讲究，造诣最深。成此著作，公之于世，欲以唤起世论。此书因述帝国主义之起因，盖原于爱国心与军国主义。故先论爱国心。其言曰：今之所谓爱国心者，对自国则表同情恻隐。其对他国，则惟憎恶与虚荣与竞争心。质而言之，则野兽的天性之好战心也。次及军国主义，则曰：军国主义者，好战的爱国心也，一种之狂热与迷信也。征之英、俄、德、美及日本军备军队之行动，与战争之罪恶。最后及帝国主义，说明其目的惟在建设大帝国与扩张领土，征之于实事，发明其必要与其非理，以为人道之鉴。其最后之断案，录之于左：

> 帝国主义以可卑之爱国心与可恶之军国主义为第一政策。此政策者，以少数而夺多数之福利者也。野蛮的感情，阻碍科学的进步者也。残灭人类之自由平等，戕贼社会之正义道德，破坏世

---
① 应为"彼"。

界之文明之蠹贼也。

惟其然也，果何术以救帝国主义之蔓延今日之时代，则画策曰：

惟开始世界的大革命之运动，变少数之国家与陆海军人之国家，为多数之国家与农工商人之国家；变贵族专制之社会资本家暴横之社会，为平民自治之社会劳动者共有之社会。洵能如此，始能改造现时之不正非义、非文明的、非科学的之社会，以期社会永远之进步，人类全般之福利也。

何其言之沈痛也，决不似世间豫言改革者之口吻。书中所说，往往特具奇矫。著者早已讲究此问题，以冷静之观察，指摘社会之时弊，为世之学者、政治家等所不敢言。其评论绝无忌讳，以明二十世纪之怪物之真相，以贡献于读书界之奇想，其功绩决不可没也。此余所以不惮烦言而愿为之绍介也。

## 《读卖新闻》评

今世界者，帝国主义之世界也。如美国之文明，亦感染而惑溺于帝国主义，时事可知。故帝国主义者，实军国主义、战争主义、扩张主义、并吞主义也。著者论断其为二十世纪平和、道德、自由、平等之大害。而帝国主义之尤可恐可忌者，亦如白斯多之流行。其所触者，不至灭亡而不止。于是承唱扩充世界主义，以扫荡刈除帝国主义焉。文章简劲，笔锋犀利，论旨尤为生动。其自著例言曰：其不以崖山舟中讲大学相嘲者几希。我和之而复为之者，实为斯道百年之计。著者之抱负，可以知矣。

## 《劳动世界》记者评

《帝国主义》者，真伟著哉！痛责今世之学者、政治家、军人之大喝棒也。著者为《万朝》记者幸德秋水氏，夙能文章，独具热血。惟此能文章具热血之士，故能议论纵横如此。读之令人鼓舞不置也。

著者极力痛论彼野兽心所涌出之三兄弟（言三主义如兄弟并立也），所谓爱国心、军国主义、帝国主义是也。气焰万丈，咄咄逼人。其结论之最精当者，则曰变海陆军人之国家，为农工商人之国家。变贵族专制之社会，为平民自由之社会。变资本家横暴之社会，为劳动者共有之社会。而后以博爱正义之心，压彼偏僻之爱国心也。以科学的社会主义，亡野蛮的军国主义也。布拉沙呼多之世界主义，扫荡刈除彼掠夺的帝国主义也。

## 《时事新报》记者评

《万朝报》记者幸德秋水氏所著《帝国主义》，以社会主义之见地，而评列国之现势。痛论帝国主义为因好战心而为政治家之利器，以损伤人民之平和幸福。其说之犀利，足备经世家之参考。加以文章流丽，气味浓厚，诚文学上之著作，有十分之价值者也。

## 《东京日日新闻》记者评

幸德君著《帝国主义》一书，极说帝国主义之危险。文章简劲，殆如诗家之言，令人涵咏不已。而其热诚，往往有呕心喷血之概，足见著者之苦心。

# 《日本人杂志》记者评

　　帝国主义者，侵略主义之异名，吞噬主义之别号也。外观堂堂，别具美相。而实则以劫掠他国之领有与强夺土地为本旨者。夫切取强盗，其类不一。但所异者，彼则对于个人，此则对于国家。而其劫掠不在个人而在国家，强夺不在财产而在土地之故，不过大小之异耳。彼等往往耀威武荷功名，其所以耀威武荷功名者，盖以炫惑俗士之眼，其归趣则日趋日下。且以如此之结果，必至于令他国以陷于零落与灭亡而后止。而于其间，必有逞其非义不正暴力压制之势以徇其私者。著者幸德氏离一国家一政府之利害，更广之于惟一世界之利害。更由惟一世界之利害，广之于惟一之大社会之利害。而论断帝国主义曰：帝国主义者，即建设大帝国之意味也。所谓建设大帝国者，非必要，实欲望也。非福利，实灾害也。非国民的膨胀，实少数人功名野心之膨胀也。非贸易，实投机也。非生产，实强夺也。非扶植文明，实灭坏文明也。是岂文明社会之目的耶，是岂经营国家之本旨耶？以眇小之册子，剖析帝国主义，尽其论难。且目现德意志皇帝为好战皇帝，尝临俄国之战争画家古耶列斯查典之战争画展览会曰：是等之绘画，皆令人速避战争最良至善之保证者。更凝视拿破仑一世莫斯科败归之图良久，临去乃曰：有是等之绘画，起征服世界之非望者，将绝迹也。凡逞其好战的野心者，无不与此相同。若他日我国人豁然而悟帝国主义之非，则真为增进国民之利益幸福。余辈今于此书，亦可信其绘画同功云。

# 《报知新闻》记者评

　　幸德秋水氏以慷慨悲壮之笔，亟排帝国主义之妄，绝无忌惮，洵可称文字之犀利者也。论爱国心、论军国主义、论帝国主义等，读之皆令人鼓舞。就此等议论，以非彼好战的野心，必大受道义家之赞赏不置云。

## 《日出国新闻》记者评

以二十世纪之怪物评论帝国主义，岂真仅其愤语！至其叙述，尤有不胜之感。以彼一人之创见，纵横自在，喝破世上之迷梦。寻常卖文之评论，讥其失于奇矫，余则以为适切时世云。

## 《朝日新闻》记者评

《帝国主义》者，盖以自由主义、社会主义之见地，而排斥帝国主义者也。其文章带一种诗之趣味，以痛骂偏僻之爱国心与野蛮之军国主义。现味细读，不觉卷终。著者自居于多路斯多伊利一流人物，甘受崖山舟中讲大学之嘲。其就军国主义见其黑暗之一面，而述其厌恶嫌忌之感情。就国家组织之根底而立论，其评论当世纪之所谓帝国主义利害是非，殆无遗憾，洵足以资当世之经纶。展卷读去，如闻慷慨家之不平谈，不胜悲愤之感。是吾人对此书所慨然而发喟也。呜呼，滔滔改容。没头于眼前之小问题，漂泊于世波之风潮而无所止。而独怀抱自由之主义、平等之理想，特出于彼等思想之上。遂发表其一种之思想，绝无忌惮。其勇猛精进，自信之笃，可想而知。此书为社会之所欢迎，有断然者。

## 《中央新闻》记者评

《帝国主义》者，分绪言、爱国心、军国主义、帝国主义、结论五章。以流丽之笔，写深远之想、奇拔之警句。一字一句，爱诵无已。

通览本书以假面之帝国主义，以爱国心为父，以军国主义为母，而生出二十世纪之怪物，独断痛斥之，几无遗憾矣。

# 《警世》记者评

以警拔之笔，炯烂之文，明快爽利，丰富腴厚。以论帝国主义，如庖丁鼓刀，而为惠文君解牛。其斥爱国心为好战心，而此好战心者，即动物的天性。其为释迦、基督之所必排，文明之理想目的所不能容，有断然者。而奈何其为现代之流行物也。

所谓帝国主义者，以此爱国心与军国主义为经纬而织成此政策也。故于其流行也，则斥之曰：非科学的智识，实迷信也。非文明的道义，实狂热也。非自由、正义、平等、博爱，实压制邪曲顽陋争斗也。于建设大帝国者，则直警之为切取强盗之非行。更于其后，以檄志士仁人，迫之为世界的大革命之运动与开始。即以正义博爱之心，压彼偏僻的爱国心。小科学的社会主义，亡彼野蛮的军国主义。以布拉沙呼多之世界主义，扫荡破坏彼掠夺的帝国主义。真龙跳虎卧、风起云卷之大文字，立身高处，其著眼亦高。本书之著述，毫无遗憾。吾人虽不才，亦与幸德氏有同感想者。今幸德氏为吾人而发明之，安得不欢迎而绍介之耶。

# 《中国民报》记者田冈岭云评

吾友幸德秋水顷著《帝国主义》一书，大排帝国主义。其言痛切，最中时弊者也。

吾亦恶藉尊王之名，行专制之实，如今之所谓爱国者也。吾亦恶竭尽一国之财产，以为军人之功名心之牺牲，如今之所谓军国主义者也。吾亦恶杀人窃国，侵掠以扩大其版图，如今之所谓帝国主义者也。吾亦恶自由之敌、平和之敌、人道之敌，亦犹秋水之所恶也。但告之所见，与秋水少异者。吾爱所谓帝国主义之流行，不如秋水之大也。

世界必至于统一，此可预期者也。于国土，于文学，于宗教，乃至语言习惯，亦必归于世界的统一，此亦可预期者也。所谓统一者，非谓强并弱之谓，乃与异色者混一而融化之谓也。浑一，即平等也。平等，即自由也，平和也。人道之大义也，文明之终极也。而世界大局之趋势者，乘交通之便，此即所谓世界的统一向之而进者也。帝国主义者，达此世界的统一之一阶段也。帝国主义之积极的，即膨胀而为国家主义也。国家主义者，亦一阶段也。然而帝国主义比国家主义为更上一层之阶段也。帝国主义者，在版图之扩张。而予所谓世界的主义，其扩张尤为最大而无限。故帝国主义者，不过扩张一国之版图也。扩之扩之，究真所极，即统一也。天者，狡狯者也。即利用一国之野心，以隶于帝国主义之名之下。不识不知，已至于所期之世界矣。是即天之不自劳其手段，而终达于世界统一的之终极也。吾亦知以武力以战争而互相夺之帝国主义之非美，然帝国主义者，实为自由、正义、平和、文明之至。耶多比亚之一险巇之径路，世界的统一之关税，自其终局而观之，则帝国主义者，殊不必忧者也。故帝国主义者，一时之现象也，进步之阶段也。吾远测其终局，则乐观之。而秋水，则悲期其现前之下也。秋水与余，其恶爱国者、恶军国主义、恶帝国主义，有何轻重？其欲自由、欲平和、爱正义、爱人道，有何径庭？欲之爱之大。故秋水深慨帝国主义之流行，同欲之，同爱之。而吾之爱此主义之流行，不如其大也。其归宿同。吾与秋水之志无不同。

此书为彼等徒知帝国主义，妄信以军备而扩张领土为立国之大计者。向彼愦愦者流，加顶门之一针。吾故以为切中时弊之一好著，不惮为世而推荐之也。

雄健热烈，秋水之文之妙，一至于此，吾无以赞之矣。

# 目录

### 第一章 绪言
帝国主义者，燎原之火也

何德何力

国家经营之目的

科学的智识与文明的福利

天使乎，恶魔乎

焦头烂额之急务

## 第二章　论爱国心

### 第一节

帝国主义者之喊声

爱国心为经，军国主义为纬

爱国心者，何物乎

### 第二节

爱国心与恻隐同情

望乡心

对他乡之增[①]恶

天下之可怜虫

虚夸虚荣

### 第三节

罗马之爱国心

罗马之贫民

何等之痴愚

希腊之奴隶

迷信的爱国心

爱憎之两念

好战之心者，动物的天性

适者生存之法则

自由竞争

动物的天性之挑拨

### 第四节

洋人、夷狄之憎恶

达野心之利器

明治圣代之爱国心

英国之爱国心

---

① 应为"憎"。

英法战争

所谓举国一致

罪恶之最高潮

战后之英国

白多路罗

虚伪哉

**第五节**

一转眼而观德意志

俾斯麦公

日耳曼统一

无用之战争

普鲁西之一物

中古时代之理想

普法战争

爱国的呼兰德

柔术家与力士

德意志现皇帝

近世社会主义

哲学的国民

**第六节**

日本之皇帝

故后藤伯

征清之役

兽力之卓越

混砂砾之罐诘

日本之军人

为我皇上

孝子的娼妇

军人与从军记者

眼中国民

爱国心发扬之结果

**第七节**

爱国心之物如此

人类之进步

所以进步之大道

文明之正义人道

第三章　论军国主义

**第一节**

军国主义之势力

军备扩张之因由

五月人形三月雏

莫鲁多将军

蛮人之社会学

小莫鲁多之辈出

**第二节**

马罕大佐

军备与征兵之功德

战争与疾病

权力衰微与纪纲废弛

革命思想之传播者

疾病之发生

征兵制与战争之数

战争减少之理由

**第三节**

战争与文艺

欧洲诸国之文艺学术

日本之文艺

武器之改良

军人之政治的之材能

亚列山德路与罕尼巴路及西沙

义经、正成、幸村

项羽与诸葛亮

呼列德尼志与拿破仑

华盛顿

美国之政治家

克兰德与林耶隆

山县、桦山、高岛

军人之智者贤者

## 第四节

军国主义之弊毒

古代文明

雅典与斯巴尔达

白罗捧列西昂战后之腐败

他西志的斯之大史笔

罗马

德列呼耶之大疑狱

利拉蹶然而起

堂堂军人不如市井之一文士

其志耶列路将军

俄国军队之暴虐

土耳其之政治

德意志一代道德之泉源

麟凤不栖于枳棘

德意志皇帝与不敬罪

## 第五节

决斗与战争

狡猾智之术

战争发达之第一步

爱田舍之壮丁

饿鬼道之苦

军备夸扬之不止

**第六节**

拥军人而不自宁

平和会议之决议

仅一转步

猛兽毒蛇之区

第四章　论帝国主义

**第一节**

野兽求肉饵

领土之扩张

建设大帝国者，切取强盗也

武力的帝国之兴亡

国旗之零落

**第二节**

国民之膨胀乎

少数之军人、政治家、资本家

德兰士瓦路之征讨

牺牲数万人鲜血之价十亿万圆

德意志之政策

德意志社会党之决议

美国之帝国主义

非律宾之并吞

独立之檄文，建国之宪法奈何

美国之危险

美国隆盛之原因

德莫克拉多党之决议

**第三节**

移民之必要

人口增加与贫民

贫民增加之原因

英国移民之统计

移民与领土

大谬见

**第四节**

新市场之必要

黑暗时代之经济

生产之过剩

今日之经济问题

确立社会主义的制度

破产与堕落

游牧的经济

英国之贸易

华主之杀戮

日本之经济

其愚不可及

**第五节**

英国殖民地之结合

不利与危险

小英国当时之武力

英国繁荣之原由

英帝国之存在

他日之问题

其布林克与因列

帝国主义者，猎夫之生计也

**第六节**

　　帝国主义之现在与将来

　　国民之尊荣幸福

　　德意志国大德意志人民小

　　一时之泡沫

　　日本之帝国主义

　　其结果

**第五章　结论**

　　新天地之经营

　　二十世纪之危险

　　比拉多之流行

　　爱国的病菌

　　大清洁法

　　大革命

　　黑暗之地狱

# 第一章　绪言

### 帝国主义者，燎原之火也

　　盛矣哉，所谓帝国主义之流行也。势如燎原，不可向迩。世界万邦，皆慑伏于其膝下，赞美之，崇拜之，而奉持之。

　　不见夫英国举朝野之信徒，德意志好战之皇帝，尽其势力而鼓吹之乎。俄国者，非自称其自昔传来之政策乎。若法也，澳也，意也，孰不热心于此乎。彼隔瀛海之美国，近亦弃其们罗主义而转其方针。至于我日本，自日清战役大捷以来，上下之狂热，如火如荼，如脱轭之悍马。

### 何德何力

　　昔者夸平时忠者有言曰："平氏者，殆人而非人。"（犹言似人类而非人类也）今之奉持帝国主义者，殆将作政事家而非政事家、国家而非国家观之。

彼其果有何德何力何贵重，而致其能流行如此也。

### 经营国家之目的①

夫经营国家之目的，在社会永远之进步，在人类全般之福利。彼之专图现在顷刻之繁荣，小数阶级之权势者，其于国家主义何如也。今日之国家之政事家，奉持帝国主义者，果资吾人之进步者何在乎，与无吾人之福利者何在乎。

### 科学的智识与文明的福利

吾人之所深信而不疑者，欲求社会之进步。其基础必待夫"真正科学的智识"而后可。欲求人类之福利，其源泉必归"真正文明的道德"而后可。而其理想必在"自由"无②"正义"而后可，而其极致必在"博爱"与"平等"而后可。夫古今东西，顺之者荣，如松柏之后凋。逆之者亡，如蒲柳之先槁。彼帝国主义之政策，果有此基础源泉乎，果有此理想极致乎。如其然也，则此主义者，实社会人类之天国福音也。虽为之执鞭，所欣慕焉。

不幸而非如吾所言，则帝国主义之所以勃兴流行者，非科学的智识，实迷信也。非文明的道义，实狂热也。非自由、正义、博爱、平等，实压制邪曲顽陋争斗也。而是等之劣情恶德，不至于支配世界万邦而不止。而"精神的""物质的"皆受其传染。其毒害之所横流，非深可寒心者欤。

### 天使乎，恶魔乎

呜呼，帝国主义，汝今日流行之势力，于我二十世纪之天地，将现寂光之净土乎，亦堕无间之地狱乎。进步乎，腐败乎，福利乎，灾祸乎，天使乎，恶魔乎，其真相实质果如何。

### 焦头烂额之急务

如孰为细心而研究之。然而现在经营我二十世纪之人士，则以为此真焦头烂额之急务也。身列后进，不揣不才。呶呶不已，谁其听之。

---

① 目录为"国家经营之目的"。
② 应为"与"。

# 第二章　论爱国心

## 第一节

### 帝国主义之喊声[①]

膨胀我国民，扩张我版图，建设大帝国，发扬我国威，光荣我国旗，是所谓帝国主义之喊声也（喊声犹言以夸大之词自炫之意）。彼等之爱自家之国家之心亦深矣。

英国之伐南阿，美国之占非律宾，德国之取胶州，俄国之夺满洲，法国之征呼亚锁达，意国之战马卑亚尼亚，是近将帝国主义所行较著之现象也。帝国主义之所向者惟军备，为军备之后援者，则外交伴之。

### 爱国心为经，军国主义为纬

其见于发展之迹者，非以"所谓爱国心"为之经，以"所谓军国主义"为之纬，以织成之政策乎。名为爱国心，实则纯为军国主义者。非现时列国之帝国主义通有之条件乎。吾故曰：欲断帝国主义之是非利害，不可不先向其所谓爱国心，所谓军国主义，加一番之检窍[②]也。

### 爱国心者，何物乎

然则今之所谓爱国心，若亦知爱国主义为何物。所谓巴多尼阿斯母为何物。吾人何故而择一地而认为我之国家。若国土者，果可爱耶，不可爱耶。

## 第二节

### 爱国心与恻隐同情

夫孺子堕井，匍匐往救。不问其远与近也，不问其亲与疏也。子舆氏之言，不欺我矣。若真爱国心者，则救此孺子于井底之洗木哈西也。恻隐之念与慈善之心，油然而并茂。美哉，爱国心，纯乎不杂一私者也。

惟其然也，果有真正高洁恻隐之心与慈善之心者，决不以一己之远近亲疏而异之。亦犹人之救孺子，决不以己子人子而异之也。故世界万邦之

---

[①] 目录为"帝国主义者之喊声"。
[②] 疑为"核"。

仁人义士，必为支兰士瓦路而祈复活之胜利，必为非律宾而祈其独立之成功。其视英人若敌国然者，其视美人若敌国然者。所谓爱国心者，果能如此否乎。

今之名为爱国心，实则纯为军国主义者。英人则必不为支兰士瓦路而祈胜利以损其爱国心，美人则必不为非律宾而祈独立以损其爱国心。故谓彼等无爱国心则不可，然彼等究与高洁之恻隐慈善之心者，不能表其同情。则其所谓爱国心，何其无救孺子之热念，竟不一致也。

然则前之所谓爱国心者，醇乎与恻隐之心、慈善之心之相背也。彼之爱国心之所爱者，自家之国土限之也，自家之国人限之也。爱他国不若爱其自国，爱他人不若爱其自身也。爱浮华之名誉也，爱垄断之利益也。其果公乎，其果私乎。

**望乡心**

爱国心者，又与爱故乡之心相似也。爱故乡之心虽可贵，然其原因，实有卑不足道者。

垂髫之时，骑竹马，舞泥龙，果解故乡某山某水之可爱乎。既而远适异国，只影无俦。于是怀土望乡之念，渐次而生，则以外感之激刺也。夫东西篷飘，南船北马。热心壮志，几许蹉跎。世态炎凉，人情冷暖。无不躬焉历之。回忆惨绿少年，斗鸡走马。昔日之愉快，时复现象于其脑质中。故邱首之慕之愈切也。行旅艰难，风恶土异。停杯投箸，不能下咽。万人海里，无半面交。父母妻子之爱念，不禁其发达无极矣。故彼等之爱故乡，实由其嫌恶他乡而起。其对故乡非真有同情之恻隐与慈善，不过因对他乡有憎恶也。故惟失意逆境之人，此情最甚。彼等之憎恶他乡愈甚，故其爱恋故乡之念亦独切。

虽然，爱恋故乡之念，亦不独失意逆境人也，得意顺境之人亦有之。然细察其所以然，得意人之思慕故乡，其心事更卑不足道。彼等不过欲炫其得意之事，于其乡党之父老故旧耳。其对乡里果有同情之恻隐与慈爱乎，不过为其一身之私意而已。虚荣也，虚夸也，竞争心也，是私意之所专注也。古人之言曰："富贵不归故乡，如衣锦夜行。"是语也，揭其秘密之隐衷，破其污秽之鄙念，已烛照而洞然矣。

### 对他乡而生憎恶[①]

今之爱恋故乡者曰：学校必立于吾之里，铁道必出于吾之郡。是犹可也。其甚者且曰：总务之委员，必出于吾县。总务之大臣，必出于吾州。彼等一身之利益，必不出于虚荣之外。其对乡里，果有同情之恻隐与慈爱乎。故有识之士，洞幽彻微，所不能不仰天而太息者也。

### 天下之可怜虫

惟其然也，故彼之爱国心，其原因动机，皆与其爱恋故乡之心而一辙。则彼虞芮之争，真爱国者之好标本哉。彼蛮触之战，真爱国者之好譬喻哉。呜呼，噫嘻，真天下之可怜虫哉！

### 虚夸虚荣

吾于是乎思，昔者岩谷某扬言于国，益之亲玉，勿笑之矣。彼于东宫大婚之纪念美术馆，约千圆之附寄。卒履其约，勿笑之矣。天下之所谓爱国者及爱国心者，于岩谷某，亦五十步百步之差耳。吾请质言之，爱国心之广告者，唯一身之利益也，虚夸也，虚荣也，若是而已矣。

## 第三节

### 罗马之爱国心

"何须分党派，惟知有国家。"

"Then none was for a paty[②].

Then all were for the State."

此古之罗马诗人之所夸扬赞美者也。何以知之？彼盖利用党派之智，非真知有所谓国家。彼之所谓国家者，为敌国敌人耳，为迷信而憎恶敌国敌人耳。

### 罗马之贫民

吾非无所见而云然也。当时罗马之多数贫困农夫，共少数之富人。或从其富人，赴其所谓国家之战事。吾又见其临战之时，勇猛奋进，冒矢石，躬

---

[①] 目录为"对他乡之增恶"。

[②] 应为"party"。

兵革，而不顾身。其忠义节烈，感天地而泣鬼神。吾又见其彼等幸而战捷，全身归国时。其因从军而负之债务，积不能偿，遂自身陷于奴隶之域。吾且见其当战役之间，富者之田亩，常属其臣属奴仆任其耕耘灌溉。而贫者之田，全委于荒废靡芜。而债务由是而生，而自买为奴隶。呜呼，果谁之罪欤？

彼罗马国之所谓敌国敌人而憎恶之者，彼敌国敌人纵为彼等之祸害，未必出于其同胞富者之上也。彼等为其憎恶敌国敌人之故，夺其自由，夺其财产，而陷于奴隶，果孰使彼等而至于此乎？实由于其同胞之所谓爱国心而使之然者，此非彼等思想之所及也。

富者因战而益富，因臣属奴仆之日益加多之故也。而贫者亦因之而益贫，诘其何以故？唯曰：为国家之战事耳。彼等为国家之战事，而沈沦于奴隶之境，而犹追想讨伐敌人过去之虚荣。

### 何等之痴愚

以夸扬其勋业，以铭纪其功名。呜呼，是何等之痴愚也。古罗马之爱国心，其实如此。

### 希腊之奴隶

于古希腊，吾又见有所谓耶罗德之奴隶者。既事于兵，又事于奴隶。而犹虑彼等身体强健之过度，彼等人口增殖之过度，为其主者任意摧折而杀戮之。而彼等为其主而出战，勇敢实无比，忠义实无比，而曾不知一倒戈而恢复其天赋自主之权。悲夫悲夫！

### 迷信的爱国心

彼等之所以然者何也，其于外国外人，即彼等之所谓敌国敌人，以为憎恶而讨伐之。误信为彼等之义务也，误信为无上之名誉也，误信为无上之光荣也。而不知其为虚夸也，而不悟其为虚荣也。呜呼，此等之迷信。固彼等所谓爱国心虚夸的虚荣的之迷信，而实不过饮腐败之神水之天理教徒也，而其毒害更有过之者。

### 爱憎之两念

然而彼等憎恶敌人之甚，亦不足怪也。盖人生当未开化之时，其智识去禽兽不远。无所谓之同仁，无所谓之博爱。自原始以来，爱憎之两念如斜绳之相缠，如环锁之相连也。不见夫禽兽之在原野者乎？爪搏牙噬，同类相残。而一旦与夙未相见者遇，忽而畏惧震恐。由畏惧震恐，即生猜忌憎恶。由猜忌憎恶，于是而咆哮，而争斗，而结其相残之同类，而抗争其公共之敌。彼等当其抗争公共之敌之时，其同类互相亲睦之状，怡然可掬，油然相亲。若彼等之禽兽，而谓其爱国心，是耶非耶？古代人类蛮野之生活，非若是哉！

蛮野人类之生活，同类相结。以其自然之战，以战其异种族。彼等之所谓爱国心也，然其灼然可见者。彼等之团体，忽结亲睦之同情者，由其所遇之敌而生也。唯其对敌人有憎恶之反动，因其同病而始有相怜之心。

### 好战之心者，动物的天性

惟其如此，则所谓爱国心者，即讨伐外国外人之荣誉之好战心也。其好战心者，即动物的天性也。而此动物的天性，即好战的爱国心也。是非释迦、基督之所排，而文明理想之目的所不能容者欤。

哀哉，世界人民尚能于此动物的天性之竞争场里，送过十九世纪也。近更依然无涯无埃，以处二十世纪之新天地也。

### 适者生存之法则

社会之公理，从适者生存之法则，进化日渐发达。其统一之境域，交通之范围，亦随之而扩大焉。于是公共之敌，异种族异部落者，亦渐减少。彼等憎恶之目的亦失。憎恶之目的即失，其所以结合亲睦之目的亦失。于是乎彼等之爱一国一社会一部落之心，变而为爱一身一家——党①之心。其于种族间部落间野蛮之好战的天性，亦变而为个人间之争阋，朋党间之轧轹，阶级间之战斗。呜呼，当此纯洁理想高尚道德盛行之间，动物的天性，尚不能除却。而是时之世界人民，既无所敌，无所憎恶，无所战争，而惟竞争于无形。而名之曰爱国心，而称之为美誉之行。不其惑欤。

### 自由竞争

呜呼，欧美十九世纪之文明，果文明乎？一则自由竞争之激烈，人类不胜其惨酷之祸。一则高尚正义之理想，信仰亦全堕地。我文明之前途，

---

① "——党"应为"一党"。

洵可寒心。而姑息之政治家，好功名之冒险家，趁奇利之资本家，有鉴于此，于是大声疾呼曰：四境之外，大敌日迫。凡我国民，非亟止其个人之争斗，而进而为国家之结合不可。彼等遂移其个人间憎恶之心，转而向于外敌，以自遂其私图。苟有不应之者，即责之曰：非爱国者也，是国贼也。

### 动物的天性之挑拨

吾人而知所谓帝国主义之流行，实以若是之手段为之滥觞也。所谓国民之爱国心者，质而言之，即动物的天性之所挑拨而出者也。

## 第四节

### 洋人、夷狄之憎恶

爱自家可，憎他人不可。爱同乡人可，憎异乡人不可。爱神国爱中华可，憎洋人憎夷狄不可。为其所爱者而讨其所憎者，是可谓之为爱国心乎。

### 达野心之利器

然则爱国主义者，其最可怜者，非彼等迷信之咎乎？非迷信也，实好战之心也。非好战之心也，实为虚夸虚荣之广告也之卖品也。而此主义者，实专制政治家欲达其自家名誉之野心，而供其手段之利器也。

### 明治圣代之爱国心

希腊罗马之旧迹，姑勿言之。而近代爱国主义之流行之利用，较之上古、中古而更甚也。

昧昧我思之，昔森田思轩氏尝著一文——《黄海之所谓灵应者非灵说》。天下汹汹，皆以国贼责彼。久米邦武氏著《神道者祭天之古俗也论》，而免其教授之职。西园奇侯欲行其所谓"世界主义的教育"，其文相之地位几殆。内村鉴三氏拒礼拜之敕语，亦免其教授之职。彼等皆以大不敬詈之，以非爱国者罪之，是明治圣代日本国民爱国心之所发现也。

国民之爱国心者，一旦忤其所好，可以钳人之口也，可以掣人之肘也，可以束缚人之思想也，可以干涉人之信仰也。历史之论评，得禁之也。圣书之讲究，得妨之也。科学的基础，得破碎之也。译文明之道义，则耻辱之。而是等之爱国心，可以邀荣誉博功名也。

### 英国之爱国心①

不独日本之爱国心为然也。英国者，近代极称自由之国也，极称博爱之国也，极称平和之国也。以如此之英国，而当其爱国心激越之时，而唱自由者，请愿改革者，主张普通撰举者，非皆问以叛逆之罪乎，非皆责以国贼之名乎。

### 英法战争

英国人之爱国心，其大发扬最近之事例，莫如彼等与法国战争之时。此战争当一千七百七十三年大革命之际。自后虽经多少之断续，延至一千八百十五年拿破仑之覆没，其大段落始成。彼等昔日之思想，与今日之思想，其相拒岂远乎？彼等之所谓爱国心者，与今日之爱国主义，其流行之事情与方法，所无甚异也。

法国之战争，当时英国之人民，惟此一事耳，惟此一语耳。其原因如何勿问也。其结果如何勿议也。其利害如何勿计也。其是非如何勿论也。苟有言者，必以非爱国者责之。改革之精神，抗争之热念，批评之宏议，一旦休止，归于无何有之乡矣。而国内之党争，亦遂消灭。如彼哥鲁利志其人者，当战争之初年，亦颇非议之。既而国民结合一致，亦遂转其方针。又若呼阿志士一辈，以平和支持自由之大义，已久不渝。既知议会之大势不可挽回，亦不能守其宗旨。虽或有之，而不能抵制议场中党派的之讨论。

### 所谓举国一致

呜呼，当时之英国，实举国一致。我日本政治家策士口头称道而不置者也。"举国一致"者，即罗马诗人所谓惟知有国家耳。盛矣哉！

然吾思之，是时举英国之民，其胸中果知何者为理想乎，何者为道义乎，何者为同情乎，何者为国家乎？

当此之时，彼英国之民，举国若狂。叩其宗旨所在，惟对法国之憎恶耳，惟对革命之憎恶耳，惟对拿破仑之憎恶耳。果有具一毫之革命的精神，与法人之理想有关联之思想者欤。则彼等不但嫌忌之，且必竟相侮辱之。不但侮辱之，且必群起注全力而攻击之，而非难之。

---

① 底本此处无标题，据底本目录加。

### 罪恶之最高潮

于是乎知对外国之爱国主义之最高潮者，即其对内治罪恶之最高潮也。而彼等所谓爱国之狂热者，但于战争间以大发越其爱国心。至于战后之何状非所计及也。

### 战后之英国

试观战后之英国，其对法国憎恶之狂热，已觉稍冷。军费之支出者，亦遂停止。大陆诸国之在战役中者，其工业界之扰乱，仰于英国之需用亦绝焉。英国之工业及农业，亦随之而现一大衰颓之景象。而下等人民之穷乏饥饿者，遍于国中。至于此时，彼之富豪资本家，果有一丝之爱国心犹存乎，果有一丝慈悲同情之念犹存乎，果有举国一致的结合亲睦之心犹存乎？彼等坐视其同胞之穷乏困饿，展转于沟壑者，漠然淡然，非如昔日憎恶仇敌之一辙乎？彼等憎恶下等之贫民，与其憎恶法国革命及拿破仑之念，果有轻重乎？

### 白多路罗

至若白多路罗之事，尤堪切齿。彼等既覆拿破仑军于乌阿德路罗之后，集合要求改革议院之多数劳动者于白多罗呼伊路德，悉蹂躏而虐杀之。时人称乌阿德路罗之战，冷语刺之呼为白多路罗者是也。既破敌军于乌阿德路罗，爱国者又一转念，复纵白多路罗而虐杀其同胞。彼之所谓爱国心者，真有爱其同胞之心否耶？所谓一致之爱国心结合之爱国心者，战尘方息，而于国家国民之利益，有过而问之者否乎？吾但见其国民碎首敌人之锋镝，空洒同胞之血以尝试之耳。

### 虚伪哉

当哥鲁利志战争之始，大唱国民一致之主义，举国骚然。至于此际所谓一致者果何在乎？以憎恶之心，而生憎恶之心。以憎恶敌国人之心，转而为憎恶其国人之心。动物的天性，果如是也。故乌阿德路罗之心者，直白多路罗之心也。虚伪哉，爱国心之结合，果如是哉！

# 第五节

### 一转眼而观德意志

英吉利之事，姑勿论之。谁更具慧眼，一察德意志之情状乎？彼俾斯麦公者，实爱国心之权化也。德意志帝国者，实爱国神垂迹之灵场也。爱国宗之灵验，其如何赫然灼然，世有欲睹其威灵者乎？试一诣此灵场也可。

我日本之贵族军人之初学者，凡世界万国之爱国主义、帝国主义，无不随喜渴仰而不能措，而尤注意于德意志之爱国心。彼德意志之爱国心者，古代之希腊与罗马，及近代之英国，皆无其比。果不迷信者谁乎，果不惑其虚夸虚荣者谁乎？

### 俾斯麦公

故俾斯麦公者，实历代之人豪也。彼当未起之先，早已灼见北部日耳曼诸邦，纷纷分立。同一言语之国民，必非结合之而不可。故以帝国主义之眼光先注射之，以点试其运动。而竟能联合诸邦，以成一致。俾斯麦公之大业，诚光辉千载哉！然而不可知者，彼等奉帝国主义以结合统一诸邦之目的。必非欲保诸邦实际之利益以冀其平和，惟生于武备之必要，有断然者。

在彼之早已咀嚼自由平等之义理，希望法国革命之壮观之人士，亦幸其暂止蛮触之争，而享协同平和之福利。且备外敌之侵寇，以企望日耳曼之结合统一，亦明甚矣。是可希望也，孰不可希望也。试观实际之历史，决无副此种之企望者也，奈何！

### 日耳曼统一

若日耳曼统一者，果为北部日耳曼诸邦之利益。则彼等何不以多数之德意志语而结合澳大利乎？彼之所以不为此者，俾士麦克公一辈之理想，决不在一般德意志人之呼拉沙乌德也，决不在诸邦共同平和之福利。惟在普鲁士与彼自身之权势与荣光也。

夫彼之彻始彻终，以好战之心，而旋其满足之手段，以求结合提携者，是人之常性也。甲吾所亲昵，乙吾所仇敌也，爱彼者必增①此故也。

---

① 应为"憎"。

彼为外国之故，终日扰扰，而无安宁。盖欲夸扬其霸权也。俊才如俾斯麦公者，是等之情态，讵不知之。

### 无用之战争

故其利用此国民之动物的天性以试其手腕，质而言之，无非煽扬彼之国民之爱国心，而为敌国挑战，藉以压伏无已反对之义理评论。其希望则在创建其爱国宗，而因之以挑发无用之战争而已矣。

故彼日耳曼之统一者，实由其兽力（犹言如禽兽惟力是尚）之亚波士德路铁血政策之祖师，其深谋远计之第一著手。恣与最弱之邻邦苦战而大捷之，于是国民中迷信虚荣而喜兽力之徒，竞附于彼之党羽。是为新德意志帝国之结合，是为新德意志帝国主义之发程。

其第二策，彼与其余之邻邦而挑战，则此邻邦必较前之邻邦而强者。然彼必乘敌备之不完也。而所谓爱国心，所谓结合之精神，油然而生。而新战场之兴隆日盛，而其运动一以俾斯麦公自身之国及同国①国王之膨胀为之主，而独巧于利用、妙于指挥也。

### 普鲁士之结合②

彼决非纯乎正义之意味，以企北日耳曼之统一者。彼亦非欲普鲁士于结合之后，镕化而湮殁者。彼之所在，惟在普鲁西王国为统一之盟主，普鲁西王为统一德意志皇帝之荣光。故识者断之曰：普鲁士之统一者，国民的运动也。彼等国民，以虚夸与迷信之结果之爱国心，而全为一人之野心于功名者而利用之，不其然欤！

### 中古时代之理想

俾斯麦之理想，实不免中古时代未开人之理想。而彼之陈腐野蛮之计画，竟能成功者，则以社会之多数之道德的心理的，尚未脱出中古时代之境遇也。故多数国民之道德，犹中古之道德也。彼等之心性，尚未开之心性也。唯彼等自欺而欺人，不过仅借近世科学之外相，以自掩蔽云。

故彼起无用之师者，已二次矣，幸能成功。而其第三次之起师，孜孜养

---

① "同国"疑应为"同盟"。

② 目录为"普鲁西之一物"。本文"普鲁士"与"普鲁西"两种译名混用，保留原貌不作统一，特此说明。

锐，耽耽以待其机。其机既至，则彼再乘他强国之不备而猛击之。呜呼，普法之大战争，尤为危道之尤危者，凶器之尤凶者，而彼俾斯麦竟幸而成大功。

### 普法战争

普法战争之捷后，北日耳曼诸邦，皆拜跪于普鲁西之足下。其余诸邦，遂奉祝普鲁西国王而为德意志之皇帝。此其结果，孰非为普鲁西之国王乎？故彼俾斯麦之眼中，岂知有同盟国民之福利哉？

故自吾而断之，德意志之结合，非由正意之好意同情也。德意志之国民，积尸逾山，流血成海。如鸷鸟，如猛兽，以成其统一之业者，果何由也？由其煽扬彼国民对敌国之憎恶心，由其醉于战胜之虚荣。世之大人君子，能无痛心疾首乎？

而彼等国民之多数，辄举此以自夸，以为我德意志国民享上天之宠灵。世界各国，孰有能企及之者。世界各国民之多数，亦从而惊叹曰：伟矣哉，为国者宜如是而后可也。日本之大勋位侯爵亦随喜曰：我亦东洋之俾斯麦公也。于是变其自来英国之立宪政治之有世界之光荣者，忽焉而移为普鲁士军队之剑把，悲夫！

### 爱国的呼兰德

国民之醉于国威国光之虚荣，亦犹夫己氏之醉于俾斯麦也。彼既醉心于此，耳为之热，目为之眯。意气勃勃，直往无前。积尸逾山，不见其惨也。流血成海，不知其秽也。而徒昂昂然自鸣其得意也。

### 柔术家与方士①

国民之欲以优武力长战斗而弋声名者，亦如柔术家之得免许皆传，亦如力士之张横网。然而柔术家无②力士，唯欲殪其敌手耳。技止此也，若非吾之敌手者，果有何利益乎，果有何名誉乎？德意志国民之所以自夸者，惟败敌国耳。若非敌国，果有何利益乎，果有何名誉乎？

柔术家无③力士之醉于呼兰德，不过欲夸其技能力量耳。至于彼等之才智、学识、德行，谁复尊而敬之乎？国民之醉战争之虚荣者，不过欲夸其

---

① 目录为"柔术家与力士"。

② 应为"与"。

③ 应为"与"。

名誉与功绩耳。至于彼等之政治、经济、教育，凡文明的之福利，谁能研而究之乎？不尊崇德意志之哲学，不尊崇德意志之文学，而独尊崇德意志之所谓爱国心，吾不能从而赞美之也。

### 德意志现皇帝

彼俾斯麦辅佐之皇帝，与彼俾斯麦之一身，皆将为过去之人矣。然彼之铁血主义，犹印于其皇帝之脑质中。爱国的呼兰德，犹醉于其皇帝之脑筋内。而彼皇帝之好战争，好虚名，好压制，爱乎不让于拿破仑一世，更爱乎不让于拿破仑三世。而彼庞然之大国民者，犹诩诩然夸其以血购之结合统一之美名，而甘为此少年压制家所驱使也。而所谓爱国心者，依然犹甚炽也。然而是岂永远之现象哉！

### 近世社会主义

爱国心之弊毒，既已达其极点。则马克曰①士之暴虐，亦达其极点之时。则反动之力，突然而起。吾恐其强敌，将有卷土而来之势矣。然吾之所谓强敌者，非迷信的，实义理的也；非中古的，实近世的也；非狂热的，实组织的也。而其目的，则在尽破坏其爱国宗及爱国的所为之事业而后已，是即近世名为社会主义云。

古代之野蛮的与狂颠的之爱国主义，将为近代高远之文明之道义与理想所压伏。今日而后，犹欲如俾斯麦之时，不可再得矣。道义理想之制胜，即在现世纪之中叶，可决而待也。故德意志之社会主义，隆然而勃兴。将与爱国主义，而为激烈之抵抗。则彼惑于战胜之虚荣与憎恶敌国之爱国心，不能一毫煽扬其国民。而与之同情博爱，断可知也。

### 哲学的国民

呜呼！以极哲学的之国民，具各政治的理想，而演极非哲学的之事态，此俾斯麦公之大罪也。若微俾斯麦公，岂独德意志，凡宗德意志之欧洲列国，其文学、美术、哲学、道德，其进步何如，其高尚何如？何至而为猖猖相噬豺狼之态，尚存于二十世纪之今日也。

---

① 应为"白"。

## 第六节

### 日本之皇帝

日本之皇帝,与德意志之年少皇帝,本大异者也。不好争战而重和平,不好压制而重自由,不为一国而喜野蛮之虚荣,而为世界而希文明之福利。决不知今之所谓爱国主义者,即野蛮之帝国主义也。何以我日本之国民,知所谓爱国者,寥寥如晨星也。

吾鉴夫古今东西之爱国主义,唯以憎恶敌人为目的,而讨伐之。是即爱国心之所发扬也,吾所不敢赞美者也。则日本人民之爱国心,亦不能不排斥之也。

### 故后藤伯

故后藤伯（后藤象次郎）者。曾一试煽扬日本国民之爱国心,以"国家当存亡危急之秋"大声而疾呼之。天下爱国之士,翕然而趋,如风偃草。而后藤伯突然而忽曳裾廊庙,当时所谓大同团结者,倏然如春梦之无痕也。当时日本人之所谓爱国心,其实为"爱伯心"。是耶？非耶？

否则非爱后藤伯也,憎藩阅①政府也。彼等之爱国心,直憎恶之心也。同舟遇风,虽吴越如兄弟。此兄弟者,岂值一赞叹者乎？

### 征清之役

日本人之爱国心者,至征清之役,其发越坌涌,振古所未曾有。彼等之憎恶清人,侮蔑嫉视之状,非言语所能形容。自白发之翁媪,至三尺之婴孩,咸有歼杀清国四亿生灵而后甘心之慨。静言思之,宁非类狂。如饿虎然,如野兽然,宁不悲哉！

### 兽力之卓越

彼等果希日本之国家及国民全体之利益幸福,真个抱同情相怜之念而然乎？否则惟多杀敌人之为快,多夺敌财之为快,多割敌地之为快。以我国兽力之卓越,夸于世界乎？

我皇上出师之初,洵古人所谓"荆舒是膺,戎狄是惩"也。真为世界之平和也,为人道也,为正义也。而岂知与彼等煽起爱国心之本质,殊相

---

① 应"藩阀"。

反对也。憎恶而已矣，蔑侮而已矣，虚夸而已矣。至于征清之功果如何？与全般国民有形无形之利，未尝一毫计及也。

### 酙酌混沙砾而贩罐诘①

故于是役之结果，一面收恤兵部之重资于富豪（或五百金或千金），一面则兵士混沙砾而贩罐诘。一面促军人之死期，一面索商人之贿赂。以是而名为爱国心，诚足怪也。野兽的杀伐之天性，其狂热至极之时，必有贯盈之罪恶，亦必至之势也。是岂皇上出师之初心哉！

### 日本之军人

日本之军人，富于尊王忠义之性，诚可掬也。然彼等尊王忠义之性，于文明之进步，福利之增加，究有几何之贡献？是亦一问题也。

### 为我皇上

义和团之乱，自大沽至天津，道路险恶，军行甚艰。一兵卒泣曰："为我皇上而经此万苦，宁不如死。"闻者堕泪，我亦为之堕泪。

> 译者详至前节我皇上等语，窃怪日本人之奴隶性质，何其重也。既而译至此节，乃恍然曰："著者之意深哉！"

呜呼！彼兵士之言，诚可泣哉！为我皇上之言，为正义乎，为人道乎，为同胞国民乎？言者不足深责。彼生平其于家庭、学校、兵营，彼一身惟奉皇上之教训命令，不知其他。斯巴路德之奴隶，不知自由，不知权利，不知幸福。为其主驱使鞭挞，而赴战死。战而不死，即为其主所杀戮。自夸以为为国家也。吾读史而常为彼等泣，今本此心，亦为我兵士泣。

然则今日非斯巴路德之时代也。我皇上既重自由平和人道，岂其臣子犹希夫耶罗德乎？吾不信之。我兵士为皇上之言，宁不进而为为人道、为正义之言，以冀皇上之嘉纳。是真合于尊王忠义之目的者也。

### 孝子的娼妓②

为救其父母兄弟之困厄，或为盗贼，或为娼妓者。身危名污，延累其父母兄弟之家门。于中古以前，是所赞美也。然而以文明之道德律之，惟

---

① 目录为"混沙砾之罐诘"。
② 目录为"孝子的娼妇"。

悲其心事而悯其愚，决不恕其非行也。忠义之心善，为皇上亦善。而于正义人道，非彼所知也。是野蛮的爱国心也，迷信的忠义也，何异于彼孝子的盗贼娼妓也（孝子的盗贼娼妓，言因欲为孝行而陷于盗贼娼妓者）。

吾哀甚夫我军人忠义之情、爱国之心，未合于文明高尚之理想也，犹未脱中古以前之思想也。

### 军人与从军记者

彼等军人，其忠义之情、爱国之心虽炽。而于同胞人类，则决无同情之感。即以待遇新闻记者之一事而可见之。北清之役，彼等遇从军之记者，极其冷酷。记者之食不加省，记者之宿不加省，记者之病不加省，其生命危险亦不省。曰：是非我之所关也。而嘲骂之，叱斥之，如奴仆然，如敌人然。

军人者，为国家之战而设者也。彼从军之记者，非亦我国家之一人乎，非同胞之一人乎？而爱护之念如此其薄也。彼之所谓国家者，唯皇上耳，唯军人之自身耳。其他非所知也。

### 日本之国民①

我四千万众之国民，引领而望我军之安危何如，翘足而待我军之胜败何如。从军之记者，冒矢石出入死生之途者，岂但在其新纸部数之加倍销售哉！彼等实欲慰我四千万众之渴想，偿其满足之愿也。而军人以之为无用。其对四千万国民，无一点之同情，亦可知矣。

封建时代之武士，国家以为武士之国家，政治以为武士之政治。农工商人民，绝不与其权利及其义务焉。今之军人者，亦以国家为皇上及军人之国家也。彼等虽曰爱国家，其目中绝无军人以外之国民。故知爱国心之发扬者，其对敌人既加憎恶，其对同胞亦决非稍加爱情者也。

### 爱国心发扬之结果

绞国民之膏血，以扩张军备。散生产的资本，以消糜于不生产的。激成物价之腾昂，而来输入之超果。曰为国家也。爱国心发扬之结果，真无赖之母哉！

---

① 目录为"眼中国民"。

绝无数敌人之生命，破无数敌人之财利。而政府之岁计，亦因之而二倍三倍焉。曰为国家也。爱国心发扬之结果，真无赖之母哉！

## 第七节

### 爱国心果为何物[①]

吾以上所述，所谓巴多尼阿士母即爱国主义者。而爱国心果为何物，则亦略加解释之。质而言之曰：彼野兽的天性也，迷信也，狂热也，虚夸也，好战之心也。如此而已矣。

### 人类之进步

然而所以然者，是亦人间自然之性情所不得已者也。而欲防遏自然发生诸种之毒弊，非赖人类之进步不可。

不见夫水乎？洋洋浩浩，天然流动之物也。停滞而不动，腐败随之矣。是自然也，流动之，疏通之，所以防其腐败也。而可咎其忤自然之性乎？人之衰老罹疾病，亦自然也。投之药以救之，而可发其忤自然之性乎？禽兽也，鱼介也，草木也。其生委诸自然也，其死委诸自然也。若进化若退步，无不委诸自然也。若人而随自然，以为能事已毕，直禽兽、鱼介、草木而已矣，而可谓之为人乎哉！

所贵乎人者，能奋然而矫正自然之弊害，而进步也。故能压制自然情欲之人民，则必为道德的进步之人民。能加人工于天然物之人民，则必为物质的进步之人民。享文明之福利者，万不能盲从夫自然者也（盲从，犹言贸贸然而听其自然，如盲者之听从于人也）。

### 进步之大道[②]

故知去迷信而就智识，去狂热而就义理，去虚夸而就真实，去好战之念而就博爱之心，是人类进步之大道也。

不能脱逸彼野兽的天性，而为今之所谓爱国心所驱使之国民。其品性之污下陋劣，日甚一日，更安有称为高尚文明国民之一日乎？

---

① 目录为"爱国心之物如此"。
② 目录为"所以进步之大道"。

是知以政治为爱国心之牺牲，以教育为爱国心之牺牲，以工商业为爱国心之牺牲者，是文明之贼也，是进步之敌也，是世界人类之罪人也。彼等于十九世纪之中叶，不能脱出奴隶之域。而率多数之人类，而隶于谬妄无理之爱国心之名下。以再沈沦于奴隶之域，陷挤于野兽之境。其罪上通于天矣。

### 文明之正义人道

自吾而断之，欲维持文明世界之正义人道者，必制其爱国心之跋扈而后可，且必芟除净尽而后可。果如何而后能达其目的，此不易言也。且今日此种卑污之爱国心，又发而为军国主义，又发而为帝国主义，以流行于全世界。悲夫！悲夫！吾将运广长之舌，仪秦之口，以发军国主义之罪恶。则其戕贼世界之文明，阻害人类之幸福，昭然若揭矣。

# 第三章　论军国主义

## 第一节

### 军国主义之势力

今日军国主义势力之盛，前古无比，殆已达其极点。列国为扩张军备之故，竭尽其精力，消糜其财力者，不可计量矣。夫军备者，为防御寻常之外患与内乱而已乎，则亦何必如是其甚也。彼等举一国之有形的、无形的，悉为扩张军备之牺牲，而犹不省其原因与目的。盖在防御以外也，盖在保护以外也，亦大可思矣。

### 军备扩张之因由

夫从进扩张军备之因由，果何在也？无非一种之狂热心，一种之虚夸心，一种好战的爱国心而已矣。彼好事之武人，欲弄其韬略者赞成之。彼供其武器粮食及其余之军需之资本家，博一掴万金之巨利者赞成之。英德诸国之扩张军备，盖彼等之与其力者亦大矣。然武人与资本家，所以得逞其野心者，实多数人民之虚夸的、好战的爱国心之发越，有以应其机也。

甲之国民曰："我本希望平和。而乙国民有非望之侵攻，奈何？"乙之国民亦曰："我本希望平和。而甲国民有非望之侵攻，奈何？"世界各国，皆同一辞，真喷饭之极也。

### 五月人形三月雏

各国国民，惟其如此也，亦如童男童女竞夸五月人形三月雏之美之多也。彼此相竞者，武装之精锐，兵舰之麇集也。夫惟相竞，非必敌国之急于来袭也，非必有外征之急要也，而跃跃焉。事似儿戏，而可惧之惨害，皆胚胎于此理，奈之何？

故莫鲁多将军有言曰："希望世界之平和者，殆如梦想。然而姑以梦境当之，亦美梦也。"吾则以为平和之幽梦，非将军之所知。而将军以为绝好之美梦者，别有在也。将军既捷于法国，获五十亿佛郎之偿金，割马路沙斯、罗林之二州。而法国之工商，却骎骎日进于繁荣。而德意志之市场，俄而招一大困顿而挫败。佛然赫然，愤气四溢。是将军美梦之结果。美梦之结果如是，非幽梦也，实迷梦也。

### 莫鲁多将军

既而莫鲁多将军，再用武力以向法国而加一大打击。彼能屡起衰败而企图之，欲以武力之捷利，以期国民之富盛者，莫鲁多将军之政治的手腕也。

### 蛮人之社会学

以若是之心术，而欲二十世纪国民之理想而崇拜之。吾恐其未可矣。然而吾人何时始出蛮人之伦理学、蛮人之社会学而抵抗之？

### 小莫鲁多之辈出

军国主义全盛之结果，皆在于莫鲁多将军现代之理想与模型。而小莫鲁多之辈出，遍于世界。如过江之名士，多甚于鲫也。即东洋之一小国，亦小莫鲁多扬扬阔步之场。

彼等大嘲主唱军备限制之说，为利哥拉克二世皇帝陛下之梦想也。骂平和会议，为滑稽也。彼等亦常鼓希望平和之说，而一面之所唱道者，军备美事也，战争必要也。我不暇责其矛盾，姑以军备与战争为社会之必要，亦姑听之。

## 第二节

### 马罕大佐

近日以军国之事称名于世界者，莫若马罕大佐也。彼之大著作，于英美诸国之军国主义者，与帝国主义者之阿乌利志，洛阳纸价，为之腾贵。而我国士人，亦家弦而户诵之。观其译书广告之频繁，可想而知也。故欲论军国主义者，先征彼之意见。其便益之义务，可以知其梗概矣。

### 军备与征兵之功德

马罕大佐之军备与征兵之功德说，甚巧也。而其言曰：

> 军备者，于经济上虽见生产之萎靡。人之生命与课税等，皆有不利之象。

> 若有毒害者，日日聒于吾人之耳。彼等未之详察也，吾将陈其要而略说之。

> 姑就一方见之，其利益者，不已偿其弊害而有余乎？方当长上权力衰微纪纲废弛之时，年少之国民，学习"秩序""服从""尊敬"。而入兵役之学校，其躯体以组织的之发达，以备克己勇气之人格，养成军人之要素。何用之而不可乎？令多数之少年，去其闾里街市之一团，受先辈高等之智识。结合其精神，共同其动作。对宪章法规之权力，以养其尊敬之念。如今日宗教颓坏之时，何用之而不可乎？其初也，教练以新兵之态度动作。既经教练之后，则兵士与市人相比较。其容貌体格，其优劣一望而知。故军人的之教练，于他年活泼之生计，其益亦匪浅。与大学之消费年月者，相去不可以道里计。而各国国民，互相尊敬其武力，亦可以保其平和而灭战争之数。即偶有冲动之事，经历已久，则举动亦急速，而镇定亦不难。何用之而不可乎？夫战争者，在百年以前，如慢性症之疾病，至于今日。其起也，亦极稀。不若今日急性之发作也。而急性的战争之发作，则准备亦不容缓。即以前者之原因，而为预战之备，已属善美之事，而所失者必少。而当时之兵士与佣兵，无不具广大旺盛之象也。是何也？今之国命，

即兵士也，非独为君主之奴隶故也。

### 战争与疾病

马罕大佐之言如是，亦诚巧矣。而自吾观之，则其违理之论，不难更仆而数焉。

试就马罕之所论而剖柝①之。彼之言曰：习战斗以养秩序尊敬服从之德。当今日权力衰颓纪纲废弛之时为尤急要也。又曰：战争者，如疾病也。于百年前为慢性症之疾病。今日则国民皆兵，而战争自减少。即偶有之，如急性的疾病也。于此健康之时，以应急性之发作之准备，则注意者之必要也。然则马罕大佐者，是以国民战争慢性病之时代，为顺秩序、张纪纲之时代。而健康之时代者，为"纪纲废弛""宗教衰颓"之时代也。不亦奇哉！

### 权力之衰微与纪纲之废弛②

马罕所谓权力衰微纪纲废驰者，盖指社会主义之发生也。其言之妄，固不足论。假以现时与百年以前相比，果孰为纪纲废弛也？且令今日之社会主义，试欲破坏现社会所谓秩序与权力，则纪纲废弛、宗教衰颓之结果。征兵之制与军人的教练，果足以防遏之乎？恐未必能见诸实事也。

### 革命思想之传播者

美国独立之战，法国军人之赴援者。而于大革命之事，反助其破坏秩序之动机。非其前辙欤？德意志军人之侵入巴黎，固云侥幸矣。而德意志诸邦革命之思想，非因是而愈传播欤？现时欧洲大陆之征兵制，采用诸国之兵营者，常出于社会主义之一大学校。其对现社会也，皆养成其不平之机。非较著之现象欤？吾盖希望社会主义的思想之兴隆，而亟望其速有以养成之，决非有意排斥兵营也。而非如马罕大佐之言，兵士之教练，仅以养其服从尊敬之美德，以对其长上也。其谬妄之旨，世之君子，自有定论矣。

吾更即现社会之军人而观之。西沙之军队。其向国家之秩序与尊敬之心，究存几何也？克罗母耶路之军者，彼等虽经仗剑而镇压国会，国会亦为所覆。然彼等之目的，唯知有西沙与克罗母耶路耳。安知国家之秩序与

---

① 应为"析"。

② 目录为"权力衰微与纪纲废弛"。

纲纪也。

### 疾病之发生

人民之受军人的教练者，其良善之目的，果仅为战争之事乎，仅为应其所谓急性疾病而治疗之乎？果其如此也。彼等于百年之中，而待其治疗之期，悠然长远。将以教练始，亦以教练终。果能堪耶？否则必日日祝祷此疾之发生，而后甘心也。

### 征兵制与战争之数

至谓国民皆兵，非仅为君主之奴隶。各国民互相尊敬其武力，则战争亦因之减少。其谬妄尤甚。古代希腊及伊大利者，非国民皆兵者乎，非君主之奴隶乎？至于所谓慢性症之战争，彼佣兵之征伐弱国，纯然不如征兵之便利。然而国民皆兵之制，谓防御于战争未发之先。而战争因之减少，则殊不然。自拿破仑之战，已有征兵。近代欧洲之澳法战争、克利美亚战争、澳普战争、普法战争、俄土战争，非皆出于征兵制之后而极其惨酷者欤？

至若近时两相匹敌之国，其于战争之事，其终局之速，是固国民之军人的教练之完全也。而战争之惨，毒害之极，未尝不由于此。试就道理而反省之，其利益果何在欤？

### 战争减少之理由

若夫自一千八百八十年以来，两相匹敌强国间之战争，亦殆绝迹。是果两国民互相尊敬之效乎？而其结果之恐怖，不难洞见。惟狂愚者之不悟其由来也。将来德法之战争，其惨酷之祸，可测而知。俄帝以一等国战争之结果，其破产零落之状可测而知。

彼等非果为强国之相战，以征兵之教练，以养成其尊敬心之功果也。彼等非果欲大用其武于亚细亚、阿非利加也。不过彼等虚荣之心，好战之心，野兽的天性，依军人的教练而后煽扬愈炽也。

## 第三节

### 战争与文艺

彼等之唱军国主义者，曰：铁必经水火之锻炼，而后成犀利之剑。人民必经战争之锻炼，而后成伟大之国民。美术也，科学也，制造工业也，非战争之鼓舞激刺，其高尚之发达亦稀也。古来文艺兴隆之时代，多属于战争结果之时代。耶尼克列士之时代何如，当德之时代何如，耶利沙白斯之时代何如？昔者吾尝主唱平和会议，而英国之主唱军国主义者，持此说以难之焉。然而耶尼克列士也，当德也，耶利沙白斯也。其时代之人民，皆经战争。诚是也。然古代之历史，殆以战争充填之。经战争者，非特此等之时代也。其余之时代，亦莫不经之也。岂彼等之文学因得战争之余泽乎？岂彼等之文学，因战后而始急速兴隆乎？若必牵彼等之文学与战争关联而一贯，非特无征，且未免牵强附会之甚也。

古代希腊之列邦中，好战而长于战者，莫如斯巴尔达。而彼斯巴尔达也，果有一技术、文学、哲理之传耶？英国焉利七世及焉利八世之朝，其猛烈之战争，在内乱相踵之后。而文艺之发达，能证其实际乎？耶利沙白士时代之文学，复兴者，远在马路马达战争以前。决知耶利克列士、当德、耶利沙白斯之时代之文学，决非因此战争而出也。

### 欧洲诸国之文艺学术

三十年前战争者，德意志之文学、科学，一消沈萎靡之时代也。路易十四世即位之时，法国之文学、科学，方极其盛。而因彼之黩武，乃遂衰微。至其晚年，不复见其兴盛也。是法国之文学，其战胜之时代，乃其困败之时代。亦明甚矣。近代英国德利林、沙加列之文学，与他路乌因之科学，皈于克利美亚战争之胜利，谁不笑之？近代俄国之多鲁斯多易、多斯多哥乌士、志鲁克利乌之文学，皈于克利美亚战争之败北，谁不笑之？德意志之诸大家，出于普法战争之后，不出普法战争之前。美国文学之全盛，在内乱之后，不在内乱之前。

### 日本之文艺

我日本之文艺，亦盛于奈良、平安，而衰于保元、平治。得北条氏之小康，乃得复兴。自元弘以后南北朝，复经应仁之乱。至元龟、天正之间，殆将湮没。惟五山之僧徒，存一缕之命脉。此略涉国史者之所夙知也。

故文艺者，盛于战争以后者则有之。若当战争之间，则文艺为所压伏而阻碍。必俟太平之时，稍得仰首伸眉，则决非因战争之所促进明矣。博而征之，若紫式部，若赤染卫门，若清少纳言，果被何者之战争所感化乎？若山阳，若马琴，若风来，若巢林，果受何者战争之鼓吹乎？若鸥外，若逍遥，若露伴，若红叶，果与战争有何关系乎？

吾但见战争阻碍社会文艺之进步，未见助其发达也。中日战争之所发生者，仅《膺惩清国》之军歌。是岂足当文学之进步也。

### 武器之改良

彼见刀枪舰炮之改造进步，加其坚牢与精锐，或似战争之力也。而不知是皆科学的工艺进步之结果。实非平和之赐也。假以战争之物为其功果，而此等之发明改造，于国民之高尚伟大之智识道德，所补助者几何耶？

### 军人之政治的材能①

然则军国主义者，决非资社会之改善、文明之进步，明矣。战斗之习熟与军人的生活者，决非增进政治的、社会的之智德，又明矣。吾于此点，更得适当之左证。古来武功赫赫军阵的英雄，其于政治家之材料文治的之成迹，不禁触发其悲悯矣。

### 亚列山德路、罕尼巴路、西沙②

古代之豪杰，若亚列山德路，若罕尼巴路，若西沙之三人者，豪杰中之豪杰也。三尺童子，皆能道其名。而彼等但能破坏，毫无建设之力也。亚列山德路之帝国，自政治学的眼光而观之，实可察其现象也。彼虽一时征服因志路西容，而其分崩不旋踵，是自然之理也。罕尼巴路之武略智谋，压倒意大利者十五年，其威势能令罗马人不敢仰视。而加路些志之腐败，遂入膏肓而不能救矣。西沙之临阵，如鸷鸟，如饿虎。其立政治之坛上，则如盲蛇。惟能堕落罗马之民政，惟为万人之怨府。

### 义经、正成、幸村

源义经，以战争名者也。若楠正成，若真田幸真，亦以战争名者也。而谁能赞美之政治的之手腕乎（手腕，犹言手段）？彼等以完全军人之资质，

---

① 目录为"军人之政治的之材能"。
② 目录为"亚列山德路与罕尼巴路及西沙"。

而立于政治坛上，果足以御北条氏九代、足利氏十三代、德川氏十五代之开基乎？

### 项羽与诸葛亮

大小七十四战，无战不利之项羽，不及约法三章之刘季。诸葛亮之《八门遁甲》，不及曹操之《孟德新书》。所以系社会之人心、致天下之太平之道，不在搴旗斩将之力，而别有在也。

### 呼列德尼志与拿破仑

近代之武人，能奏政治的功绩者，呼列德尼志与拿破仑二人是也。然而呼列德尼志者，其初憎武人之生活实甚。至于战斗，亦极叹其痛苦。可知谓彼为所谓军国主义的理想之适当之代表者，其误甚明矣。而彼之建设，犹未牢固。其死后之遗恨犹多。至若拿破仑之帝国，竟如两国桥上之烟花，忽辉忽灭，更不足言者。

### 华盛顿

华盛顿者，世界之贤者也。彼之所谓出将入相者，决不可以纯然武人目之。彼之于战事，殆迫于时运之偶然不得已者，非以兵马自喜者也。

### 美国之政治家

美国于有军人的素养者，未尝列于上乘之政治家。盖其所最注意也。武人之初为美国大统领者，非自扬多利乌爵林乎？而争夺官职之事，非彼为大统领之时乎？

克兰德将军者，近时之武人中尤尊敬之人物也。而于其大统领之成绩，所辅助者几何？彼于党员之事实，非可观察其人物之一证乎？彼之忍耐，彼之正直，于战争能显其技能之手腕，其应用于文事者又如何乎？

### 华盛顿与林肯①

吾于林耶隆之军事，安有间言。其所策划者。决非诸将之所及，不待言矣。然而不能无憾也。真个之大政治家，无不能料理军国之事。而军人的教练，决不能作大政治家。吾之论，非无左证也。孔子之言曰："有文事者必有武备。"即华盛顿与林肯是也。然有武备者不必有文事，如克兰德将

---

① 此处及下一处标题与目录未对应，目录中只有一个标题"克兰德与林耶隆"。

军是也。

### 列路林与乌耶路林顿

在英国近代功名照耀于世界而崇拜军人之理想与军国主义之烧点者（烧点，犹言热度达其极点），陆则乌耶路林顿、海则列路林为最著矣。乌耶路林顿之政治的手腕，少拔于凡庸政治家之上者，而决无经营一代指导万民之才。彼因不与铁道之下等乘客之便利，下层人民之游行于国中者，皆反对之。而列路林之事，更不堪言。彼于海军军人之外，殆无寸毫价值之人物也。

### 山县、桦山、高岛

返顾我国，试问彼等军人之政治的手腕，有可赞赏者乎？拟之东洋之莫路多、列路林、乌耶路林顿而崇拜之者，若山县侯，若桦山伯，若高岛子。于明治之政治史、社会史，果有何事而可特笔者乎？为干涉选举买收议员之作俑，陷我社会人于腐败堕落之极点之罪恶者，非彼等实为其张本乎？

### 军人之智者贤者

吾非谩骂军人军队者，农工商中必有智者贤者。彼军人中亦必有智者贤者，我必踌躇而尊敬之。

但若此之智者贤者，若非未经军队的教练与经战争之后之初生者，则必手铳剑，肩欲波列多胸勋章。虽有智者贤者，必不能为智者贤者也。彼等如何能智，如何能贤？其军人之职务，其军人的教育之功果，与社会全般，果有何利益也？

勿言习统一也。杀人之统一，有何尊乎？勿言服规律也。糜财之规律，有何敬乎？勿言生勇气也。破坏文明之勇气，有何希乎？否则此统一规律勇气者，彼等出军营之一步，茫然不见其迹也。其所赢者，惟长盲从强者以凌虐弱者之恶风。

## 第四节

### 军国主义之弊毒

军国主义与战争者，不但不利社会文明之进步。而其弊毒，且足以戕贼之而残害之。

军国主义者又曰："古代文明历史出现之时，皆由于兵商一致之社会。"彼等即举古代埃及古代希腊之事，以为军备进文明之左证，而不知其误也。埃及既为武力的征服军备的生活之国，则何以竟然堕落，不能更持续其繁荣于数百年，保存其命脉于数千年乎？若夫希腊，则别当一考其价也。

### 古代文明①

古代希腊之武事，诸邦实无同之者。斯巴尔达自始至终，固持军国主义。以调练为生活，以战争为事业，更无他矣。其于文明之事物，绝无关系也。至雅典则未如此之甚。而白利克列士则曰：吾人虽以调练，自习劳苦。而一朝当事，吾人之勇气，不能保其不沮丧也。吾人终日汲汲，为应战争之准备。以调练送其生涯者，不知凡几。而所恃者终不可恃，而谓之为大利益可乎？近世之守军国主义，果取斯巴尔达之说耶，抑取雅典之说耶？

无论彼等如何顽愚，决不敢弃雅典之文明之丰富，而赞斯巴尔达野兽的军国主义也。而照军国主义者之持说，则斯巴尔达又最合于彼等之最大理想。果何所适从欤？

### 白罗捧列西们战后之腐败②

军国主义者或曰：吾人之希望斯巴尔达者，诚以仿雅典之军国主义而不得，则不知其结果。不若斯巴尔达之为愈也。且吾思之，虽若雅典，其军备者，与彼政治之改良，果何功乎？与其社会的品性之上进，果何功乎？彼等除煽起市民之战争之外，果何有利害乎？彼等从事于白罗捧列西们之战争者三十年。军国主义之利益与功果，发挥已达其极点。而其结果竟及之。唯腐败无堕落者何也？

### 他西志的斯之大史笔

白罗捧列西们之战争者，全希腊人民之道德，一扫而尽矣。其信仰已破坏，其理义已湮没。其凄惨之状，后世犹为酸鼻者。读他西志的斯之史，

---

① 目录在此下有"雅典与斯巴尔达"一项。
② 目录为"白罗捧列西昂战后之腐败"。

诚千古之大史笔哉！他西志的斯尝述其状曰：

诸市府一闻骚扰之起，革命的精神之流行，速于置邮而传命。欲悉从来之物件，不尽破坏而不已。其计图愈出愈暴，其复仇者亦愈出愈惨也。当时之议论，绝无与实际之事物有确实之关系者。惟彼等适当之思惟，任其变更。以暴虎冯河①者为义勇，以思虑慎②密者为性③者之口实，以温和者为软弱之假面，以颠狂的精力为真个男子之本性。身经万事，不必求其一事之成。其狂暴者，则信任之；反之者，则嫌疑之。不与徒党之隐谋者，目之以离间。以为怖敌之怯者，则以他恶事而挤陷之。更煽动良民，诱之以陷于罪恶。能复仇者则群起而尊之。各党派间之一致结全者。唯其势力相敌，各存于互不相下之间。方能压倒彼等之余党，而不为其奸策暴行所败。而又惟他部之复仇者伺之而至，以若是之革命，适酿成希腊人一切之恶德也。至于高尚之论，为天性之一大要素与质朴之一事，则目而笑之，几殆绝迹。惟丑陋之争阋战斗之心，其炽如火。无一语足以调和彼等者，无一宣誓足以使彼等奉信者。其才智之卑劣，社会一致，非最惨之黑暗地狱欤？

呜呼！是非古代之最大文明国。其一切市民，皆经军队的教练者欤？赞美军国主义者，所养成战争之结果，诚如是也。我日本之军国主义，中日战争之后，社会人心之状态，仿佛似之，其将日见满足之势矣。

### 罗马

不更观夫罗马乎？彼等奋勇战斗，以夺意大利诸州之自由，其结果也。其罗马市民，所养成之品性何如也，所长育之美德何如也？其内国遂为屠杀惨澹之场。自马利亚巴与西路拉者出，遂变民政共和之国，而为贵族专制之国。其自主之市民，皆为蠢尔之奴隶矣。

### 德列呼耶之大疑狱

最耸动近时世界之耳目者，法国德列呼耶之大疑狱是也。是为军政足

---

① 底本为"暴虎憑河"，据现今用法，整理文中写作"暴虎冯河"。
② 应为"缜"。
③ 疑应为"怯"。

以腐败社会人心较著之证例也。

其裁判之暧昧，其处分之暴乱，其流言之奇离与拿陋。举世之人，始讶然法国陆军之部内，几为藏垢纳污之所，而败类充斥于其间。然而不足怪也。军队之组织者，盖恶人所以逞其凶暴也，非无他等社会邪正之不能相容。故其藏垢纳污，较他社会为更大也。何也？彼陆军部内者，压制之世界也，威权之世界也，阶级之世界也，服从之世界也。道理与德义，不容入此门内者也。

盖司法权之独立完全者，除东洋诸国之外，有如此暴横之裁判，暴横之宣告者，非陆军之部内乎？非军法之会议乎？此外未见若是之甚也。然而是实普通衙法所不为者也，普通民法、刑法所不许者也。

### 利拉蹶然而起

而赳赳数万之豼①貅，无一人进而为德列呼耶鸣其冤，以促再审者。皆曰：宁杀无辜之一人，以掩蔽陆军之丑辱。而耶美路·索拉，乃蹶然而独起。以彼如火如花之大文字，洒淋漓之热血，不禁向法国四千万之人民蓦然而注之也。

### 堂堂之军人不如市井之文士②

当是时也，若耶美路·索拉，然而不言。彼法国之军人，遂亦一辞不赞。而德列呼耶永远无再审之期，必矣。彼等之义勇，实不如市井之一文士。彼军人的教练者，如是无一毫之价值耶？

孟子曰："自反而不缩。虽千万人，吾往矣。"不谓此等之意气精神，惟见于耶美路·索拉一文士，而不见于彼堂堂之军人。何欤？

或曰：抗长上者，乃军人不可为之事，且不得为之事也。德列呼耶之事件之际，法国军人之盲从者，未足以证彼等道心之缺乏也。果其然乎？然而更有著大之例以证之。

### 其志耶列路将军

今日转战于德兰士瓦路之其志耶列路将军者，其于英国之军国主义与

---

① 此处按底本保留原貌，现今通用用法为"貔貅"。
② 目录为"堂堂军人不如市井之一文士"。

帝国主义，崇敬之如鬼神。不见彼之征苏丹乎？发掘马志之坟墓以甘其心者，非其人欤？吴之子胥，为报父仇，而鞭平王之尸。在二千年以前，已为识者所唾骂。况于十九世纪之末叶，文明之时代，公然在大英国国旗之下，而忍为之。举天下之人，尽为军国宗之信徒。推其发掘马志坟墓之心之理想，而委一国之政治。于此残忍之手，非可大惧者耶？

### 俄国军队之暴虐

近日俄国军队之暴虐之见于北清者，于通州之一地方，为彼等所胁，赴水而死之妇女七百余人。即此一事，已足令人酸鼻而发指。试问军人的教练与战争的准备，果能养成高等之人格与道义者何在乎？彼与十三四世纪以来生于战斗死于战斗之哥沙克相比较，则人格之高道义之盛，理也。而与实事正相反，则又如何？

### 土耳其之政治

若军国主义，真有扶植国民之智德。至于上进之地位之功果，则土耳其者，当在欧洲第一之高地位矣。

土耳其之政治，军国之政治也。土耳其之豫算，军资之豫算也。自其武力而观之，决非弱国必矣。彼之霸权，于十九世纪，虽全堕地，而拉瓦利之战而胜，而克利美亚之战而胜，而呼列甫拉之战而胜，而的沙利之战而胜。而彼竟为弱国者也，何也？

而是等之战绩，果足以自夸乎，抑亦不足以自夸乎？其腐败，其凶暴，其贫困，其无识。凡占文明的地步者，于欧洲中皆居最下之地位，非土耳其乎？其国家的运命，不绝如缕。利哥拉士一世之所谓当以病人遇之者，非彼欤？

### 德意志一代道德之泉源

就德意而概言之，其国民犹不失高等之教育。其文艺与科学，灿然犹有存者。然而经铁血主义、军国主义一扫之后，当年高远之伦理的思想安在哉！

彼国民于欧洲，曾为一代道德之源泉。若康德、西鲁列路、耶鲁的路、国耶的、利易的路、呼伊易的、布隆志耶尼、马克士、拉沙路、瓦克列路、海列等之名，皆为文明诸国所宗仰。其感化之实力，实广大而无垠也。而今安在哉！今者吾人于艺术、于科学，尚有宗德意志者。而于哲学、于伦理、于正义人道之大问题，谁复独宗德意志之文学者乎？谁复渴望德意志之教示者乎？除社会主义之理想，犹为中流之砥柱，尚有足为欧洲诸国之所宗仰者乎？

### 麟凤不栖于枳棘

然而不足怪也，麟凤不栖于枳棘。以彼俾斯麦公、莫鲁多将军之理想世界，而欲望国耶的、西鲁列路之再生，甚不易也。吾甚慨夫军国主义者。汝惟以乌伊路耶路母、比耶罗、瓦路的路斯，而得几何文明之进步乎？

### 德意志皇帝与不敬之罪①

吾故谓军国政治之行一日，即国民之道义之多一日腐败也。暴力之行一日，即理论灭绝一日之意味也。德意志自俾斯麦公以后，其于欧洲顿失伦理的势力者，自然之理也。现时之乌阿路耶路母二世皇帝，其即位后十年间，以不敬罚罪者，至数千人。而是等罪人之中，有多数系丁年未满者。是我忠良之日本臣民之所梦想者也，犹希望是等之军国主义乎？犹希望是等军国政治之名誉乎？

## 第五节

### 决斗与战争

军国主义者更赞其战争曰：国家之历史，战争之历史也。如个人间之纷议，必依决斗而后得最后之判定。则国际之纷议，而得最后之判定者，则战争之功也。坤舆存国家之区别于其间，则战争自不可已。而有战争，则军备之必要，亦必不可已。且夫战争者，实吾人相较其强壮之力，坚忍之心，刚毅之性。所以发扬"真个丈夫儿"之意气精神也。若无军国宗之势力，则天下将变为懦弱巾帼之天下。夫岂然哉！

吾今不暇斥其言个人间决斗之是非利害，然以战争比决斗，极为不伦，可断言者。西洋之所谓决斗，即日本之所谓果合（即中国之比武也）。其目的

---

① 目录为"德意志皇帝与不敬罪"。

所在，一为名誉，一为面目也（面目，犹言体面之意）。其较力也，极占平等之地步。为公明之斗，而或一人伤，一人死，其事即止。至于他日，又无一毫之介于其心，真不失为丈夫也。至于战争，则全与之相反。其目的之卑污，手段之陋劣，所必至者也。

古之所谓扬名誉为一骑打胜负之战争（一骑打，犹言一敌一，如剧场之战也），犹有似于决斗者。然而若是之战争，其迂阔为世所嘲笑。若夫战争之技俩，唯狡狯耳，唯谲诈耳。非如决斗者，占平等之地步，重公明之方法也。若以是而用之，宋襄之仁，非千古之笑柄乎？

### 狡狯智之术

然则战争者，惟较猾智之术耳。其发达者，猾智之发达也。不见未开化之蛮人乎？其自以为巧计也，大抵出敌之不意，或伏兵，或夜袭，或绝其粮道，或设为陷阱。而其猾智之不及者，其身亡，其财掠，其地夺。优者适者，以长于狡狯谲诈而独存。于是乎用其寻常之智术者，非更无数之教习调练而不可。而是等之教习调练，因习之而愈精。而武器之技巧，亦相竞而愈进。是古来战争之技术，其发达进步大体之顺序也。

### 战争发达之第一步

战争所发达之第一步，唯其如何而陷挤敌人。其目的无论若何之卑污，其方法无论若何之陋劣，非所问也。是岂个人之决斗所可同日而语乎？是岂男子之美德，所称强壮坚忍刚毅者，所可互相比较乎？个人之决斗，其胜败定于最后之判决。至于战争，则复仇之后，又有复仇者，不知演出无数之惨事也。

战争所证者，隐谋也，诡计也，女性的行动也，狐狸的智术也。非公明正大之争也。社会者，决不以战争为必要。欲求人类之道义，非急脱出女性的、狐狸的不能也。

今日之世界各国民，为此卑劣罪恶之行，陷无数之年少投之于兵营之地狱中，以养成其野兽之性而已矣。

### 爱田舍之壮丁

不见夫爱田舍之壮丁乎？其父母兄弟姊妹，牵衣道泣。回顾其牛马鸡犬，亦有离别可怜之色。而有情之山水，如送如迎。征夫之肠断几许矣。从此长辞田园，以入兵舍。日夕所闻者，长官之严格，叱咤之声也；所见者，古参兵之残忍，凌厉之色也。负巨肩重，奔走东西。忍疲耐饥，驰驱左右。如是者三年也，真痛苦哉！

### 饿鬼道之困苦①

日所给者，不过三钱耳，是殆乞丐之境遇也。果为烟草之费乎？果为邮税之费乎？甚且不免古参兵之虐遇，非赂以酒食之资不可，非供其小使之金不可。若稍富者，犹之可也。至若贫者，则此三年之久，实饿鬼之困苦也，实牛头马面之呵责也。而富者尚或以曾受高等之教育而免，或以身体羸弱而免。而贫民之子，其能免此酷虐与困苦乎？果得谓之大公乎？然而彼等以为避忌征兵之捡查，与脱走营舍，为自暴自弃之极，往往宁死而不避之，其心事固可尊敬而哀慼之也。

夫如此者，既三年矣，归来所赢者何物乎？惟父母之衰老耳，田园之荒芜耳，而自身之行状亦堕落耳。果为国家之必要乎？果为吾人之义务乎？

### 夸扬军备之不休②

夸扬军备之习不休，崇拜征兵之制不止，惟见兵营中产出无数之游民耳，惟见消糜无数之生产力耳，惟见蹉跎有为之青年耳。惟见兵营所在之地方增多无数之坏乱风俗耳。惟见行军沿道之良民，无故而受彼等之践踏耳。惟见为军备与征兵而使国民无一斛麦无一寸金耳。而况科学的、文艺的与高远之宗教道德与理想乎？非惟不能助之，非尽破坏之而不止也。

## 第六节

### 拥军人而不自宁

呜呼！世界各国之政治家与国民，何事而拥无数之军人兵器战舰而不自宁也。盍不速脱出彼野狐相欺、病犬相噬之境乎？以期更进入于高远之

---
① 目录为"饿鬼道之苦"。
② 目录为"军备夸扬之不止"。

文明道德之域也。

彼等不知战争之罪恶，且不知其害毒，故彼等不知趋而避之也。彼等不知平和与博爱为正义之福利，故彼等不知希而望之也。何不断断乎废其对战争之准备，而享平和与博爱之福利也。

**酬酢**①

彼等不希生产之廉价与饶多，不希通商贸易之繁荣隆盛，而不知以军备消糜其莫大之资本，耗损其莫大之生产力也。而不知以战争阻碍其通商贸易困顿之甚也。何不节省其军备与战争之费用，而投之工商之业也。

**平和会议之决议**

不见去年俄国皇帝主唱限制军备之会议，列国对之，决不能有一违言。英、美、德、法、俄、澳、白、意、土、日、清等二十余国之全权委员，非决议明认"以限制现今世界之重累之军备之负担，而增进人类之有形的及无形的福利"乎（平和会议最终决议书）？而彼等非公认"协力以维持一切平和，竭全力以帮助平和的而处理国际之纷争。必欲国际的正义之巩固，以为国安民福之基础，公平正理之原则。依国际的协商，以定立其必要"，关于仲裁裁判之规定乎（国际纷争平和的处理条约）？何不推广此意志与观念，决然彻去其水陆之军备也。

**一转步**②

彼等之言曰：今之军备者，即所以确保其平和也。其然岂其然乎？彼功名之念炽、虚荣之心盛之政治家与军人，大抵徒惧其铳炮之锈涩，徒惧其战舰之朽废，必觅其机而欲于实地以试之。如醉汉之持剑，睥睨而欲试其锋，岌岌乎殆哉！其确保平和者，仅一转步实为扰乱平和耳。然在两两相持威力相当欧洲列国之间，则名为势力均衡主义。始为确保平和者。若遇人少力弱之亚细亚与阿非利加，则又变为帝国主义，以扰乱其平和焉。

**酬酢**③

不见近时之于清国与南阿乎？彼等汲汲于武装者，仅支持消极之平和，

---

① 目录无此项。
② 目录为"仅一转步"。
③ 目录无此项。

决不能彻去军备而享积极之平和者，何以故也？彼等犹不能撤去其军备，役役劳劳而扩张之，不竭尽其国力而不止者，何也？此无他。彼等之良心，为其功名利欲所掩也。其正义道德之念，为动物的天性与好战心所压也。博爱之心，为虚夸所灭也。理义之念，为迷信所昧也。

### 猛兽毒蛇之区

呜呼！既能解个人之武装，国家何独不能乎？既能禁个人暴力之决斗，国家何独不能乎？二十世纪之文明者，犹未脱弱肉强食之域也。世界各国民者，犹在猛兽毒蛇之区。不能一日高枕而卧也，非耻辱之极者乎？非痛楚之极者乎？而社会先觉之士，何漫然而不加省也。

# 第四章　论帝国主义

## 第一节

### 野兽求肉饵

野兽磨其牙，琢其爪，咆哮而肆威猛者，求其肉饵也。不能脱野兽的天性之彼等爱国者，养其武力，扩张其军备，自陷于迷信虚夸好战之心者，求其牺牲也。故爱国心与军国主义之狂热，达其极点之时，即为扩张领土之政策，极其全盛之时。是固不足怪者。今之所谓帝国主义之政策之流行者，即是也。

### 领土之扩张

然则所谓帝国主义者，即欲建设大帝国之意味。建设大帝国者，即欲大扩张其领属版图之意味。而吾所悲夫大扩张领属版图者，盖以其因不正非义之意味，与腐败堕落之意味，而遂流于零落灭亡之意味也。何以言之？吾试申而论之。

夫建设大帝国者，惟主人与住民开拓草莱荒芜之山野而移植之，是固可佳也。然而智术日巧，交通日便。今日浑圆之球上，何处而有无主无人之地乎？遍世界之内，既无无主人与住民者，彼等果能不用暴力，不为战争，不行谲诈，而能占取尺寸之地乎？欧洲列国之于亚细亚、阿非利加，美国之于南洋，其扩张版图之政策，非皆以军国主义行之者乎？非皆以武力行之者乎？

### 建设大帝国者，切取强盗也

彼等皆为此政策，日费千万之金，日损数百人之命。动越期年，而不知其终局。役役劳劳，永远自苦。非为彼等动物的爱国心勃勃不能禁欤？

唯思张其武威，唯思满其私欲，侵略他人之国土，掠夺他人之资财，杀戮他人之臣民，而臣妾之，奴仆之，而扬扬曰是建设大帝国也。然即今其果能建设大帝国，究何异于切取强盗之所为耶？

切取强盗者，武士之习也。而非义不正之帝王政治家，所赞美而嘘助之者也。前世纪以前所谓英雄豪杰之事业，大抵如此。然默而察之，天决不恕此等之不正非义者也。古来彼等武力的膨胀之帝国，果能久远保守者乎？彼等之帝王政治家，其初为功名与利欲。若国内既能结合安宁，则必煽扬国民之兽性，以从征于外国也。战而胜之，则必扩张其领土以建设一大帝国。而国民则炫于虚荣，而军人则日长其权势，以压制酷虐新附之领土，以重征其贡租，夺掠其财货也。而继其后者，则领土之荒废困竭不平叛乱，相乘而起，而本国之奢侈腐败堕落随其后焉，而其邦家又更为其新兴之帝国所征服。古来武力的帝国之兴亡，其揆一也。

### 武力的帝国之兴亡

昔在西比阿见加鲁些志之废迹而叹曰：罗马亦有如此之一日乎。然竟有如此之一日也。成吉思汗之帝国安在乎？拿破仑之帝国安在乎？神功（神功后皇）之版属安在乎？丰公（丰臣吉秀①）之雄图安在乎？如朝露，如晨霜，消灭而无痕矣。若谓基督教国之帝国，决不灭亡。则罗马帝国之末年，非受基督教化者乎？若谓解放蓄奴以后之帝国，决不衰颓。西班牙大帝国之本土，非废蓄奴之制者乎？若谓工业的帝国，决不零落。木麦人及呼罗林他因人，非工业的国民乎？

国家之繁荣，决不因切取强盗而得之也。国民之伟大，决不因掠夺侵

---

① "丰臣吉秀"应为"丰臣秀吉"。

略而得之也。文明之进步，决不在一帝王之专制也。社会之福利，决不在一国旗之统一也。唯在平和，唯在自由。惟在博爱，惟在平等。昧昧我思之。我国北条氏治下之人民，比忽必烈之士卒，果谁得遂其生乎？今日白耳义之人民，比俄、德诸国之人民，其享太平之幸福，孰为优劣乎？

**国旗之零落**

故以工商业而建国旗者，与帝国主义而建国旗者，固相殊也。否则其国旗之零落，可立而待也。前车既覆，后车继徇其轨。如走马灯之回转，不知其所究极。吾不禁为西比阿而叹息，又不禁为今日欧、美诸国之末路而慑慑然惧也。

## 第二节

**国民之膨胀乎**

而帝国主义者曰：古之建设大帝国之帝王政治家，为功名利欲所驱使，是洵然矣。然今之扩张领土者，为其国民膨胀之不得已也。古之帝国主义为个人的帝国主义，今之帝国主义，为民国的帝国主义。决不得以古之非义与恶害，而律今之世界也。

是真然乎？今之帝国主义，果为国民之膨胀乎？是非少数之政治家与军人，功名心之膨胀乎？是非少数之资本家与少数之投机师，利欲之所膨胀乎？但见彼等所谓"国民膨胀"之一面而不见多数之国民，乐于战斗之生活者之甚激也。而不见社会上贫富之益悬隔也，而不见贫穷者、饥饿者与无政府党及诸般之罪恶者之益增加也。以彼等如是之多数国民，何逞能为无限之膨胀也。

**少数之军人、政治家、资本家**

而彼少数之军人、政治家、资本家，不惜妨害多数国民之生产。消糜其财货，掠夺其生命，以建设其大帝国也。不惜牺牲其多数其自国国民之进步与福利，而胁吓凌虐彼之资弱之亚细亚人、阿非利加人及非律宾人也。而名为国民之膨胀，真耶？妄耶？假使此多数之国民，不与闻此政策，未见其膨胀也。惟为彼等野兽的好战心所煽起，不一时为爱国心之虚荣迷信狂热之发越也。其非义与毒害，决不让古帝王之帝国主义明矣。

### 德兰士瓦路之征讨

英国之征德兰士瓦路也，夺波亚人之自由之独立，夺其大利之金矿，以统一阿非利加于英国国旗之下。纵贯其铁道。而少数之资本家、工业者、投机师之利欲，于是满足也。而些须路罗德之野心，与志扬巴林之功名心，于是满足也。而彼等为此无用之目的，任其如何之惊恐，而不顾，但求为其牺牲而已矣。

一千八百九十九年十月，自德兰士瓦路战争开始以来，吾之著此书起草之时，方五百日。其间英兵之死者，已达一万三千。负伤者倍之。因伤而支体不具，免兵役而归家者三万人。土人之死者，不知其数也。呜呼，惨哉！

### 数万人之鲜血之价十亿万圆①

不更见为彼等财政的牺牲乎？为其二十万之兵士曝于二千里之外。为其往返多数之船舶，一日之费，实算二百万圆。彼等非以十亿圆之富，而购两国民之鲜血乎？而其间之金矿，以战事而停止采掘者，殆减二亿圆金之出产。非独两国之不幸，其影响于世界之福利者，尚不鲜也。

至若土人之惨状，尤为可悯。彼等为英人之囚房，窜于新德耶列拉者六千人，流于兰锡岛者二千四百人。今者其志耶列路将军，更送一万二千人于印度。而两共和国之壮丁，凋残殆尽矣。田园荒芜，庐宇倾颓。兵马所经，野无青草。呜呼！彼等果何咎乎？果何罪乎？

既如此矣。今之帝国主义者，犹得谓非非义不正乎？非横暴毒害乎？可容于有高尚道义之国民乎？可容于二十世纪文明之天地乎？

### 德意志之政策

以尊自由、爱平和称于世界之英国，犹然如此。更何论于德意志矣。彼德意志者，固军国主义之化身也。为大扩张其海陆军备，常以多数贵重之事物，供其牺牲，更无足怪矣。去年北清之乱，德意志皇帝复仇之语，不绝于口。派瓦路的路斯将军，特至东亚。

---

① 目录为"牺牲数万人鲜血之价十亿万圆"。

### 德意志社会党之决决议[①]

是年九月，同国社会党大会之决议，于德意志帝国主义之真相，喝破而无余蕴矣。

马易索开德意志社会党之总会，其决议摘录于左：

> 德意志帝国政府于支那战争政策者，出于资本家之利益狂心。与建设大帝国之军事的荣誉心，掠夺的情欲心而已。此政略者，以强制的领有外国之土地，抑压其住民为主义者也。此主义之结果，掠夺者振其兽力以逞其破坏。以强暴非义之手段，充其吞噬之欲。决其彼之受虐待者，断不敢向掠夺者，而试其反抗之力也。虽然，是等之兽力，仅足以欺压彼之老大帝国耳。而海外之掠夺政策及征服政策，必唤起列国之嫉视与竞争。于是海陆军备之负担，不至不堪而不止。国际上之葛藤，必招危险。则世界一般之混乱，不知其所税驾矣。我社会民主党者，与"人间与人间"互相抑压互相灭烬之主义为反对者也。断乎必与掠夺政策、征服政策为反对，以保护人民之权利，而尊重自由与独立。依近世文明之教义，与世界各国文化之关系及交通之关系而保持之，是吾党之所希图也。现今各国中流社会及军事上之有势力者，所应用之教则，皆为对文明的之大侮辱，是吾党之所必反对也。何其言之公明高尚也。所谓炳乎与日月争光者，非此论乎？

然则依掠夺征服以图扩张领土欧洲诸国之帝国主义者，是对文明人道之大侮辱，不待言矣。进而再征美国之帝国主义，其非义与不正，亦岂让于彼耶？

### 美国之帝国主义

美国之初，则助起耶巴之革命党。以与西班牙战，自称为为自由、为人道，以除其虐政。若真有若此之高义，足以发扬公理者。若起耶巴之民，果真感恩慕德，以希为美国治下之民，则并之亦何不可。

---

[①] "决决议"应为"决议"，衍一"决"字。

### 非律宾之并吞

而美国者，必百万诡计以摘发起耶巴岛民煽动教唆之迹，而乘其隙焉。卒至于吞并征服非律宾群岛而后止。是犹可恕欤？

### 独立之檄文，建国之宪法奈何

彼美国者，果真为起耶巴革命党之自由而战乎？而何束缚非律宾人民自由之甚也。果真为起耶巴之自主独立而战乎？何侵害非律宾自主独立之甚也。反其人民之宗旨，而以武力暴力而强压之。羡其地之美富，而为攘夺之计，实为光彩灿烂之文明与自由之污辱，而美国建国以来历史上之秽史也。夫彼吞并非律宾之富地，于美国固有多少之利益。然为一己之利益，而背文明之公理。可乎？则古之武士切取强盗之主义，亦为一己之利益故也。彼等将其祖先独立之檄文，建国之宪法，孟罗之宣言，置于何地耶？

故勿论夫扩张领土，非国家生存之必要，出于不得已也。而彼等出师之初，非高唱自由与人道乎？忽变而藉口为国家生存之必要，何其堕落之太速也。

假如彼等之言，非扩张领土也，而为美国经济的生存危险也。然彼纵不并吞非律宾，其所得之利益，未必不如之也。果藉非律宾而救其危险乎？果有生存一日不可缓之势乎？果有衰亡即在时间之问题乎？彼等之土地之人口，彼等之资本以企业的无限之势力，而敢设此悲观的口实。果欺人耶？抑亦自欺耶？

### 美国之危险

吾所敢决烈而信者，将来美国国家生存之危险。万一有之，其危险决不在领土之狭，而在扩张领土之究极也。不在对外势力之不张，而在社会内部之腐败堕落也。不在市场之少，而在富厚分配之不公也。不在自由平等之灭亡，而在侵略主义、帝国主义之流行跋扈也。

### 美国隆盛之原因

则试研究美国今日所以致若是之隆盛繁荣者，自由耶？压制耶？理义耶？暴力耶？资本的势力耶？军备的威严耶？虚荣之膨胀耶？勤勉之企业耶？自主主义耶？帝国主义耶？今日彼等为一种功名利欲，为爱国的狂热，竞入邪径而不返。吾为彼等前途之危险而大惧，吾又为自由正义人道而深悲也。

### 德莫拉多党之决议①

去年之秋，美国呼易阿瓦州之莫德拉多党②决议之一节，深得我心矣。其言曰：

> 吾人之反对征服非律宾者，盖深痛夫帝国主义，即军国主义意味也。盖深痛夫军国主义，即武断政治意味也。盖深痛夫武断政治者，即合议政治死亡之意味也。即政治的及工业的破坏其自由之意味也。即杀害世界之权利平等，奸灭世界之民主制度之意味也。然则帝国主义之所极，必行如此之不正与害毒明矣。

## 第三节

### 移民之必要

英、德之帝国主义者，以为建设大帝国之必要。第一之论据，则在移民。彼等扬言曰：今日我国之人口，日益繁殖，而贫民日益加增。所以扩张版图者，不过移住人口所不得已者也。贸贸然闻之，于理亦似尚近也。

### 人口增加与贫民

然而英、德之诸国，其人口之增加，实事也。至若贫民之增加，别有因由。而可归于人口之增加耶？欲救济之，舍移住海外之外，遂无策耶？是殆未尝一考也。如彼等之言，即其论而研究之。人口多者财富乏，人口少者财富饶果。有是事耶？是可笑之甚也。是实未知社会进步之大法也，未知尼西亚路塞因士也，未知经济之学理也。

禽兽鱼介者，皆食自然之食物者也。食者益多，则食物益减。必至之理也。若夫人者，生产的动物也，有利用天然力自得其衣食与生产之智识与能力。而此智识与能力者，一年异于一年，一时代异于一时代。骎骎改良，以增加其进步者也。故自殖产的革命之行以来，世界之人口同时已增

---

① 目录为"德莫克拉多党之决议"。
② 此处应为"德莫拉多党"。

数倍，其财富亦渐增数十倍矣。故英、德诸国者，非实占取世界财富之大部，而尚藉口贫民欤？

### 贫民增加之原因

虽然，德之财富，既冠世界矣。而贫民仍日增加者，岂人口充溢之罪。盖别有因由，存乎其间也。彼等贫民增加之因由，因现时经济组织与社会组织之不良。因资本家与地主垄断法外之利益与土地。因财富分配之失其公平。故自吾而策之，非依真正文明的道义与科学的智识，以除去此弊因不可。但如移民之策，不过一时之姑息，灌肠的治疗耳。纵令全国之民，移住净尽，而贫民仍不能绝迹于世界也。

更推而求之。彼之移民者，果为对人口充溢与贫民增加之惟一救济策。而彼等果非为扩张版图之必要乎？非为建设大帝国之必要乎？彼等之人民，非隶于本国国旗之下，而能生活乎？则何不见诸实事，以释吾人之疑也。

### 英国移民之统计

英国版图之广大，既以遍于"日所照处"而见称于世界矣。自一千八百五十三年至千八百九十七年之间，英人及爱兰人移住海外者，约八百五十万人。其自国而赴殖民地者，不过二百万人。其余之五十万人，皆自北美合众国而至者也。今余一千八百九十五年英国移民之统计，表之于左，以备吾人之考察焉。

| 北美合众国 | 一九五、三二二人 |
|---|---|
| 澳洲 | 一〇、八〇九 |
| 北美英领土 | 二二、三五七 |

### 酎酌①

其自自国而赴领土者，不过对六之一之割合耳。

彼等移民者，不必问其必自乡里也，不必问其必自母国之版图也。故知彼帝国主义藉口移民为必要者，决无理由也。

### 移民与领土

吾之痛恶移民之事者，非如司拔路他人恶其奴隶人口之增加而杀戮之也。

---

① 目录无此标题。

必求进步之方法，此固毫不容疑者。盖世界之中，扩张所得之领土，本来有限。而人口之增加仍无限也。若必移民于自国之领土，其困迫可坐而待也。

昧昧我思之。英、德诸国之初，向亚细亚、阿非利加无人之境，而求其领土而分割之。而所移之民，遂充满于所分割之领土。而更进而求其余之领土，至无余地。于是彼等诸国，非相杀相夺而不可。而武力强大之一国，不得不取他国之领土而移殖之。而其所得之领土，不数年而又充满。而后来者，又复困迫零落而无策焉。帝国主义者之理论、之目的如此也。甚哉！其非科学的之所能实测也。

更就一面而观之。彼法国之扩张领土也，如火如炽，求之不已。然彼之人口，决不见其增加也。其贫民之比较的，未见其多也。彼以移民为必要者，又何说也？

今日之美国，亦求扩张领土者也。非关其人口之增加，以移民为必要，明矣。美国领土之大，天富之饶。世界移民之就之者，如百川之朝宗也。而以英国之人为占其多数。若德意志人，自一千八百九十三年至一千八百九十七年之间，移住海外者二十二万四千人。其十九万五千人，皆自美而移者也。而瑞西、和兰、斯康已拿挪诸国之移民者，亦皆如之。世界各国之移民，将欲并吞美国。而美国犹复奖励移民者，岂真人民之膨胀欤？

伊太利糜财巨万，杀人盈野，苦斗不已。所得马比西尼亚，广漠之殖民地。其所移民，皆赴南北两美外国国旗之下者也。

### 大谬见

吾故断而言之，名为帝国主义。而建扩张领土之政策，以移民为必要者，是大谬见也。若夫仅以移民为口实，是不徒欺人，而实自欺之甚者也。皆不足论者也。

## 第四节

### 新市场之必要

帝国主义者万口同声曰："欲以商务而建国旗，则扩张领土者，实为我商品求市场最急之要务也。"

吾不知欲益列国交通之便利，欲益列国贸易之繁荣。而英国物品之市场，必不在英国国旗之下，而必移民以求之。德国物品之市场，必不在德国国旗之下，而必移民以求之。吾真不解其理由之何在也。吾人之贸易，非强以武力暴力，则必不得行之。吾又不解其理由之何在也。

### 黑暗时代之经济

黑暗时代之英雄豪杰者，为希自国之富盛。故常侵掠他国，劫掠其财富，征收其贡租。成吉思汗、帖木儿之经济固如此也。若帝国主义者，亦唯压倒其余之蛮族，侵夺其土地，臣仆其人民，强其买卖，以为其经济的主义。何异黑暗时代之经济也？是文明时代之科学，所决不许者也。

### 生产之过剩

试问彼等何以为开拓新市场之必要？曰：苦于资本之饶多，与民产之过剩（犹言有余）也。呜呼！是何言欤？为彼等资本家、工业家苦于生产之过剩，就其一面而观之。而不见数千万之下层人民，号泣而诉其衣食之不足也。彼等生产之过剩，非真为其需用也，为多数人民购买之力不众也。多数人民乏于购买之力者，财富之分配失其公平，而贫富之悬隔太甚也。

### 今日之经济问题

欧美贫富所以悬隔太甚者，以富者之资本，由堆积于一部少数之手。而多数人民之购买力，遂至极其衰微。实现时自由竞争制度之结果，亦由于彼等资本家、工业家对其资本而为垄断法外之利益也。故欧美今日之经济问题，数禁其压伏。其余未开之人民，强其消费其商品，则非兀进其自国多数人民之购买力不可。欲兀进自国之购买力，非禁其资本家垄断法外之利益。其对一般劳动者，公平分配其利益不可。欲分配之公平，非改造现时之自由竞争制度之根本的，而确立社会主义的制度不可。

### 确立社会主义的制度

果能如此，资本家之争竞必无可垄断之利益矣。既无垄断之利益，则多数之衣食分配必能公平。多数之衣食既足，则生产必无过剩之事。生产既不忧过剩，又何必假国旗之威严以行帖木儿的经济乎？果能如此，则实所谓文明的也，科学的也，而亦实为道义的也。

### 破产与堕落

而欧美之政事家、商工家，而计不出此。惟夸一时之虚荣，本永远以行其垄断之策。为扩张海外之领土，而抛莫大之资。滔滔日下，而不知其所底。而其结果，究何如乎？惟见其政府之财政，益膨胀也。资本家之利权，益吸收也。商工家之利益，益狂急也。分配之贫富，益不公也。而领土之扩张则愈大，而贸易之总额则愈增进，而国民多数之困穷则愈增加。不至于破产堕落而不止。

### 游牧的经济

纵令彼等扩张领土之费用，其困竭不至于如吾前之所云，以至于破产堕落，则诚幸矣。然而如今日列国竞争之势，所谓求新市场者，将来果存几何之余地乎？至无余地之际，则必生而待饥而后可。否则，必列国互起相斗相夺而后可。不见夫逐水草而游牧者乎？水草既尽，则必束手待毙。否则，非相杀相掠，则有不能自存之势矣。帝国主义之经济，夫岂游牧经济耶？

然而彼等为求新市场之余地，列国相掠之兆，今已见矣。英人曰："德意志，吾市场之敌也。非击破之不可。"德人曰："英吉利者，与吾竞争者也。非压倒之不可。"而两国战争之准备，惟日不足奇哉！彼等之通商贸易，不在相互之福利，而在损他人以自利也。不在竞平和之生产，而在事武力之争夺也。

### 英国之贸易

夫英国者，非德意志贸易之最大华主耶？德意志者，非落英国贸易华主第三位以下者耶？两国之贸易，最近十年之间，增加既至数千万。英国对德国之贸易额，与其在澳洲者比较，虽不无逊色。而合加拿大与南阿相比，则复乎大矣。而德国输入英国之资本，其利用者亦甚鲜少。而彼等或欲击破之压倒之而后快。是其贸易之大部，必起绝大之杀机而后已也。其余列强之关系，大抵如此。

### 华主之杀戮

若天下之商人,皆杀戮其华主,以夺其财货,而谓为得货殖之诀。可笑之事,孰有甚于此乎?彼欧美诸国之欲排抑他人而图自国之利者,何其与此相类之甚也。

吾所痛心疾首而不能已于言者,盖尝研究而推其极矣。今之所谓市场扩张之竞争者,亦犹军备扩张之竞争也。关税之战争者,亦犹武力之战争也。彼等之所以苦人者实所以自苦。彼等所以抑他人之利益者,实所以自抑其利益。而使其多数之国民,以陷于困迫饥饿腐败灭亡也。吾故曰:帝国主义之经济者,蛮人的经济也,帖木儿的经济也。不正也,非义也。非文明的也,非科学的也。逐政事家眼前之虚誉,而为投机师博一时之奇利也。

### 日本之经济

退而自观我日本之经济,更有甚者。我日本者,亦欲藉武力而建国旗于海外者也。而我国民投几何之资本于此国旗之下,于此市场,能制造几何之商品?于是而果扩张一领土,则武人必益跋扈,政费必益增加,资本必益欠乏,生产必益萎靡。我日本将持帝国主义而进乎?其结果惟如此而已矣。

### 其愚不可及

欧美诸国之帝国主义者,则藉口于资本之饶多,生产之过剩。而日本经济之情实,则全与之相反。欧美诸国之建设大帝国者,其腐败与零落,虽可决然。然犹或有若干年间夸其国旗之虚荣。至我日本,苟或建设帝国,岂能维持一日?而多数之军队,拥战舰者而大呼曰:帝国主义哉!我日本之主唱帝国主义者,其愚不可及哉!

## 第五节

### 英国殖民地之结合

英国之帝国主义者又曰:"吾之讲求武备者,盖欲统一结合,以巩固殖民地之全体耳。"此说者尤彼好战的爱国者之所喜也。而其可笑之甚,不足一道矣。

### 不利与危险

彼等英国之民，所以防备不懈栗栗危惧者，非为其领土过大欤？彼等各殖民地之人民，当其生于母国也，几不聊生。为得其自由，为求其衣食，远适异国，始为移住之人民也。今幸而得遂其志，而享繁华之幸福。何苦更隶于大帝国统一之名下，甘受母国之干涉桎梏乎？何苦更为母国而负担其莫大之军资与兵役乎？何惮于离其母国而自立于欧美列国纷争之际乎？其不利与危险，盖莫大于是矣。

### 小英国当时武力之斟酌①

夫武力之无用与罪恶，前既言之矣。然用为防备自国之必要，此又列国不可告人之隐慝也。故其防备之周，武威之炽。惟因其领土之广大也，惟因建设大帝国之防范也。不见击破夫呼伊尼布二世之西班牙大帝国者，非当时之英国，而在于所谓小英国者乎？击破路易十四世负大帝国者，非当时之英国，而在于所谓小英国者乎？

然则彼等武力，放灿烂之光彩者，惟当时之小英国为最著耳。故彼等之唱帝国主义者，慎其防备，而尤引为至忧。故断断乎不许各殖民地之独立也。惟其如此，彼等始得高枕而卧。而各殖民地之人民，亦减其自由之福利。而彼等然后快于心矣。

### 英国繁荣之原由

然吾细查英国之繁荣膨胀者，决非因其武力也，实因其饶多之铁与石炭之膨胀也。决非因其武力之侵夺劫掠也，实在其平和之制造工业也。而彼等偶一误其目的，而逞其野兽之也性，以逐古代帝国主义之迹。其遇殖民地之人民，概以帖木儿的经济之手段施之。既而惩于合众国之离叛，翻然乃改其图，始许各殖民地之自治。故彼等领土之广大者，征其实事，决非帝国主义者之所谓帝国徒以形成言之也。惟其血脉、语言、文学，无不相同，为其有真个之同情。故其贸易，自有相互之利益，能联合而持永久之运命，以致无限之繁荣也。

---

① 目录为"小英国当时之武力"。

### 大英国帝国存在为他日之问题①

然则英国者，使其早醉于武力的虚荣，汲汲纵横于大陆诸邦。岂能致今日之广大乎？今日虽云广大，然将来为其国旗与武力之光荣，而冒各殖民地之不利与危险，以失其同情之感。则将来大英帝国之存在与否？实他日之一问题也。

而今日彼志扬巴林勃勃之野心，将继比德、志士列利之衣钵，率此平和的大国民，沉湎于军国主义、帝国主义之恶酒，以履古来之武力的帝国灭亡之辙。吾深为此有名誉之国民所大惜也。

### 其布林达与宾列②

然此急功名之军人政治家，逐奇利之投机师，犹可恕也。至若具特出之智识与学术，于国民之心灵的教育，有无限之责任之文士诗人，胥率而唱道武力之膨胀，实可痛之极也。如英国之其布林达、宾列，其最甚者。

### 帝国主义者，猎夫之生计也

彼等野兽的爱国者为逞其野心，而自赞美曰：国旗之光荣也，伟人之勋业也，国民的思想之唤起也。孰不以生于些须路罗之英国为幸也，孰不崇拜其志耶列路之功绩也。一为扩张我帝国数千里之版图，一则以雪加母之国耻。以蛮野犷悍之俗，而代之文明平和。故帝国主义者，于野蛮人，则讨伐之，歼灭之。以布文平和之治也。呜呼！帝国主义之生命活力，唯在蛮人存在之期间乎？亦如猎夫之生计，惟在其附近山野之飞鸟与走兽乎？帝国主义，果其如此乎？

南阿已平定矣，试问罗志更于何处而再求南阿欤？斯唐既征服矣，试问其志耶列路更于何处而求斯唐欤？至若讨伐蛮人者，彼等不知大失其国旗之光荣也，消减其国民的思想也，污坏其伟人之勋业也。果若是者，岂帝国主义前途之佳境欤？

若其布林达君与宾列君者，惟以大言壮语煽起国好战之心而已，其思想不暇他及也。自吾而视之，大类于儿戏也。真个希社会文明之进步与福

---

① 目录为"英帝国之存在　他日之问题"。
② 目录为"其布林克与因列"。

利者，岂若是哉？

## 第六节

### 帝国主义之现在与将来

自前所述者而考察之，所谓帝国主义之现在与将来，不难知也。彼之爱国心，如此其卑也。其军国主义，如此其恶也。而本是以行其政策，其结果不至于堕落与灭亡而不止也。

彼等之所谓建设大帝国者，非必要，实欲望也；非福利，实灾害也；非国民的膨胀，实少数人功名野心之膨胀也；非贸易，实投机也；非生产，实强夺也。非扶植文明，实坏灭他人之文明也。是岂社会文明之目的耶？是岂经营国家之本旨耶？

勿言为移民也，移民非扩张领土之必要也；勿言为贸易也，贸易亦非扩张领土之必要也。扩张领土之必要者，惟军人、政治家之虚荣心，惟投机师趁金矿及铁道之私利心，惟供军需所用之商人之垄断心而已。

### 国民之尊荣幸福

夫国民之尊荣幸福，决不在领土之伟大，而在道德程度之高；决不在武力之强盛，而在理想之高尚；决不在军舰兵士之多，而在衣食生产之饶。英国昔日之尊荣与幸福，而能抚有强大之印度帝国者。是时也，果有一些斯比亚者在欤？果有一加拉伊路者在欤？果谁欺？其自欺乎，抑亦欺人乎？

### 德意志国大德意志人民小

沙亚罗巴德莫利耶路氏曾评俾斯麦曰：彼盖误以德国为大，而以德国之人民为小也。不知仅以领土之伟大，而与国民之伟大者，乃反比例也。彼等之欲建设大帝国者，惟其武力之膨胀也，野兽的天性之膨胀也。彼等但富其国，而贫其人民也；但强其国，而弱其人民也；但辉其光国威，而腐败堕落其人民也。故曰帝国主义者，其国大，其人小。

### 一时之泡沫

国民既小矣，而国家岂能独大乎？如其大也，不过一时之泡沫耳，空中之楼阁耳，沙上之爪印耳。罡风忽起，雾散云消，是古来历史之所烛照也。哀哉！世界列国，竟向于若此之泡沫的膨胀力，而自趋于灭亡，而不自知其危险也。

### 日本之帝国主义

我日本之今日，亦此主义狂热达其极点之时也。扩张十三师团之陆军，三十万吨之海军，增大台湾之领土。遣派军队，干涉北清之事件。以扬其国威与国光。军人之胸间，装饰无数之勋章。议会从而赞美之，文士诗人从而讴歌之。而是等之武力，有几何之关系于我国民者乎？有几何之福利于我社会者乎？

### 其结果

八千万圆之岁计，不数年则三倍之。经营台湾者，自占领以来，夺去内地一亿六千万之费。二亿之偿金，倏尔消失。而财政日益紊乱，输入者益超过之，政府遂不能不增税。以增税之故，于是市场益困迫，风俗益颓废，罪恶者亦日加增。而改革社会之说，则嘲骂以迎之。教育普及之论，则冷笑以遇之。国力日竭，民命日蹙。若是之境，果从流而忘反。则数年之后，吾恐东洋之君主国，有二千五百年之历史者，殆如黄粱之一梦也。呜呼！是非我日本帝国主义之功果欤？

吾敢断言之曰：帝国主义之政策，为少数之欲望，而夺多数之福利者也。为野蛮的感情，而沮碍科学的进步者也。歼灭人类之自由平等，戕贼社会之正义道德，破坏世界之文明之蠹贼也。

# 第三章[①]　结论

### 新天地之经营

呜呼！二十世纪之新天地，吾人果如何经营而求其完全欤？吾人欲世界之平和，而帝国主义则扰乱之也。吾人欲自由与平等，而帝国主义则破坏之也。吾人欲生产分配之公平，而帝国主义则激成之而使之不公也。文

---

[①] 应为"第五章"。

明之危险，实莫大焉！其奈之何？

### 二十世纪之危险

是非吾之私言也。去岁《纽约瓦德》新闻，公"二十世纪之危险"为命题，而征欧美诸名士之之[①]意见。答之者无不以军备主义与帝国主义之可恐为言。呼列的利巴尼林曰："将来政治上之危险，惟在欧洲列国。蓄积军队兵舰及军资之过甚。其结果也，即诱彼等之统治者及其人民，而争霸权于亚细亚及阿非利加之野而已。"桑希尔曰："二十世纪之危险者，中古之思想反动的兴起之军国主义是也。"加伊路巴路志曰："最危险者，莫若军国主义矣。"加路布拉因德曰："最危险者，帝国主义也。"

### 比拉多之流行

然则帝国主义之可忌可恐者，亦犹耶斯德之流行也。其所触者，不至灭亡而不已。彼之所谓爱国心者，实病菌也。所谓军国主义者，实传染之媒介也。盖自十八世纪之末，法国革命之大清洁法者，扫除欧洲之敝恶，几将归于湮没。自后英国三十二年之改革，法国四十八年之革命，伊大利之统一，希腊之独立，皆所以防御此时疫也。而其间若拿破仑，若美的路易，若俾斯麦辈撒布此病菌于天地之中，至今日而又发生者也。

### 爱国的病菌

至于今日，此爱国之病菌蔓延于朝野上下之间。而帝国主义的耶斯德传染，于世界列国，不尽毁破二十世纪之文明而不已。有忘改革社会之健儿，以国家之良医自任之仁人志士，非乘时奋起而急救之，其忍袖手默视耶？

### 大清洁法

然则果如何计以应今日之急症也？曰：无他。惟更向社会国家再施其大清洁法。质而言之，开始世界的大革命之运动耳。变少数之国家，为多数之国家。变海陆军人之国家，为农工商人之国家。变贵族专制之社会，为平民自治之社会。变资本家横暴之社会，为劳动者共有之社会。

### 大革命

而后以正义博爱之心，而压其偏僻之爱国心也。以科学的社会主义，

---

[①] "之之"应为"之"，衍一"之"字。

而亡其野蛮的军国主义也。以布拉沙呼德之世界主义，而扫荡刈除掠夺的之帝国主义也。是救之之必要也。惟能如此，而后吾人始得改造此"不正""非义""非文明的""非科学的"现时之天地也。而后可期社会永远不①进步人类全般之福利也。如其不然，则趁此今日之趋势，以放任而漫不加省。

### 黑暗之地狱

则吾人之四围，惟百鬼之夜行也。吾人之前途，惟黑暗之地狱也。志士仁人，能禁口如寒蝉、如仗马哉！

---

① 应为"之"。

日本土佐幸德秋水著

二十世紀之怪物

## 帝國主義

上海廣智書局印行

## 二十世紀之怪物 帝國主義序

咄咄哉二十世紀之怪物。岌岌哉二十世紀之帝國主義也。自十八九世紀以來。法儒盧梭氏民約論出。首倡天賦人權之說。謂國家由契約而成。蒙的斯鳩氏萬法精理出。始創三權鼎立之法。於是歐陸風潮爲之一變。此百年中歐力之所以內充者。雖謂其受盧氏蒙氏之賜可也。數十年。十三州之獨立。蓋實行其主義。迨德儒伯倫知理國家學出。深駮民約論而主強權之說。於是歐陸之風潮又一變。此實帝國主義之玉珮瓊琚也。伯氏謂權出大賦。猶未合乎人道之極則。而終鑒於物競之公理。則強權之說尚爲矣炎充於內者必溢於外。故民族結合遂有十三州獨立之結果。而呈二十世紀之現象。雖美利堅向守其們羅主義者。今且不得不改其方針。民力影響遂使然也。然則歐力之所以東漸而享世界文明之幸福者。雖謂其受盧氏蒙氏伯氏諸賢之賜。亦未爲不可也。此自東方閉化守舊之國視之。一聞盧氏之說。方且駭顧鄧走日瞪舌撟而不敢言。孰知在我爲得未曾有。在彼已吐棄而不屑道矣。於以見歐人進化之速。殆不可幾。及中國號稱老大帝國。然拼無所謂主義。即不然。帝自爲帝。國自爲國適成其所謂簡人主義寡人政體。故一朝一姓之興亡不關於社會之進化。且關扼之而塗毒焉。

## 二十世紀之怪物 帝國主義序

苟讀中國歷史者類能辨之夫積民成國民發達而後其國始強未有民族彫瘵而可立國者況處於競爭最烈之世界乎所謂民族帝國主義者殆民族強盛內力外溢代表之名詞也吾友趙日生氏譯此書畢屬序於余余嘗聞諸觀徹之君子矣或謂此義最不宜於今日之中國誠哉其不宜但不能不於以一審其目的之所在耳兵家有云知己知彼百戰百勝今吾且憬於自知而遽欲與人決戰焉得不日就危亡若迅風之掃敗葉吾國不欲自強則已苟欲自強則非致力於所謂民族主義不爲功不然雖有追風之驥逐電之輪亦望塵莫及已耳余願與有國家觀念者一讀此書也壬寅七月吳保初序

二十世紀之怪物 帝國主義序終

## 二十世紀之怪物帝國主義原序

人類之歷史者自始至終信仰與腕力之競爭史也。有時信仰制腕力。有時腕力制信仰。比拉多釘於其利士德十字架之時腕力勝信仰之時也西蘭之監督亞母波羅斯命帝王懺悔於梭德西亞斯之時信仰勝腕力之時也信仰制腕力則時代光明。腕力壓信仰則時代暗黑在朝之學士無一人而唱哲學者以講調和宇宙之道。在野之詩人無一人而唱平和以求安輯人民之規。而陸則十三師團之兵劍戟燦然以誇虎旅海則二十六萬噸之戰艦機輪相觸以煽鯨波家庭紊亂達其極點父子相怨兄弟相鬩姑媳相侮而其對外也則自誇為東海之櫻國世界之君子國帝國主義者實如斯而已矣。

友人幸德秋水君成帝國主義以示余君自少壯以一身而立今日之文壇獨樹一幟人無不知君者君信奉基督其憎世之所謂愛國心者最甚君曾遊自由國知社會主義之眞面目者。余得友如君獨擅名譽茲又有此獨創的著述以紹介世之榮譽爲何幸如之。

明治三十四年四月十一日内村鑑三序於東京市外角筈村

二十世紀之怪物帝國主義原序終

## 例言三則

一、東洋之風雲日急。爲天下之功名而發狂熱。世之所謂志士愛國者皆豎髮裂眦爭逐於時。而獨冷然而講理義說道德其不以崖山舟中講大學者相嘲者幾希所以我知之而甘爲之者。實爲斯道百年計忡忡不能自禁也嗚呼知我者其惟此篇歟罪我者亦惟此篇歟。

一、全書之說皆採諸歐美識者之苦言痛語。而於現時之德爾士多伊、利拉重莫爾列白白爾、布拉伊昂爲最多。其餘有極進步之道義抱極高潔之理想之諸氏皆有所切偲我不敢僭故不題著而題曰述以明非吾之作也。

一、是書雖眇小之冊子見卑識陋不能詳盡而頗能握其綱領是可自信者。世間贖贖之徒若因之而感知其多少覺醒之機爲眞理與正義得絲毫之貢獻於願已足。

明治三十四年四月櫻花爛熳之候秋水生識於朝報社之編輯局

## 中江篤介先生評

惠贈貴著帝國主義扶病誦讀適已卒業議論痛絕頓忘疾之在身行文勁練而不失蘊藉之趣敬服之至。

今日之所謂帝國主義者實純然之贏武主義以秦皇漢武之暴行而佐以科學精利之器可謂古今之極慘已若於此際而得如古之亞里斯多德新西拉耶士周武殷湯諸葛亮曾國藩等真以止戈為目的以雄張於亞細亞大陸則他年世界平和之大義庶幾有望歟此等大事到底非可與今日斗筲之輩而論道也嗚呼。

每日新聞記者石川安次郎評

明治二十二年春四月余去鄉里之岡山出大阪。一日訪問中江兆民先生於曾根崎之寓居立關一書生垢衣蓬髮而迎余曰先生於數日前赴淡路豫定今日歸大阪可少待乎。余卽入立關之室相與語。意氣軒昂與之評論時勢則罵青年之薄志弱行嘲政治家之無法非行懷慨悲憤宛然如讀兆民先生之文余愕然起敬問其姓名與經歷則土佐之一書生也前年曾客林有造君家共林君等因保安條例而退職者之幸德傳次郎卽君是。

余大喜急與幸德君訂為石交。其後再訪兆氏先生於小石川柳町之寓。或問幸德君之消息。先生太息曰惜彼以少年罹重患歸土佐消息久疏。想已死矣。余聞之大痛又失同志者一人。及後二十九年之冬。得其確信已病故於東京。其遺筆載於中央新聞披而讀之恍如八年前相晤之際。殆疑亡友之再蘇。遂語同盟同志之友。為刊行題為「二十世紀之怪物帝國主義」云。夫頑冥不靈之帝國主義何足罵之。而極力攻擊不留餘蘊。以發此偉大之評論者。豈有他哉。蓋亦為保持彼平素所唱偉大之平和主義與光明之世界主義而已。

平和主義世界主義者。非彼一人之所專有也。實我同志者一貫之偉大主義也。彼冥頑不靈之鼠輩。橫行於我日本。則我同志者誠為少數。屢屢為彼多數之鼠輩所迫害。然合世界之我同志者而計算。吾人未見為少數也。

本書者為傳我平和主義世界主義之福音。而與帝國主義如仇敵倒戈以攻之者也。幸德君為我同志者之主義特著勇敢。以試挑戰同聲感謝其銳利之筆鋒。吾人同志中。

## 人民新聞記者芳原華山評 節錄

幸德秋水君著帝國主義君目帝國主義為二十世紀之怪物。其對帝國主義之意見可知矣。余讀瀧木誠一君之『經濟的帝國』論深以為榮。雙雙反對而其著書同時其出版同時。不亦奇歟二書併讀各描半面之眞理殆無餘蘊。二君之學術識見皆吾之所最敬者也。

## 萬朝報記者河上年陵評

秋水子唱社會主義者。余亦唱社會主義者。秋水子唱平和主義者。余亦唱平和主義者。余之唱社會主義與平和主義以排帝國主義之熱心自信與秋水子同出一轍。今秋水子若國主義一書縱橫攻擊此主義。余安得而不大歡迎之。余曩著排帝國主義一篇。公之萬朝報之紙上結蔫一語錄之於左。雖無加拉伊路未見其失印度之全土未見其失些其斯比亞是何故歟。

未數日秋水子之本書出讀其最後之一章亦慨然曰。
英國自來之尊榮與幸福而能欽有彼龐大之印度帝國者豈有一加拉伊路在歟若必
特加拉伊路非實欺我哉。
君與余之言不期而合有如符節。寧非奇歟。所謂暗合默契者即是類也。
帝國主義者實宣於十九世紀與現世紀攪亂國際之平和惹起人民之疾苦蹂躪正義
破棄人道之惡魔而此惡魔之愛國心加以國權論等之粉粧　粉粧猶言粧飾外面以人炫也　人咸被其籠
絡而不知終被其毒手也我日本人以愛國心為無上之光榮不知實為帝國主義之惡
魔而歡迎之是固無足怪也
秋水子此著發明帝國主義之真相殆無遺憾非細玩之不知其中含蓄絕大之哲理的
思想吾人因秋水子之此書而後知秋水子之為大理想家
秋水子文章之巧妙固不待言惟以彼之健筆寫此等之奇想則帝國主義一篇實可為
無韻之詩即以被之文學而論之。我國民讀如此之著述則思想亦為之一新也

土陽新聞評

如羣山萬壑齊赴荆門。如百川萬流。咸朝東海方今一代之風潮傾注於帝國主義世運滔滔不知所底舉凡學者政治家軍人相率而拜服於此主義之下而世之唱道自由主義講究社會問題者。均未嘗一語及之。但隨世人聞其美名未有知其內容之如何者此比皆然友人幸德秋水君夙忠於自由平等主義之士也多年特具見地欲解决此社會問題注其心力研鑽講究造詣最深成此著作公之於世欲以喚起世論此書因述帝國主義之起因蓋原於愛國心與軍國主義故先論愛國心其言曰今之所謂愛國心者對自國則表同情惻隱其對他國則惟憎惡與虛榮與競爭心質而言之。則野獸的天性之好戰心也。次及軍國主義則曰軍國主義者好戰的愛國心也一種之狂熱與迷信也徵之英俄德美及日本軍備軍隊之行動與戰爭之罪惡最後及帝國主義。說明其目的惟在建設大帝國與擴張領土徵之於實事發明其必要與其非理以爲人道之鑑其最後之斷案錄之於左。

帝國主義以可卑之愛國心與可惡之軍國主義爲第一政策。此政策者以少數而奪多數之福利者也。野蠻的感情阻礙科學的進步者也殘滅人類之自由平等戕賊社會之正義道德破壞世界之文明之蠹賊也。惟其然也果何術以救帝國主義之蔓延今日之時代則畫策曰。惟開始世界的大革命之運動變少數之國家與陸海軍人之國家為多數之國家與農工商人之國家變貴族專制之社會資本家暴橫之社會為平民自治之社會勞働者共有之社會洵能如此始能政造現時之不正非義非文明的非科學的之社會以期社會永遠之進步人類全般之福利也。

何其言之沈痛也決不似世間豫言改革者之口吻書中所說往往特具奇矯著者早已講究此問題以冷靜之歡察指摘社會之時弊為世之學者政治家等所不敢言其評論絕無忌諱以明二十世紀之怪物之真相以貢獻於讀書界之奇想其功績決不可沒也。

此余所以不憚煩言而願為之紹介也。

讀賣新聞評

今世界者。帝國主義之世界也。如美國之文明。亦感染而惑溺於帝國主義時事可知故帝國主義者實軍國主義戰爭主義擴張主義併吞主義也著者論斷其為二十世紀平

## 帝國主義 評

和道德自由平等之大害而帝國主義之尤可恐可忌者。亦如自斯多之流行其所觸者。不至滅亡而不止於是承唱擴充世界主義以掃蕩刈除帝國主義爲文章簡勁筆鋒犀利。論旨尤爲生動其自著例言曰其不以崖山舟中講大學相嘲者幾希我和之而復爲之者。實爲斯道百年之計著者之抱負可以知矣。

### 勞働世界記者評

帝國主義者眞偉筆哉。痛責今世之學者政治家軍人之大喝棒也箸者爲萬朝記者幸德秋水氏夙能文章獨具熱血惟此能文章具熱血之士故能議論縱橫如此讀之令人鼓舞不置也。

著者極力痛論彼野獸心所湧出之三兄弟。兄弟並立也 所謂愛國心軍國主義帝國主義是也氣燄萬丈咄咄逼人其結論之最精當者則曰變海陸軍人之國家爲農工商人之國家變貴族專制之社會爲平民自由之社會變資本家橫暴之社會爲勞働者共有之社會。而後以博愛正義之心壓彼偏僻之愛國心也以科學的社會主義亡野蠻的軍國主義也布拉沙呼多之世界主義。掃蕩刈除彼掠奪的帝國主義也。

四

## 時事新報記者評

萬朝報記者幸德秋水氏所著帝國主義。以社會主義之見地。而評列國之現勢痛論帝國主義爲因好戰心而爲政治家之利器以損傷人民之平和幸福其說之犀利足備經世家之參致加以文章流麗氣味濃厚誠文學上之著作有十分之價値者也。

## 東京日日新聞記者評

幸德君著帝國主義一書極說帝國主義之危險文章簡勁殆如詩家之言令人涵詠不已。而其熱誠往往有嘔心噴血之概足見著者之苦心。

## 日本人雜誌記者評

帝國主義者侵畧主義之異名呑噬主義之別號也。外觀堂堂具美相。而實則以刦掠他國之領有與強奪土地爲本旨者夫切取強盜其類不一但所異者彼則對於個人此則對於國家。而其刦掠不在個人而在國家強奪不在財產而在土地之故。不過大小之異耳。彼等往往耀威武荷功名其所以耀威武荷功名者蓋以炫惑俗士之眼。其歸趣則日趨日下且以如此之結果必至於令他國以陷於零落與滅亡而後止而於其間必有

報知新聞記者評

幸德秋水氏以慷慨悲壯之筆。痛排帝國主義之妄。絕無忌憚。洵可稱文字之犀利者也。淫其非義不正暴力壓制之勢以徇其私者。著者幸德氏離一國家一政府之利害。之於惟一世界之利害。更由惟一世界之利害。廣之於惟一之大社會之利害。而論斷帝國主義曰。帝國主義者即建設大帝國之意味也。所謂建設大帝國者。非必要實欲望也。非福利實災害也非國民的膨脹實少數人功名野心之膨脹也非貿易實投機也非生產實強奪也非扶植文明實滅壞文明也是豈文明社會之目的耶是豈經營國家之本旨耶。以眇小之冊子。剖析帝國主義盡其論難且目現德意志皇帝爲好戰皇帝嘗臨俄國之戰爭畫家古耶列斯查典之戰爭展覽會曰是等之繪畫皆令人速避戰爭最良之善之保證者。更凝視拿破侖一世莫斯科敗歸之圖良久臨去乃曰有是等之繪畫起征服世界之非望者將絕跡也。凡逞其好戰的野心者無不與此相同若他日我國人豁然而悟帝國主義之非。則眞爲增進國民之利益幸福余輩今於此書亦可信其繪畫同功云。

日出國新聞記者評

以二十世紀之怪物評論帝國主義。豈眞催其憤語至其叙述尤有不勝之感以彼一人之創見縱橫自在喝破世上之迷夢尋常賣文之評論譏其失於奇矯余則以爲適切時世云。

朝日新聞記者評

帝國主義者蓋以自由主義社會主義之見地而排斥帝國主義者也其文章帶一種詩的之趣味以痛罵偏僻之愛國心與野蠻之軍國主義現味細讀不覺卷終著者自居於多路斯多伊利一流人物甘受崖山舟中講大學之嘲其就軍國主義見其黑暗之一面。而逑其厭惡嫌忌之感情就國家組織之根底而立論其評論當世紀之所謂帝國主義利害是非殆無遺憾洵足以資當世之經綸展卷讀去如聞慷慨家之不平談不勝悲憤之感是吾人對此書所慨然而發喟也嗚呼滔滔改容沒頭於眼前之小問題漂泊於世

論愛國心論軍國主義論帝國主義等讀之皆令人鼓舞就此等議論以非彼好戰的野心。必大受道義家之賛賞不置云。

波之風潮而無所止。而獨懷抱自由之主義平等之理想。特出於彼等思想之上遂發表其一種之思想。絕無忌憚其勇猛精進自信之篤可想而知。此書為社會之所歡迎有斷然者。

中央新聞記者評

帝國主義者分緒言愛國心軍國主義帝國主義結論五章。以流麗之筆寫深遠之想奇拔之警句。一字一句愛誦無已

通覽本書以假面之帝國主義以愛國心為父。以軍國主義為母而生出二十世紀之怪物。獨斷痛斥之幾無遺憾矣。

警世記者評

以警拔之筆燗爛之文明快爽利豐富腴厚。以論帝國主義。如庖丁鼓刀而為惠文君解牛。其斥愛國心為好戰心。而此好戰心者即動物的天性。其為釋迦基督之所必排文明之理想目的所不能容有斷然者。而奈何其為現代之流行物也。所謂帝國主義者以此愛國心與軍國主義為經緯而織成此政策也。故於其流行也。則

斥之曰。非科學的智識實迷信也。非文明的道義狂熱也。非自由正義平等博愛實壓制邪曲頑陋爭鬭也。於建設大帝國者。則直警之爲切取強盜之非行更於其後以檄志士仁人迫之爲世界的大革命之運動與開始即以正義博愛之心壓彼偏僻的愛國心。小科學的社會主義亡彼野蠻的軍國主義以布拉沙呼多之世界主義掃蕩破壞彼掠奪的帝國主義眞龍跳虎臥風起雲捲之大文字立身高處其著眼亦高本書之著述毫無遺憾。吾人雖不才。亦與幸德氏有同感想者今幸德氏爲吾人而發明之安得不歡迎而紹介之耶。

中國民報記者田岡嶺雲評

吾友幸德秋水頃著帝國主義一書大排帝國主義其言痛切最中時弊者也。

吾亦惡藉尊王之名行專制之實如今之所謂愛國者也吾亦惡竭盡一國之財產以爲軍人之功名心之犧牲如今之所謂軍國主義者也吾亦惡殺人竊國侵掠以擴大其版圖如今之所謂帝國主義者也吾亦惡自由之敵平和之敵人道之敵亦猶秋水之所惡也但告之所見與秋水少異者吾愛所謂帝國主義之流行不如秋水之大也

世界必至於統一。此可預期者也。於國土於文學於宗教乃至語言習慣亦必歸於世界的統一。此亦可預期者也。所謂統一者非謂強併弱之謂。乃與異色者混一而融化之謂也。渾一即平等也。平等即自由也。平和也。人道之大義也。文明之終極也。而世界大局之趨勢者乘交通之便此即所謂世界的統一之向之而進者也。帝國主義者達此世界的統一之一階段也。帝國主義之積極的即膨脹而爲國家主義也。國家主義者亦一階段也。然而帝國主義比國家主義爲更上一層之階段也。帝國主義者。在版圖之擴張。而予所謂世界的主義其擴張尤爲最大而無限。故帝國主義者。不過擴張一國之版圖也。擴之擴之究眞所極即統一也。天者狡獪者也。即利用一國之野心以隸於帝國主義之名之下不識不知已至於所期之世界矣。是即天之不自勞其手段而終達於世界統一的之終極也吾亦知以武力以戰爭而互相奪之帝國主義之非美然而帝國主義者實爲自由正義平和文明之耶多比亞之一險戲之迷路。世界的統一之關稅。自其終局而觀之。則帝國主義者殊不必憂者也。故帝國主義者一時之現象也進步之階段也吾遠測其終局則樂觀之。而秋水則悲期其現前之下也秋水與余其惡愛國者惡軍國主義惡帝國主義有何輕重其欲自由欲平和愛正義愛人道有何逕庭欲之愛之大故秋水深慨帝國主義之流行同欲之同愛之而吾之愛此主義之流行不如其大也其歸宿同吾與秋水之志無不同。

此書爲彼等徒知帝國主義安信以軍備而擴張領土爲立國之大計者。向彼憒憒者流。加頂門之一針吾故以爲切中時弊之一好著不憚爲世而推薦之也。

雄健熱烈秋水之文之妙。一至於此吾無以贊之矣。

# 二十世紀之怪物 帝國主義目錄

## 第一章 緒言

帝國主義者燎原之火也　何德何力　國家經營之目的　科學的智識與文明的福利　天使乎惡魔乎　焦頭爛額之急務

## 第二章 論愛國心

第一節　帝國主義者之喊聲　愛國心爲經軍國主義爲緯　愛國心者何物乎　虛榮

第二節　愛國心與惻隱同情　畏郷心　對他郷之増惡　天下之可憐蟲　虛誇

第三節　羅馬之愛國心　羅馬之貧民　何等之癡愚　希臘之奴隷　迷信的愛國心　愛憎之兩念　好戰之心者動物的天性　適者生存之法則　自由競爭動物的天性之挑撥

第四節　洋人夷狄之憎惡　達野心之利器　明治聖代之愛國心　英國之愛國心　英法戰爭　所謂擧國一致　罪惡之最高潮　戰後之英國　白多路羅虛

## 帝國主義

偽哉

第五節 一轉眼而觀德意志 俾斯麥公 日耳曼統一 無用之戰爭 普魯西之一物 中古時代之理想 普法戰爭 愛國的呼蘭德 柔術家與力士 德意志現皇帝 近世社會主義 哲學的國民

第六節 日本之皇帝 故後藤伯 征清之役 獸力之卓越 混砂礫之鑛詰 日本之軍人 為我皇上 孝子的娼婦 軍人與從軍記者 眼中國民 愛國心發揚之結果

第七節 愛國心之物如此 人類之進步 所以進步之大道 文明之正義人道

### 第三章 論軍國主義

第一節 軍國主義之勢力 軍備擴張之因由 五月人形三月雛 莫魯多將軍蠻人之社會學

第二節 馬罕大佐 小莫魯多之輩出 軍備與徵兵之功德 戰爭與疾病 權力衰微與紀綱廢弛 革命思想之傳播者 疾病之發生 徵兵制與戰爭之數 戰爭減少之理由

《帝國主義》目錄

第三節　戰爭與文藝　歐洲諸國之文藝學術　日本之文藝　武器之改良　軍人之政治的之材能　亞列山德路　與罕尼巴路及西沙　義經正成幸村　項羽與諸葛亮　呼列德尼志與拿破崙　華盛頓　美國之政治家　克蘭德與林耶隆　山縣樺山高島　軍人之智者賢者

第四節　軍國主義之弊毒　古代文明　雅典與斯巴爾達　白羅捧列西昂戰後之腐敗　他西志的斯之大史筆　羅馬　德列呼耶之大疑獄　利拉蹶然而起　堂堂軍人不如市井之一文士　其志耶列路將軍　俄國軍隊之暴虐　土耳其之政治　德意志一代道德之泉源　麟鳳不棲於枳棘　德意志皇帝與不敬罪

第五節　決鬪與戰爭　較猾智之術　戰爭發達之第一步　愛田舍之壯丁　餓鬼道之苦　軍備誇揚之不止

第六節　擁軍人而不自寧　平和會議之決議　僅一轉步　猛獸毒蛇之區

第四章　論帝國主義

第一節　野獸求肉餌　領土之擴張　建設大帝國者切取強盜也　武力的帝國

二

之興亡　國旗之零落

第二節　國民之膨脹乎　少數之軍人政治家資本家　德蘭士瓦路之征討　犧
牲數萬人鮮血之價十億萬圓　德意志之政策　德意志社會黨之決議　美國之
帝國主義　非律賓之併吞　獨立之檄文建國之憲法奈何　美國之危險　美國
隆盛之原因　德莫克拉多黨之決議

第三節　移民之必要　人口增加與貧民　貧民增加之原因　英國移民之統計
移民與領土　大謬見

第四節　新市場之必要　黑暗時代之經濟　生產之過剩　今日之經濟問題
確立社會主義的制度　破產與墮落　遊牧的經濟　英國之貿易　華工之殺戮
日本之經濟　其愚不可及

第五節　英國殖民地之結合　不利與危險　小英國當時之武力　英國繁榮之
原由　英帝國之存在　他日之問題　其布林克與因列　帝國主義者臘夫之生
計也

第六節　帝國主義之現在與將來　國民之虛榮幸福　德意志國大德意志人民

小　一時之泡沫　日本之帝國主義　其結果

第五章　結論

新天地之經營　二十世紀之危險　比拉多之流行　愛國的病菌　大清潔法

大革命　黑闇之地獄

# 二十世紀之怪物 帝國主義

日本土佐　幸德秋水述
中國武陵　趙必振日生譯

## 第一章　緒言

盛矣哉所謂帝國主義之流行也。勢如燎原不可嚮邇世界萬邦皆慴伏於其膝下贊美之崇拜之而奉持之。

不見夫英國舉朝野之信徒德意志好戰之皇帝。盡其勢力而鼓吹之乎。俄國者非自稱其自昔傳來之政策乎。若法也澳也意也。孰不熱心於此乎。彼隔瀛海之美國。近亦棄其們羅主義而轉其方針乎。至於我日本自日清戰役大捷以來。上下之狂熱如火如荼。如脫軛之悍馬。

昔者誇羊時忠者有言曰『不氏者殆人而非人』而非人類也今之奉持帝國主義者殆將作政事家而非政事家國家而非國家觀之彼其果有何德何力何重何貴而致其能流行如此也。

夫經營國家之目的。在社會永遠之進步在人類全般之福利彼之專圖現在頃刻之繁榮小

# 帝國主義　第一章　緒言

帝國主義者燎原之火也

經營國家之目的
何德何力

> 科學的智識與文明的福利
> 
> 天使乎惡魔乎
> 
> 焦頭爛額之急務

數階級之權勢者其於國家主義何如也今日之國家之政事家奉持帝國主義者果資吾人之進步者何在乎與無吾人之福利者何在乎。

吾人之所深信而不疑者欲求社會之進步其基礎必待夫『眞正科學的智識』而後可。欲求人類之福利其源泉必歸『眞正文明的道德』而後可。而其理想必在『自由』『無』『正義』而後可。而其極致必在『博愛』與『平等』而後可夫古今東西順之者榮如松柏之後凋逆之者亡如蒲柳之先稿彼帝國主義之政策果有此基礎源泉乎。果有此理想極致乎如其然也則此主義者實社會人類之天國福音也雖爲之執鞭所欣慕焉

不幸而非如吾所言則帝國主義之所以勃興流行者非科學的智識實迷信也非文明的道義狂熱也非自由正義博愛不等實壓制邪曲頑陋爭鬪也而是等之劣情惡德不至於支配世界萬邦而不止而『精神的』『物質的』『皆受其傳染其毒害之所橫流非深可寒心者歟。

嗚呼帝國主義汝今日流行之勢力於我二十世紀之天地將現寂光之淨土乎亦墮無間之地獄乎進步乎福利乎災禍乎天使乎惡魔乎其眞相實質果如何孰爲細心而研究之然而現在經營我二十世紀之人士則以爲此眞焦頭爛額之急務也身列後進不揣

## 第二章 論愛國心

### 第一節

膨脹我國民擴張我版圖建設大帝國發揚我國威光榮我國旗是所謂帝國主義之喊聲也。彼等之愛自家之國家之心亦深矣。英國之伐南阿美國之占非律賓德國之取膠州俄國之奪滿洲法國之征呼亞鎮達意國之戰馬卑亞尼亞是近將帝國主義所行較著之現象也帝國主義之所向者惟軍備爲軍備之後援者則外交件之。

其見於發展之迹者非以『所謂愛國心』爲之經以『所謂軍國主義』爲之緯以織成之政策乎。名爲愛國心實則純爲軍國主義通有之條件乎吾故曰欲斷帝國主義之是非利害不可不先向其所謂愛國心所謂軍國主義加一番之檢覈也。

然則今之所謂愛國心若亦知愛國主義爲何物所謂巴多尼阿斯母爲何物吾人何故而擇一地而認爲我之國家若國土者果可愛耶不可愛耶。

愛國心者何物乎

愛國心爲經軍國主義爲緯

帝國主義之喊聲

才呶呶不已誰其聽之。

## 第二節

愛國心與惻隱同情

夫孺子墮井匍匐往救。不問其遠與近也。不問其親與疏也。子輿氏之言。不欺我矣。若真愛國心者。則救此孺子於井底之洗木哈西也。惻隱之念與慈善之心油然而並茂。美哉愛國心純乎不雜一私者也。

惟其然也果有真正高潔惻隱之心與慈善之心者。決不以一己之遠近親疏而異之。亦猶人之救孺子決不以己子人子而異之也。故世界萬邦之仁人義士。必為支蘭士瓦路而祈復活之勝利。必為非律賓而祈其獨立之成功。其視英人若敵國然者。其視美人若敵國然者所謂愛國心者果能如此否乎。

今之名為愛國心。實則純為軍國主義者。英人則必不為支蘭士瓦路而祈勝利以損其愛國心。美人則必不為非律賓而祈其獨立以損其愛國心。故謂彼等無愛國心則不可。然彼等究與之高潔之惻隱慈善之心者不能表其同情則其所謂愛國心何其無救孺子之熱念竟不一致也。

然則前之所謂愛國心者醇乎與惻隱之心慈善之心之相背也。彼之愛國心之所愛者。自家

## 望鄉心

愛國心者又與愛故鄉之心相似也。愛故鄉之心雖可貴。然其原因實有卑不足道者。垂髫之時騎竹馬舞泥龍果解故鄉某山某水之可愛乎。既而遠適異國隻影無儔於是懷土望鄉之念漸次而生則以外感之激刺也。夫東西逢飄南船北馬熱心壯志幾許蹉跎世態炎涼人情冷煖無不躬焉歷之。回憶慘綠少年鬬雞走馬昔日之愉快時復現象於其腦質中。故邱首之慕之愈切也。行旅艱難風惡土異停杯投箸不能下嚥萬人海裏無半面交父母妻子之愛念不禁其發達無極矣。故彼等之愛故鄉實由其嫌惡他鄉而起。其對故鄉非眞有同情之惻隱與慈善。不過因對他鄉有憎惡也。故惟失意逆境之人此情最甚。彼等之憎惡他鄉愈甚。故其愛戀故鄉之念亦獨切。

雖然愛戀故鄉之念。亦不獨失意逆境人也得意順境之人亦有之。然細察其所以然得意人之思慕故鄉。其心事更卑不足道。彼等不過欲炫其得意之事於其鄉黨之父老故舊耳。其對鄉里果有同情之惻隱與慈愛乎。不過爲其一身之私意而已。虛榮也虛誇也競爭心也。是私意之所專注也古人之言曰「富貴不歸故鄉。如衣錦夜行。」是語也揭其秘密之隱衷破其汚穢之鄙念已燭照而洞然矣。

今之愛戀故鄉者曰學校必立於吾之里鐵道必出於吾之郡。是猶可也其甚者且曰總務之委員必出於吾縣總務之大臣必出於吾州彼等一身之利益必不出於虛榮之外其對鄉里果有同情之惻隱與慈愛乎故有識之士洞徹徵所不能不仰天而太息者也。

惟其然也故彼之愛國心其原因動機皆與其愛戀故鄉之心而一轍則彼虞芮之爭真愛國者之好標本哉。

吾於是乎思昔者巖谷某揚言於國益之親玉勿笑之矣彼於東宮大婚之紀念美術館約千圓之附寄卒履其約勿笑之矣天下之所謂愛國者及愛國心者於巖谷某亦五十步百步之差耳。吾請質言之愛國心之廣告者唯一身之利益也虛誇也虛榮也若是而已矣。

對他鄉而生憎惡

天下之可憐蟲

虛榮虛榮

羅馬之愛國心

第三節

「何須分黨派惟知有國家」
"Then were was for a party."

## 第二章　論愛國心

> Then all were for the State.

羅馬之貧民

此古之羅馬詩人之所誇揚贊美者也。何以知之。彼蓋利用黨派之智。非眞知有所謂國家。彼之所謂國家者爲敵國敵人耳爲迷信而憎惡敵國敵人耳。吾非無所見而云然也。當時羅馬之多數貧困農夫共少數之富人。或從其富人赴其所謂國家之戰事。吾又見其臨戰之時。勇猛奮進冒矢石躬兵革而不顧身其忠義節烈感大地而泣鬼神。吾又見其彼等幸而戰捷全身歸國時其因從軍而貧之債務積不能償。遂自身陷於奴隸之域。吾且見其當戰役之間富者之田畝常屬其臣屬奴僕任其耕耘灌漑而貧者之田全委於荒廢靡蕪。而債務由是而生。而自買爲奴隸。嗚呼果誰之罪歟。彼羅馬國之所謂敵國敵人而憎惡之者。彼敵國敵人縱爲彼等之禍害。未必出於其同胞富者之上也。彼等爲其奪其自由奪其財產而陷於奴隸之故。奪其自由奪其財產而陷於奴隸果孰使彼等而至於此乎實由於其同胞之所謂愛國心而使之然者。此非彼等思想之所及也。富者因戰而益富。臣屬奴僕之日益加多之故也。而貧者亦因之而益貧。詰其何以故。唯曰爲國家之戰事耳。彼等爲國家之戰事。而沈淪於奴隸之境。而猶追想討伐敵人過去之虛榮。

以誇揚其勳業以銘紀其功名嗚呼是何等之癡愚也古羅馬之愛國心其實如此。

希臘之奴隸

於古希臘。吾又見有所謂耶羅德之奴隸者既事於兵又事於奴隸而猶慮彼等身體強健之過度。彼等人口增殖之過度。爲其主者任意摧折而殺戮之。而彼等爲其主而出戰勇敢實無比忠義實無比。而曾不知一倒戈而恢復其天賦自主之權悲夫悲夫。

迷信的愛國心

彼等之所以然者何也。其於外國外人即彼等之所謂敵國敵人以爲憎惡而討伐之誤信爲彼等之義務也誤信爲無上之名譽也。而不知其爲虛誇也。而不悟其爲虛榮也嗚呼此等之迷信彼等所謂愛國心虛誇的虛榮的之迷信。而實不過飲腐敗之神水之天理致徒也而其毒害更有過之者。

愛憎之兩念

然而彼等憎惡敵人之甚亦不足怪也蓋人生當未開化之時其智識去禽獸不遠無所謂之同仁。無所謂之博愛。自原始以來。愛憎之兩念如糾繩之相纏。如環鎖之相連也不見夫禽獸之在原野者乎。同類相殘。而一旦與夙未相見者遇忽而畏懼震恐由畏懼震恐即生猜忌憎惡由猜忌憎惡於是而咆哮。而爭鬬而結其相殘之同類。當其抗爭公共之敵之時其同類互相親睦之狀怡然可掬油然相親若彼等之禽獸而謂其

## 帝國主義　第二章　論愛國心

愛國心是耶非耶古代人類蠻野之生活非若是哉蠻野人類之生活同類相結以其自然之戰以戰其異種族彼等之所謂愛國心也然其灼然可見者彼等之團體忽結親睦之同情者由其所遇之敵而生也唯其對敵人有憎惡之反動因其同病而始有相憐之心

> 好戰之心者動物的天性

惟其如此則所謂愛國心者即討代外國人之榮譽之好戰心也其好戰心者即動物的天性也而此動物的天性即好戰的愛國心也是非釋迦基督之所排而文明理想之目的所不能容者歟

哀哉世界人民尚能於此動物的天性之競爭場裏送過十九世紀也近更依然無涯無埃以處二十世紀之新天地也

> 適者生存之法則

社會之公理從適者生存之法則進化日漸發達其統一之境域交通之範圍亦隨之而擴大焉於是公共之敵異種族異部落者亦漸減少彼等憎惡之目的亦失其所以結合親睦之目的亦失於是乎彼等之愛一國一社會一部落之心變而爲愛一身一家一一黨之心其於種族間部落間野蠻之好戰的天性亦變而爲個人間之爭鬩朋黨間之軋轢

五

階級間之戰鬪。嗚呼當此純潔理想高尙道德盛行之間動物的天性。尙不能除卻。而是時之世界人民旣無所敵無所憎惡。無所戰爭。而惟競爭於無形而名之曰愛國心而稱之爲美譽之行。不其惑歟。

自由競爭

嗚呼歐美十九世紀之文明果文明乎。一則自由競爭之激烈。人類不勝其慘酷之禍。一則高尙正義之理想信仰亦全墜地我文明之前途洵可寒心而姑息之政治家好功名之冒險家。趁奇利之資本家。有鑑於此。於是大聲疾呼曰四境之外大敵日迫凡我國民非亟止其個人之爭鬪。而進而爲國家之結合不可。彼等遂移其個人間憎惡之心轉而向於外敵以自遂其私圖。苟有不應之者卽責之曰非愛國者也是國賊也吾人而知所謂帝國主義之流行實以

動物的天性之挑撥

若是之手段爲之濫觴也所謂國民之愛國心者質而言之。卽動物的天性之所挑撥而出者也。

第四節

洋人夷狄之憎惡

愛自家可憎他人不可。愛同鄉人可憎異鄉人不可。愛神國愛中華可憎洋人憎夷狄不可爲其所愛者而討其所憎者是可謂之爲愛國心乎。

然則愛國主義者。其最可憐者非彼等迷信之咎乎。非迷信也實好戰之心也非好戰之心也。實為虛誇虛榮之廣告也之賣品也而此主義者實專制政治家欲達其自家名譽之野心而供其手段之利器也

希臘羅馬之舊蹟姑勿言之。而近代愛國主義之流行之利用。較之上古中古而更甚也。

昧昧我思之昔森田思軒氏嘗著一文「黃海之所謂靈應者非靈說」以國賊責彼久米邦武氏著「神道者祭天之古俗也論」而免其教授之職。西園寺侯欲行其所謂「世界主義的教育」其文相之地位幾殆內村鑑三氏拒禮拜之勅語亦免其教授之職彼等皆以大不敬罵之。以非愛國者罪之是明治聖代日本國民愛國心之所發現也。

國民之愛國心者。一日忤其所好可以箝人之口也可以掣人之肘也可以束縛人之思想也。可以干涉人之信仰也歷史之論評得禁之也聖書之講究得妨之也科學的基礎得破碎之也。譯文明之道義則恥辱之。而是等之愛國心可以邀榮譽博功名也。

不獨日本之愛國心為然也英國者近代極稱自由之國也極稱博愛之國也極稱平利之國也。以如此之英國。而當其愛國心激越之時而唱自由者請願改革者主張普通撰舉者非皆

## 英法戰爭

問以叛逆之罪乎非皆資以國賊之名乎。

英國人之愛國心其大發揚最近之事例莫如彼等與法國戰爭之時。此戰爭當一千七百七十三年大革命之際自後雖經多少之顚躓延至一千八百十五年拿破侖之覆沒其大段落始成彼等昔日之思想與今日之思想其相拒登違乎彼等之所謂愛國心者與今日之愛國主義其流行之事情與方法所無甚異也。

法國之戰爭當時英國之人民惟此一事耳。其原因如何勿問也。其結果如何勿議也。其利害如何勿計也。其是非如何勿論也。尚有言者必以非愛國者責之。改革之精神抗爭之熱念批評之安議。一旦休此歸於無何有之鄉矣。而國民之黨爭亦遂消滅。如彼昔利志其人者嘗戰爭之初年亦頗非議之。既知議會之大勢不可挽回。亦不能守其宗旨雖或有之輩。以平和支持自由之大義。已久不渝。嗚呼當時之英國實舉國一致。亦豈能抵制議中黨派的之討倫嗚呼當時之英國實舉國一致。

## 所謂舉國一致

之詞不能不置者也。舉國一致者卽羅馬詩人所謂惟知有國家耳然矣哉。

然吾稱道而是時擧英國之民其胸中果知何資爲理想乎何者爲道義乎何者爲同情乎何者

## 爲國家乎。

當此之時彼英國之民擧國若狂卽其宗旨所在惟對法國之憎惡耳惟對革命之憎惡耳惟對拿破侖之憎惡耳果有其一毫之革命的精神與法人之理想有關聯之思想者歟則彼等不但嫌忌之且必競相侮辱之不但侮辱之且必羣起注全力而攻擊之而非難之。

> 罪惡之最高潮

於是乎知對外國之愛國主義之最高潮者卽其對內治罪惡之最高潮也而彼等所謂愛國之狂熱者但於戰爭間以大發越其愛國心至於戰後之何狀非所計及也。

> 戰後之英國

試觀戰後之英國其對法國憎惡之狂熱已覺稍冷軍費之支出者亦遂停止大陸諸國之在戰役中者其工業界之擾亂仰於英國之需用亦絕爲英國之工業及農業亦隨之而現一大衰頹之景象而下等人民之窮乏饑餓者遍於國中至於此時彼之富豪資本家果有一絲之愛國心猶存乎果有一絲慈悲同情之念猶存乎果有擧國一致的結合親睦之心猶存乎彼等坐視其同胞之窮乏困餓展轉於溝壑者漠然淡然非如昔日憎惡讐敵之一轍乎彼等憎惡下等之貧民與其憎惡法國革命及拿破侖之念果有輕重乎。

> 白多路羅

至若白多路羅之事尤堪切齒彼等旣覆拿破侖軍於烏阿德路羅之後集合要求改革議院

第二章　論愛國心

七

之多數勞働者於白多羅呼伊路德悉蹂躪而虐殺之。時人稱烏阿德路羅之戰冷語刺之呼為白多羅者是也。既破敵軍於烏阿德路羅愛國者又一轉念復縱白多羅而虐殺其同胞。彼之所謂愛國心者眞有愛其同胞之心否耶所謂一致之愛國心者戰塵方息。而於國家國民之利益。有過而問之者否乎吾但見其國民碎首敵人之鋒鏑空灑同胞之血以甞試之耳。

第五節

英吉利之事姑勿論之。誰更具慧眼。一察德意志之情狀乎。彼俾斯麥公者實愛國心之權化也。德意志帝國者實愛國神垂迹之靈場也。愛國宗之靈驗其如何赫然灼然世有欲觀其威靈者乎試一詣此靈場也可。

我日本之貴族軍人之初學者凡世界萬國之愛國主義帝國主義無不隨喜渴仰而不能措。

虛僞哉

當哥魯利志戰爭之始。大唱國民一致之主義舉國騷然至於此際所謂一致者果何在乎以憎惡之心而生憎惡之心。以憎惡敵國人之心轉而為憎惡其國人之心動物的天性果如是也。故烏阿德路羅之心者直白多路羅之心也虛僞哉愛國心之結合果如是哉。

一轉眼而
觀德意志

俾斯麥公

一日耳曼統

而尤注意於德意志之愛國心。彼德意志之愛國心者古代之希臘與羅馬及近代之英國皆無其比。果不迷信者誰乎。果不惑其虛誇虛榮者誰乎。

故俾斯麥公者實歷代之人豪也。彼當未起之先早已灼見北部日耳曼諸邦紛紛分立。同一言語之國民必非結合之而不可。故以帝國主義之眼光先注射之。以點試其運動。而竟能聯合諸邦以成一致。俾斯麥公之大業。誠光輝千載哉。然而不可知者彼等奉帝國主義以結合統一諸邦之目的。必非欲保諸邦實際之利益以冀其平和。惟生於武備之必要有斷然者。在彼之旦已咀嚼自由平等之義理。希望法國革命之壯觀之人士亦幸其暫止蠻觸之爭而享協同平和之福利。且備外敵之侵寇以企望日耳曼之結合統一。亦明甚矣。是可希望也。孰不可希望也。試觀實際之歷史。決無副此種之企望者也奈何。

若日耳曼統一者。果爲北部日耳曼諸邦之利益則彼等何不以多數之德意志語而結合澳大利乎。彼之所以不爲此者。俾士麥克公一輩之理想。決不在一般德意志人之呼拉沙烏德也。決不在諸邦共同平和之福利。惟在普魯士與彼自身之權勢與榮光也。

夫彼之徹始徹終以好戰之心。而旋其滿足之手段以求結合提携者。是人之常性也甲吾所

第二章　論愛國心

八

> 無用之戰爭

> 普魯士之結合

親瞰乙吾所仇敵也愛彼者必增此故彼爲外國之故終日擾擾而無安寧蓋欲誇揚其騆權也俊才如俾斯麥公者是等之情態詎不知之故其利用此國民之動物的天性以試其手腕質而言之。無非煽揚彼之國民之愛國心而爲敵國挑戰藉以壓伏無已反對之義理評論。

其希望則在創建其愛國宗而因之以挑發無用之戰爭而已矣。

故彼曰耳曼之統一者實由其獸力惟力是倚

猶言如禽獸之亞波士德路鐵血政策之祖師其深謀遠計之第一著手然與最弱之鄰邦苦戰而大捷之於是國民中迷信虛榮而崇獸力之徒競附於彼之黨羽是爲新德意志帝國之發程。

其第二策彼與其餘之鄰邦而挑戰則此鄰邦必較前之鄰邦而強者然彼必乘敵備之不完也。而所謂愛國心所謂結合之精神油然而生而新戰場之興隆日盛而其運動一以俾斯麥公自身之國及同國國王之膨脹爲之主而獨巧於利用妙於指揮也

彼決非純乎正義之意味以企北日耳曼之統一者彼亦非欲普魯士於結合之後鎔化而湮殁者彼之所在惟在普魯西王國爲統一之盟主普魯西王爲統一德意志皇帝之榮光故識者斷之曰普魯士之統一者國民的運動也彼等國民以虛誇與迷信之結果之愛國心而全

中古時代之理想

為一人之野心於功名者而利用之不其然歟。

俾斯麥之理想實不免中古時代末開人之理想而彼之陳腐野蠻之計畫竟能成功者則以社會之多數之道德的心理的尚未脫出中古時代之境遇也故多數國民之道德猶中古之道德也彼等之心性尚未開之心性也唯彼等自欺而欺人不過僅借近世科學之外相以自掩蔽云。

故彼起無刃之師者已二次矣幸能成功而其第三次之起師。孜孜養銳。耽耽以待其機其機既至。則彼再乘他強國之不備而猛擊之嗚呼普法之大戰爭尤為危道之尤危者兇器之尤兇者。而彼俾斯麥競幸而成大功。

普法戰爭之捷後。北日耳曼諸邦皆拜跪於普魯西之足下其餘諸邦遂奉視普魯西國王而為德意志之皇帝。此其結果孰非為普魯西之國王乎故彼俾斯麥之眼中豈知有同盟國民之福利哉。

故自吾而斷之德意志之結合。非由正意之好意同情也德意志之國民積屍踰山流血成海。如鷲鳥如猛獸。以成其統一之業者果何由也由其煽揚彼國民對敵國之憎惡心。由其醉於

普法戰爭

## 帝國主義

戰勝之虛榮，世之大人君子能無痛心疾首乎。

**愛國的呼籲**

而彼等國民之多數，輒舉此以自誇，以為我德意志國民亨上天之寵靈，世界各國孰有能企及之者。世界各國民之多數，亦從而驚歎曰偉矣哉，為國者宜如是而後可也。日本之大勳位侯爵亦隨喜曰我亦東洋之俾斯麥公也，於是變其自來英國之立憲政治之有世界之光榮者，忽焉而移為普魯士軍隊之劍欄，悲夫。

國民之醉於國威國光之虛榮，亦猶夫已氏之醉於俾斯麥也。彼既醉心於此耳，為之熱日為之眯意氣勃勃，道往無前，積屍蹞山，不見其怪也，流血成海，不知其穢也，而徒昂昂然自鳴其得意也。

**柔術家與方士**

國民之欲以優武力長戰鬪而弋聲名者，亦如柔術家之得免許皆傳，亦如力士之張橫綱，然而柔術家無力士，唯欲遘其敵手耳。技止此也，若非吾之敵手者，果有何利益乎，果有何名譽乎，德意志國民之所以自誇者，惟敗敵國耳，若非敵國，果有何利益乎，果有何名譽乎。

柔術家無力士之醉於呼蘭德，不過欲誇其技能力量耳，至於彼等之才智學識德行誰復尊而敬之乎，國民之醉戰爭之虛榮者，不過欲誇其名譽與功績耳，至於彼等之政治經濟教育

## 第二章 論愛國心

凡文明的之福利，誰能研而究之乎。不尊崇德意志之哲學，不尊崇德意志之文學，而獨尊崇德意志之所謂愛國心，吾不能從而贊美之也。

彼俾斯麥輔佐之皇帝與彼俾斯麥之一身，皆將為過去之人矣。然彼之鐵血主義猶印於皇帝之腦質中。愛國的呼蘭德猶醉於其皇帝之腦筋內。而彼龐然之大國民者猶謝謝然誇其愛乎不讓於拿破侖一世，更愛乎不讓於拿破侖三世，而彼廉然之大國民者猶謝謝然誇其以血購之結合統一之美名，而甘為此少年壓制家所驅使也。而所謂愛國心者依然猶甚熾也。然而是豈永遠之現象哉。

愛國心之弊毒既已達其極點，則馬克日士之暴虐亦達其極點之時，則反動之力突然而起。吾恐其強敵將有捲土而來之勢矣。然吾之所謂強敵者非迷信的實義理的也，非中古的實近世的也，非狂熱的實組織的也。而其目的則在盡破壞其愛國宗及愛國的所為之事業而後已。是即近世名為社會主義云。

古代之野蠻的與狂顛的之愛國主義，將為近代高遠之文明之道義與理想所壓伏。今日而後猶欲如俾斯麥之時，不可再得矣。道義理想之制勝，即在現世紀之中葉可決而待也。故德

十

哲學的國民

日本之皇帝

故後藤伯

意志之社會主義隆然而勃興與愛國主義而爲激烈之抵抗則彼惑於戰勝之虛榮與憎惡敵國之愛國心不能一毫煽揚其國民而與之同情博愛斷可知也。
嗚呼以極哲學的之國民具各政治的理想而演極非哲學的之事態此俾斯麥公之大罪也。
若微俾斯麥公豈獨德意志凡宗德意志之歐洲列國其文學美術哲學道德其進步何如其高尚何如至而爲猙獰相噬豺狼之態尚存於二十世紀之今日也。

## 第六節

日本之皇帝與德意志之年少皇帝本大異者也。不好爭戰而重和平。不好壓制而重自由。不爲一國而喜野蠻之虛榮。而爲世界而希文明之福利。決不知今之所謂愛國主義者即野蠻之帝國主義也。何以我日本之國民知所謂愛國者寥寥如晨星也。
吾鑒夫古今東西之愛國主義唯以憎惡敵人爲目的。而討伐之是即愛國心之所發揚也。吾所不敢贊美者也。則日本人民之愛國心亦不能不排斥之也。
故後藤伯（後藤象次郎）者曾一試煽揚日本國民之愛國心以「國家當存亡危急之秋」大聲而疾呼之天下愛國之士翕然而趨如風偃草而後藤伯突然而忽曳裾廊廟當時所謂大同團結

者倏然如春夢之無痕也當時日本人之所謂愛國心其實為「愛伯心」是耶非耶否則非愛後藤伯也憎藩閥政府也彼等之愛國心直憎惡之心也同舟遇風雖吳越如兄弟此兄弟者豈值一贊歎者乎

征清之役

日本人之愛國心者至征清之役其發越坌湧振古所未曾有彼等之憎惡清人侮蔑嫉視之狀非言語所能形容自白髮之翁媼至三尺之嬰孩咸有殲殺清國四億生靈而後甘心之慨靜言思之寧非類狂如餓虎然如野獸然寧不悲哉

獸力之卓越

彼等果希日本之國家及國民全體之利益幸福眞箇抱同情相憐之念而然乎否則惟多殺敵人之為快多割敵地之為快以我國獸力之卓越誇於世界乎我皇上出師之初洵古人所謂膺戎狄是懲也憎惡而已矣眞為世界之平和也為人道也為正義也而豈知與彼等煽起愛國心之本質殊相反對也未嘗一毫計及也

於征清之功果如何與仓般國民有形無形之利

酬酢混沙礫而販鑪詰

販鑪詰

故於是役之結果一面收恤兵部之重資於富豪　或五百金　或千金　一面則兵士混砂礫而販鑪詰一面促軍人之死期一面索商人之賄賂以是而名為愛國心誠足怪也野獸的殺伐之天性其

帝國主義　第二章　論愛國心

十一

二十世紀之怪物帝國主義

日本之軍人為我皇上

狂熱至極之時必有貫盈之罪惡亦必至之勢也是豈皇上出師之初心哉。日本之軍人富於尊王忠義之誠可搣也然彼等尊王忠義之性於文明之進步福利之增加。究有幾何之貢獻是亦一問題也。義和團之亂自大沽至天津道路險惡軍行甚艱一兵卒泣曰。「為我皇上而經此萬苦寧不如死」聞者墮淚我亦為之墮淚。

譯者詳至前節我皇上等語竊怪日本人之奴隸性質何其重也既而譯至此節乃恍然曰。

著者之意深哉。

嗚呼彼兵士之言誠可泣哉。為我皇上之言為正義乎。為人道乎為同胞國民乎言者不足深責彼生平其於家庭學校兵營彼一身惟奉皇上之敎訓命令不知其他斯巴路德之奴隸不知自由不知權利不知幸福為眞主驅使鞭撻而赴戰死戰而不死即為其主所殺戮自誇以為國家也吾讀史而常為彼等泣今本此心亦為我兵士泣。

然則今日非斯巴路德之時代也。我皇上既重自由平和人道豈其臣子猶希夫耶羅德乎吾不信之。我兵士為皇上之言寧不進而為人道為正義之言以冀皇上之嘉納。是眞合於尊

## 第二章 論愛國心

王忠義之目的者也。

為救其父母兄弟之困厄。或為盜賊。或為娼妓者。身危名污。延累其父母兄弟之家門。於中古以前是所贊美也。然而以文明之道德律之。惟悲其心事而憫其愚決不恕其非行也忠義之心善為皇上亦善而於正義人道非彼所知也是野蠻的愛國心也何異於彼

〔孝子的娼妓〕

孝子的盜賊娼妓也。

〔孝行而陷於盜賊娼妓者〕

吾哀甚夫我軍人忠義之情愛國之心未合於文明高尚之理想也猶未脫中古以前之思想也。

〔軍人與從軍記者〕

彼等軍人其忠義之情愛國之心雖熾。而於同胞人類。則絕無同情之感。即以待遇新聞記者之一事而可見之。北清之役彼等遇從軍之記者極其冷酷。記者之食不加省。記者之宿不加省。記者之病不加省其生命危險亦不省曰是非我之所關也。而嘲罵之叱斥之。如奴僕然。如敵人然。

軍人者為國家之戰而設者也彼從軍之記者非亦我國家之一人乎。非同胞之一人乎。而愛護之念如此其薄也彼之所謂國家者唯皇上耳唯軍人之自身耳。其他非所知也。

我四千萬眾之國民引領而望我軍之安危何如翹足而待我軍之勝敗何如從軍之記者冒矢石出入死生之途者豈但在其新紙部數之加倍銷售哉彼等實欲慰我四千萬眾之渴想償其滿足之願也而軍人以之爲武士之國家政治以爲武士農工商人民絕不與其權利及其義務焉今之軍人者亦以國家爲皇上及軍人之國家也彼等雖曰愛國家其目中絕無軍人以外之國民故知愛國心之發揚者其對敵人既加憎惡其對同胞亦決非稍加愛情者也。

絞國民之膏血以擴張軍備散生產的資本以消糜於不生產的激成物價之騰昂而來輸入之超果曰爲國家也愛國心發揚之結果眞無賴之母哉絕無數敵人之生命破無數敵人之財利而政府之歲計亦因之而二倍三倍焉曰爲國家也愛國心發揚之結果眞無賴之母哉。

第七節

吾以上所述所謂巴多尼阿士母即愛國主義者而愛國心果爲何物則亦畧如解釋之質而

日本之國民

愛國心發揚之結果

愛國心果爲何物

## 人類之進步

## 進步之大道

言之曰彼野獸的天性也迷信也狂熱也虛誇也好戰之心也如此而已矣。然而所以然者是亦人間自然之性情所不得已者也而欲防遏自然發生諸種之毒弊非賴人類之進步不可。

不見夫水乎洋洋浩浩天然流動之物也停滯而不動腐敗隨之矣。是自然也流動之疏通之。所以防其腐敗也而可給其忤自然之性乎人之衰老罹疾病亦自然也投之藥以救之而可發其忤自然之性乎禽獸也魚介也草木也其生委諸自然也其死委諸自然也若進化若退步。無不委諸自然也若人而隨自然以爲能事已畢直禽獸魚介草木而已矣。而可謂之爲人乎哉。

所貴乎人者能奮然而矯正自然之弊害而進步也。故能壓制自然情慾之人民則必爲道德的進步之人民。能加人工於天然物之人民則必爲物質的進步之人民享文明之福利者萬不能盲從夫自然者也。<small>盲從猶言貿貿然而聽其自然如盲者之聽從于人也</small>

故知去迷信而就智識去狂熱而就義理去虛誇而就眞實去好戰之念而就博愛之心是人類進步之大道也。

# 帝國主義

## 第三章 論軍國主義

不能脫逸彼野獸的天性。而為今之所謂愛國心所驅使之國民。其品性之汚下陋劣日甚一日。更安有稱為高尚文明國民之一日乎。

是知以政治為愛國心之犧牲以教育為愛國心之犧牲者是文明之賊也。是進步之敵也。是世界人類之罪人也。彼等於十九世紀之中葉不能脫出奴隸之域。而率多數之人類。而隷於謬妄無理之愛國心之名下以再沈淪於奴隸之域陷擠於野獸之境。其罪上通於天矣。

自吾而斷之。欲維持文明世界之正義人道者必制其愛國心之跋扈而後可。且必芟除淨盡而後可果如何而後能達其目的此不易言也。且今日此種卑汚之愛國心又發而為軍國主義又發而為帝國主義以流行於全世界悲夫悲夫吾將運廣長之舌儀秦之口以發軍國主義之罪惡則其戕賊世界之文明阻害人類之幸福昭然若揭矣。

〔文明之正義人道〕

### 第一節

今日軍國主義勢力之盛前古無比。殆已達其極點列國為擴張軍備之故竭盡其精力消糜

〔軍國主義之勢力〕

其財力者不可計量矣。夫軍備者爲防禦尋常之外患與内亂而已乎。則亦何必如是其甚也。彼等舉一國之有形的無形的悉爲擴張軍備之犧牲而猶不省其原因與目的。蓋在防禦以外也。蓋在保護以外也。亦大可思矣。

夫從進擴張軍備之因由果何在也。無非一種之狂熱心一種之虛誇心一種之好戰的愛國心而已矣。彼好事之武人。欲弄其韜畧者贊成之彼供其武器糧食及其餘之軍需之資本家。一擲萬金之巨利者贊成之英德諸國之擴張軍備。蓋彼等之與其力者亦大矣。然武人與資本家所以得逞其野心者。實多數人民之虛誇心之發越。有以應其機也。甲之國民曰。我本希望平和。而乙之國民亦曰我本希望平和。而乙之國民有非望之侵攻奈何世界各國同一辭。眞噴飯之極也。甲國民有非望之侵攻奈何。〇之國民惟其如此也。亦如童男童女競誇五月人形三月雛之美之多也彼此相競⟨競⟩者武裝之精銳兵艦之麕集也。夫惟相競非必敵國之急於來襲也非必有外征之慾要也而躍躍焉事似兒戲而可懼之慘害皆胚胎於此理奈之何。

故莫魯多將軍有言曰『希望世界之平和者始如夢想。然而姑以夢境當之。亦美夢也』吾則

軍備擴張之因由

五月人形 三月雛

> 莫魯多將軍

以爲平和之幽夢。非將軍之所知。而將軍以爲絕好之美夢者別有在也將軍既捷於法國獲五十億佛郞之償金割馬路沙斯羅林之二州而法國之工商卻駸駸日進於繁榮而德意志之市場俄而招一大困頓而挫敗悵然赫然憤氣四溢是將軍美夢之結果美夢如是非幽夢也實迷夢也

> 發人之社會學

旣而莫魯多將軍再用武力以向法國而加一大打擊。彼能屢起襄敗而企圖之欲以武力之捷利以期國民之富盛者莫魯多將軍之政治的手腕也以若是之心術而欲二十世紀國民之理想而崇拜之吾恐其未可矣然而吾人何時始出蠻人之倫理學蠻人之社會學而抵抗之。

> 小莫魯多之輩出

軍國主義全盛之結果皆在於莫魯多將軍現代之理想與模型。而小莫魯多之輩出偏於世界。如過江之名士多甚於鯽也即東洋之一小國亦小莫魯多揚揚闊步之場。彼等大嘲主唱軍備限制之說爲利哥拉克二世皇帝陛下之夢想也罵平和會議爲滑稽也。彼等亦常鼓希望平和之說而一面之所唱道者軍備美事也戰爭必要也我不暇責其矛盾姑以軍備與戰爭爲社會之必要亦姑聽之。

## 第二節

近日以軍國之事稱名於世界者莫若馬罕大佐也彼之大著作於英美諸國之軍國主義者與帝國主義者之阿烏利志洛陽紙價爲之騰貴而我國士人亦家絃而戶誦之觀其譯書廣告之頻繁可想而知也故欲論軍國主義者先徵彼之意見其便益之義務可以知其梗概矣。

馬罕大佐之軍備與徵兵之功德說甚巧也而其言曰

軍備者於經濟上雖見生產之萎靡人之生命與課稅等皆有不利之象若有毒害者日日聒於吾人之耳彼等未之詳察也吾將陳其要而畧說之

姑就一方見之其利益者不已償其弊害而有餘乎方當長上權力裒微紀綱廢弛之時年少之國民學習『秩序』『服從』『尊敬』而入兵役之學校其軀體以組織的之發達以備克已勇氣之人格養成軍人之要素何用之而不可乎令多數之少年去其閭里街市之一團。受先輩高等之智識結合其精神共同其動作對憲章法規之權力以養其尊敬之念如今日宗敎頹壞之時何用之而不可乎其初也致練以新兵之態度動作既經致練之後則兵士與市人相比較其容貌體格其優劣一望而知。故軍人的之致練於他年活潑之生計其

馬罕大佐

軍備與徵兵之功德

## 戰爭與疾病

益亦匪淺與大學之消費年月者相去不可以道里計而各國國民互相尊敬其武力亦可以保其平和而滅戰爭之數即偶有衝動之事經歷已久則舉動亦急速而鎮定亦不難何用之而不可乎夫戰爭之在百年以前如慢性症之疾病至於今日其起也亦極稀不若今日急性之發作也而急性的戰爭之發作則準備亦不容緩即以前者之原因而為預戰之備已屬善美之事而所失者必少而當時之兵士與備兵無不其廣大旺盛之象也是何也今之國命即兵士也非獨為君主之奴隸故也

馬克大佐之言如是亦誠巧矣而自吾觀之則其違理之論不難更僕而數焉

試就馬克之所論而剖析之彼之言曰習戰鬥以養秩序尊敬服從之德當今日權力衰頹紀綱廢弛之時為尤急要也又曰戰爭者如疾病也於百年前為慢性症之疾病今日則國民皆兵而戰爭自減少即偶有之如急性的疾病也於此健康之時以應急性之發作之準備則注意者之必要也然則馬克大佐者是以國民戰爭慢性病之時代為順秩序張紀綱之時代而健康之時代者為「紀綱廢弛」「宗教衰頹」之時代也不亦奇哉

## 權力之衰微與紀綱

馬克所謂權力衰微紀綱廢弛者蓋指社會主義之發生也其言之妄固不足論假以現時與

百年以前相比。果孰爲紀綱廢弛也。且令今日之社會主義試欲破壞現社會所謂秩序與權力。則紀綱廢弛宗敎衰頹之結果徵兵之制與軍人的敎練果足以防遏之乎恐未必能見諸實事也。

美國獨立之戰法國軍人之赴援者。而於大革命之事反助其破壞秩序之動機非其前轍歟。

德意志軍人之侵入巴黎固云僥倖矣。而德意志諸邦革命之思想愈傳播歟。現時歐洲大陸之徵兵制採用諸國之兵營者。常出於社會主義之一大學校。其對現社會也。皆養成其不平之機。非較著之現象歟。吾蓋希望社會主義的思想之興隆。而亞望其速有以養之。決非有意排斥兵營也。而非如馬窂大佐之言兵士之敎練僅以養其服從尊敬之美德以對其長上也其謬安之旨世之君子自有定論矣。

吾更即現社會之軍人而觀之。西沙之軍隊其向國家之秩序與尊敬之心究存幾何也。克羅母耶路之軍者彼等雖經仗劍而鎭壓國會國會亦爲所覆然彼等之目的唯知有西沙與克羅母耶路耳安知國家之秩序與紀綱也。

人民之受軍人的敎練者其良善之目的果僅爲戰爭之事乎。僅爲應其所謂急性疾病而治

疾病之發生

徵兵制與戰爭之數

戰爭減少之理由

療之乎果其如此也彼等於百年之中而待其治療之期悠然長遠將以教練始亦以教練終果能堪耶否則必日日祝禱此疾之發生而後甘心也

至謂國民皆兵非僅爲君主之奴隸各國民互相尊敬其武力則戰爭亦因之減少其謬妄尤甚古代希臘及伊大利者非國民皆兵乎至於所謂慢性症之戰爭未發之先而戰爭兵之徵伐弱國純然不如徵兵之便利然而國民皆兵之制謂防禦於戰爭未發之先而戰爭因之減少則殊不然自拿破侖之戰已有徵兵近代歐洲之澳法戰爭克利美亞戰爭澳普戰爭普法戰爭俄土戰爭非皆出於徵兵制之後而極其慘酷者歟

至若近時兩相匹敵之國其於戰爭之事其終局之速是固國民之軍人的教練之完全也而戰爭之慘毒害之極未嘗不由於此試就道理而反省之其利益果何在歟

若夫自一千八百八十年以來兩相匹敵強國間之戰爭亦始絕迹是果兩國民互相尊敬之效乎而其結果之恐怖不難洞見惟狂愚者之不悟其由來也將來德法之戰爭其慘酷之禍可測而知俄帝以一等國戰爭之結果其破產零落之狀可測而知彼等非果爲強國之相戰以徵兵之教練以養成其尊敬心之功果也彼等非果欲大用其武

於亞細亞阿非利加也不過彼等虛榮之心好戰之心野獸的天性依軍人的教練而後煽揚愈熾也。

## 第三節 戰爭與文藝

彼等之唱軍國主義者曰鐵必經水火之鍛鍊而後成犀利之劍。人民必經戰爭之鍛鍊而後成偉大之國民美術也科學也製造工業也非戰爭之鼓舞激刺其高尚之發達亦稀也古來文藝興隆之時代多屬於戰爭結果之時代耶尼克列士之時代何如當德之時代何如耶利沙白斯之時代何如昔者吾嘗主唱平和會議而英國之主唱軍國主義者持此說以難之焉。然而耶尼克列士也耶利沙白斯也其時代之人民皆經戰爭誠是也然古代之歷史始以戰爭充塡之經戰爭者非特此等之時代也其餘之時代亦莫不經之也豈彼等也古代之歷史因得戰爭之餘澤乎彼等之文學因戰後而始急速興隆乎若必牽彼等之文學與戰爭關聯而一貫非特無徵且未免牽強附會之甚也。

古代希臘之列邦中好戰而長於戰者莫如斯巴爾達也果有一技術文學哲理之傳耶英國爲利七世及爲利八世之朝其猛烈之戰爭在內亂相踵之後而文藝之發達

**欧洲诸国之文艺学术**

能证其实际乎。耶利沙白士时代之文学复兴者远在马路马达战争以前决知耶利克列士当德耶利沙白斯之时代之文学决非因此战争而出也三十年前战争者德意志之文学科学一消沈萎靡之时代也路易十四即位之时法国之文学科学方极其盛而因彼之颛武乃遂衰微至其晚年不复见其兴盛也是法国之文学敗於克利美亞战争之时代亦明甚矣近代英国德利林沙加列之文学与他路易因之科学敗於克利美亞战争之胜利谁不笑之近代俄国之多鲁斯多易多斯多哥乌士志鲁克利乌之文学敗於普法战争之败北谁不笑之德意志之诸大家出於普法战争之後不出普法战争之前美国文学之全盛在內乱之後不在內乱之前。

**日本之文艺**

我日本之文艺亦盛於奈良平安而衰於保元平治得北條氏之小康乃得復興自元弘以後南北朝復經應仁之乱至元龟天正之間始将湮沒惟五山之僧徒存一缕之命脉此畧涉国史者之所夙知也。

故文艺者盛於战争以後者則有之若当战争之間則文艺為所压伏而阻礙必俟太平之時稍得仰首伸眉則決非因战争之所促進明矣博而徵之若紫式部若赤染衛門若清少納言

武器之改良

軍人之改治的材能

亞列山德路罕尼巴路西沙

果被何者之戰爭所感化乎若山陽若馬琴若風來若巢林果受何者戰爭之鼓吹乎若鷗外若逍遙若露伴若紅葉果與戰爭有何關係乎。吾但見戰爭阻礙社會文藝之進步未見助其發達也中日戰爭之所發生者僅「膺懲清國」之軍歌。是豈足當文學之進步也。

彼見刀槍艦礮之改造進步加其堅牢與精銳或似戰爭之力也而不知是皆科學的工藝進步之結果實非平和之賜也假以戰爭之物爲其功果而此等之發明改造於國民之高尚偉大之智識道德所補助者幾何耶。

然則軍國主義者決非資社會之改善文明之進步明矣。戰鬬之習熟與軍人的生活者決非增進政治的社會的智德文明也。吾於此點更得適當之左證古來武功赫赫軍陣的英雄。其於政治家之材料文治之成蹟不禁觸發其悲憫矣。

古代之豪傑若亞列山德路若罕尼巴路若西沙。之三人者豪傑中之豪傑也三尺童子皆能道其名而彼等但能破壞毫無建設之力也亞列山德路之帝國自政治學的眼光而觀之實可察其現象也彼雖一時征服因志路西容而其分崩不旋踵是自然之理也罕尼巴路之武略智谋。压倒意大利者十五年。其威势能令罗马人不敢仰视。而加路些志之腐败。遂入膏肓而不能救矣。四沙之临阵。如鸷鸟如饿虎。其立政治之坛上。则如盲蛇。惟能堕落罗马之民政。惟为万人之怨府。

源义经。以战争名著也。若楠正成若真田幸村亦以战争名著也。而谁能赞美之政治的之手腕乎。言手段彼等以完全军人的之资质而立于政治坛上。果足以禦北条氏九代足利氏十三代德川氏十五代之开基乎。

大小七十四战无战不利之项羽不及约法三章之刘季诸葛亮之八门遁甲不及曹操之孟德新书所以繁社会之人心致天下之太平之道不在举旗轩将之力。而别有在也。

近代之武人能奏政治的功绩者呼列德尼志与拿破仑二人是也。然而呼列德尼志者其初憎武人之生活实甚。至于战斗亦极叹其痛苦。可知谓彼为所谓军国主义的理想之适当代表者。其误甚明矣。而彼之建设犹未牢固。其死后之遗恨犹多。至若拿破仑之帝国。竟如雨国桥上之烟花。忽辉忽灭。更不足言者。

华盛顿者世界之贤者也。彼之所谓出将入相者。决不可以纯然武人目之。彼之于战事始迫

义经正成幸村

项羽与诸葛亮

呼列德尼志与拿破仑

华盛顿

## 帝國主義 第三章 論軍國主義

美國於有軍人的素養者未嘗列於上乘之政治家蓋其所最注意也武人之初爲美國大統領者非自揚多利烏爵林平而爭奪官職之事非彼爲大統領之時乎克蘭德將軍者近時之武人中尤尊敬之人物也而於其大統領之成績所輔助者幾何彼於黨員之事實非可觀察其人物之一證乎彼之忍耐彼之正直於戰爭能顯其技能之手腕其應用於文事者又如何乎。

吾於林耶隆之軍亦安有間言其所策劃者決非諸將之所及不待言矣然而不能無憾也眞簡之大政治家無不能料理軍國之事而軍人的敎練決不能作大政治家吾之論非無左證也孔子之言曰「有文事者必有武備」即華盛頓與林肯是也然有武備者不必有文事如克蘭德將軍是也。

在英國近代功名照耀於世界而崇拜軍人之理想與軍國主義之燒點者。<small>燒點猶言熱度達其極點</small>陸則烏耶路林頓海則列路林爲最著矣烏耶路林頓之政治的手腕少拔於凡庸政治家之上者而決無經營一代指導萬民之才彼因不與鐵道之下等乘客之便利下層人民之遊行於國中

<small>美國之政治家</small>
<small>華盛頓與林肯</small>
<small>列路林與烏耶路林頓</small>

十九

者皆反對之而列路林之事更不堪言。彼於海軍軍人之外殆無寸毫價值之人物也。返顧我國試問彼等軍人之政治的手腕有可贊賞者乎。擬之東洋之莫路多、列路林、烏耶路林頓、而崇拜之者若山縣侯若樺山伯若高島子於明治之政治史社會史果有何事而可特筆者乎為干涉選舉買收議員之作倀。陷我社會人於腐敗墮落之極點之罪惡者非彼等實為其張本乎。

吾非謾罵軍人軍隊者農工商中必有智者賢者。我軍人中亦必有智者賢者。我必蹴踏而尊敬之。

但若此之智者賢者若非未經軍隊的敎練與經戰爭之後之初生者則必手銃劍肩欲波列多胸勳章。雖有智者賢者也。彼等如何能為智者賢者乎。其軍人之職務軍人的敎育之功果與社會全般果有何利益也。

勿言統一也殺人之統一有何尊乎。勿音服從規律也。糜財之規律。有何敬乎勿言生勇氣也。破壞文明之勇氣有何希乎否則此統一規律勇氣者彼等出軍營之一步茫然不見其跡也。其所贏者惟長盲從強者以凌虐弱者之惡風。

山縣樺山
高島

軍人之智
者賢者

## 第四節

軍國主義與戰爭者。不但不利社會文明之進步而其弊毒足以戕賊之而殘害之。軍國主義者又曰古代文明歷史出現之時皆由於兵商一致之社會彼等即舉古代埃及古代希臘之事以爲軍備進文明之左證而不知其誤也埃及既爲武力的征服軍備的生活之國則何以竟然墮落不能更持續其繁榮於數百年保存其命脈於數千年乎若夫希臘則別當一考其價也

古代希臘之武事諸邦實無同之者。斯巴爾達自始至終固持軍國主義以調練爲生活以戰爭爲事業更無他矣其於文明之事物絕無關係也。至雅典則未如此之甚而白利克列士則曰吾人雖以調練自習勞苦而一朝當事吾人之勇氣不能保其不沮喪也吾人終日汲汲爲應戰爭之準備以調練送其生涯者不知幾而所恃者終不可恃而謂之爲大利益可乎。近世之守軍國主義果取斯巴爾達之說耶抑取雅典之說耶無論彼等如何頑愚決不敢棄雅典之文明之豐富而贊斯巴爾達野獸的軍國主義也而照軍國主義者之持說則斯巴爾達又最合於彼等之最大理想果何所適從歟。

軍國主義者或曰吾人之希望斯巴達者誠以倣雅典之軍國主義而不得則不知其結果。不若斯巴爾達之爲愈也且吾思之雖若雅典其軍備者與彼政治之改良果何功乎與其社會的品性之上進果何功乎彼等除煽起市民之戰爭之外果何有利害乎彼等從事於白羅捧列西們之戰爭者三十年軍國主義之利益與功果發揮已達其極點而其結果竟及之唯腐敗無墮落者何也。

白羅捧列西們之戰爭者全希臘人民之道德一掃而盡矣其信仰已破壞其理義已湮沒其慘憺之狀後世猶爲酸鼻者讚他西志的斯之史誠千古之大史筆哉他西志的斯嘗述其狀曰：

諸市府一間騷擾之起革命的精神之流行速於置郵而傳命欲悉從來之物件不盡破壞而不已其計圖愈出愈暴其復讐者亦愈出愈憯也當時之議論絶無與實際之事物有確實之關係者惟彼等適當之思惟任其變更以暴虎憑河者爲義勇以思慮愼密者爲性者之口實以溫和者爲軟弱之假面以顯狂的精力爲眞箇男子之本性身經萬事不必求其一事之成其狂暴者則信任之反之者嫌疑之不與徒黨之隱謀者目之以離間以爲怖

白羅捧列西們戰後之腐敗

他西志的斯之文史筆

## 第三章　論軍國主義

### 羅馬

敵之怯者則以他惡事而擠陷之更煽動良民誘之以陷於罪惡能復讐者則羣起而尊之各黨派間之一致結全者唯其勢力相敵各存於互不相下之間方能壓倒彼等之餘黨而不爲其奸策暴行所敗而又惟他部之復讐者伺之而以若是之革命適釀成希臘人一切之惡德也至於高尙之論爲天性之一大要素與質朴之一事則目而笑之幾殆絕迹惟醜陋之爭鬬戰鬬之心其熾如火無一語足以調和彼等者無一宣誓足以使彼等奉信者其才智之卑劣社會一致非最慘之黑暗地獄歟。

嗚呼是非古代之最大文明國其一切市民皆經軍隊的敎練者歟讚美軍國主義者所養成戰爭之結果誠如是也我日本之軍國主義中日戰爭之後社會人心之狀態髣髴之其將日見滿足之勢矣。

不更觀夫羅馬乎彼等奪勇戰鬬以奪意大利諸州之自由其結果也其羅馬市民所養成之品性何如也所長育之美德何如也其內國遂爲屠殺慘澹之場自馬利亞巴與西路拉者出遂變民政共和之國而爲貴族專制之國其自主之市民皆爲懿爾之奴隷矣。

### 德列呼耶之大疑獄

最發動近時世界之耳目者法國德列呼耶之大疑獄是也是爲軍政足以腐敗社會人心較

帝國主義

著之證例也。

其裁判之曖昧其處分之暴亂其流言之奇離與貪陋舉世之人始訴然法國陸軍之部內幾為藏垢納污之所而敗類充斥於其間然而不足怪也軍隊之組織者蓋惡人所以逞其兇暴也非無他等社會邪正之不能相容故其藏垢納污較他社會為更大也何也彼陸軍部內者壓制之世界也威權之世界也階級之世界也服從之世界也道理與德義不容入此門內者也。

蓋司法權之獨立完全者除東洋諸國之外有如此暴橫之裁判暴橫之宣告者非陸軍之部內乎非軍法之會議乎此外未見若是之甚也然而是實普通衛法所不為者也普通民法刑法所不許者也。

而赳赳數萬之貌獙無一人進而為德列呼耶鳴其冤以促再審者皆曰寧殺無辜之一人以掩蔽陸軍之醜辱而耶美路索拉乃蹶然而獨起以彼如火如花之大文字灑淋漓之熱血不禁向法國四千萬之人民鬱然而注之也

當是時也若耶美路索拉然而不言彼法國之軍人遂亦一辭不贊而德列呼耶永遠無再審

利拉蹶然而起

堂堂之軍人不如市

## 二十世紀之怪物帝國主義

之期必矣彼等之發勇實不如市井之一文士彼軍人的教練者如是無一毫之價值耶。**非之文士**
孟子曰「自反而不縮雖千萬人吾往矣」不謂此等之意氣精神惟見於耶美路索拉一文士。
而不見於彼堂堂之軍人何歟。
或曰抗長上者乃軍人不可為之事且不得為之事也果其然乎然而更有著大之例以證之。
從者未足以證彼等道心之缺乏也德列呼耶之事件之際法國軍人之盲
今日轉戰於德蘭士瓦路之其志耶列路將軍者其於英國之軍國主義與帝國主義崇敬之 **其志耶列路將軍**
如鬼神不見彼之征蘇丹乎發掘馬志壇墓以甘其心者非其人歟吳之子胥為報父讎而
鞭平王之屍在二千年以前已為識者所唾罵況於十九世紀之末葉文明之時代公然在大
英國國旗之下而忍為之舉天下之人盡為軍國宗之信徒推其發掘馬志壇墓之心之理想。
而委一國之政治於此殘忍之手非可大懼者耶。
近日俄國軍隊之暴虐之見於北清者於通州之一地方為彼等所脅赴水而死之婦女七百 **俄國軍隊之暴虐**
餘人。即此一事已足令人酸鼻而髮指試問軍人的教練與戰爭的準備果能養成高等之人
格與道義者何在乎彼與十三四世紀以來生於戰鬪死於戰鬪之哥沙克相比較則人格之

# 帝國主義

高道義之盛理也而與實事正相反則又如何。若軍國主義眞有扶植國民之智德至於上進之地位之功果則土耳其者當在歐洲第一之高地位矣。

## 土耳其之政治

土耳其之政治軍國之政治也土耳其之豫算軍資之豫算也自其武力而觀之決非弱國必矣彼之繡權於十九世紀雖全陸地而拉瓦利之戰而勝而克利美亞之戰而勝而呼列甫拉之戰而勝而的沙利之戰而勝而彼竟爲弱國者何也而是之戰績果足以自誇乎抑亦不足以自誇乎其腐敗其兇暴其貧困其無識凡占文明的地步者於歐洲中皆居最下之地位非土耳其乎其國家的運命不絕如縷利哥拉士一世之所謂當以病人遇之者非彼歟。就德意而概言之其國民猶不失高等之倫理的思想安在哉

## 德意志一代道德之泉源

義軍國主義一掃之後當年高遠之倫理的思想安在哉彼國民於歐洲曾爲一代道德之源泉若康德西魯列路耶魯的路團耶的利易的路呼伊易的布隆志耶尼馬克士拉沙路瓦克列路海列等之名皆爲文明諸國所宗仰其感化之實力

實廣大而無垠也。而今者吾人於藝術於科學尚有宗德意志者乎。於哲學於倫理於正義人道之大問題。誰復獨崇德意志之文學者乎。誰復渴望德意志人之教示者乎。除社會主義之理想猶爲中流之砥柱尚有足爲歐洲諸國之所宗仰者乎。然而不足怪也麟鳳不棲於榛棘以彼俾斯麥公莫魯多將軍之理想世界。而欲望國耶的西魯列路之再生甚不易也吾甚慨夫軍國主義者汝惟以烏伊路耶路母比耶羅、瓦路的路斯而得幾何文明之進步乎。

吾故謂軍國政治之行一日即國民之道義之多一日腐敗也暴力之行一日即理論滅絕一日之意味也德意志自俾斯麥公以後其於歐洲頓失倫理的勢力者自然之理也現時之烏阿路耶路母二世皇帝其即位後十年間以不敬罰罪者至數千人。而是等罪人之中有多數係丁年未滿者是我忠良之日本臣民之所夢想者也猶希望是等之軍國主義乎猶希望等軍國政治之名譽乎。

### 第五節

軍國主義者更贊其戰爭曰國家之歷史戰爭之歷史也。如個人間之紛議必依決鬭而後得

二十世紀之怪物帝國主義

# 帝國主義

決鬪與戰爭

最後之判定則國際之紛議而得最後之判定者。戰爭之功也。坤與存國家之區別於其間。則戰爭自不可已。而有戰爭則軍備之必要亦必不可已。且夫戰爭者實吾人相較其強壯之力。堅忍之心剛毅之性所以發揚「眞簡丈夫兒」之意氣精神也。若無軍國宗之勢力則天下將變爲懦弱巾幗之天下夫豈然哉。

吾今不暇斥其言個人間決鬪之是非利害然以戰爭比決鬪極爲不倫可斷言者西洋之所謂決鬪即日本之所謂果合。即中國之比武也。其目的所在一爲名譽一爲面目也。面目猶言體面之意其較力也。

較獵智之術

極占平等之地步爲公明之鬪而或一人傷一人死其事即止至於他日又無一毫之介於其心眞不失爲丈夫也至於戰爭則全與之相反其目的之卑汚手段之陋劣所必至者也古之所謂揚名譽爲一騎打勝負之戰爭。一騎打猶言一敵一如劇場之戰也。猶有似於決鬪者然而若是之戰爭。謂決鬪即日本之所謂果合。其迂闊爲世所嘲笑若夫戰爭之技倆唯狡猾耳唯譎詐耳非如決鬪者占平等之地步重公明之方法也若以是而用之宋襄之仁非千古之笑柄乎

然則戰爭者惟較獵智之術耳其發達者獵智之發達也不見未開化之蠻人乎其自以爲功計也。大抵出敵之不意或伏兵或夜襲或絕其糧道或設爲陷阱而其獵智之不及者其身亡

二十世纪之怪物帝国主义

其財掠其地奪優者適者以長於狡獪譎詐而獨存於是乎用其尋常之智術者非更無數之教習調練而不可而是等之教習調練因習之而愈精而武器之技巧亦相競而愈進是古來戰爭之技術其發達進步大體之順序也

戰爭所發達之第一步唯其如何而陷擠敵人其目的無論若何之卑污其方法無論若何之陋劣非所問也是豈箇人之決鬪所可同日而語乎是豈男子之美德所稱强壯堅忍剛毅者所可互相比較乎箇人之決鬪其勝敗定於最後之判決至於戰爭則復讐之後又有復讐者不知演出無數之慘事也

戰爭所證者隱謀也詭計也女性的行動也狐狸的智術也非公明正大之爭也社會者決不以戰爭爲必要欲求人類之道義非急脫出女性的狐狸的不能也

今日之世界各國民爲此卑劣罪惡之行陷無數之年少投之於兵營之地獄中以養成其野獸之性而已矣

不見夫愛田舍之壯丁乎其父母兄弟姊妹牽衣道泣迴顧其牛馬雞犬亦有離別可憐之色而有情之山水如送如迎征夫之腸斷幾許矣從此長辭田園以入兵舍日夕所聞者長官之

饿鬼道之困苦

夸扬军备之不体

严格叱咤之声也所见者古参兵之残忍凌虐之色也负巨肩重辇走东西忍疲耐饥驰驱左右如是者三年也真痛苦哉。

曰所给者不过三钱耳是殆乞丐之境遇也果为烟草之费乎果为邮税之费乎甚且不免古参兵之虐遇非赂以酒食之资不可非供其小便之金不可若稍富者犹之可也至若贫者则此三年之久宝饿鬼之困苦也实牛头马面之呵责也而富者尚或以冀受高等之教育而免。

或以身体羸弱而免而贫民之子其能免此酷虐与困苦乎果得罹之大公乎然而彼等敬而哀之避忌征兵之检查与脱走营舍为自暴自弃之极往往宁死而不避之其心事固可停慜之也。

犬如此者既三年矣归来所赢者何物乎惟父母之衰老耳田园之荒芜耳而自身之行状亦堕落耳果为国家之必要乎果为吾人之义务乎。

夸扬军备之誓不休崇拜征兵之制不止惟见长官中产出无数之游民耳惟见兵营所在之地方增多无数之坏乱风俗耳惟见行生产力耳惟见蹉跎有为之青年耳惟见兵营所在之地方增多无数之坏乱风俗耳惟见行军沿道之良民无故而受彼等之践踏耳惟见为军备与征兵而使国民无一斛麦无一寸金

## 第六節

嗚呼。世界各國之政治家與國民何事而擁無數之軍人兵器戰艦而不自寧也。盡不速脫出彼野狐相欺病火相燼之境乎以期更進入於高遠之文明道德之域也。彼等不知戰爭之罪惡且不知其害毒故彼等不知趨而避之也彼等不知平和與博愛為正義之福利故彼等不知希而望之也何不斷斷乎廢其對戰爭之準備而享平和與博愛之福利也。

彼等不希生產之廉價與饒多不希通商貿易之繁榮隆盛而不知以軍備消糜其莫大之資本耗損其莫大之生產力也而不知以戰爭阻礙其通商貿易困頓之甚也何不節省其軍備與戰爭之費用而投之工商之業也。

不見去年俄國皇帝主唱限制軍備之會議列國對之決不能有一違言英美德法俄奧白意十日清等二十餘國之全權委員非決議明認「以限制現今世界之重累之軍備之負擔而增進人類之有形的及無形的福利」乎。平和會議最終決議書而彼等非公認「協力以維持一切平和

旁註：
擁軍人而不自寧
酣
平和會議之決議

第三章　論軍國主義　　二十五

## 帝國主義

竭全力以補助平和的而處理國際之紛爭必欲國際的正義之鞏固以爲國安民福之基礎。國際紛爭平和的處理條約公平正理之原則依國際的協商以定立其必要」關於仲裁裁判之規定乎何不推擴此意志與觀念決然徹去其水陸之軍備

彼等之言曰今之軍備者即所以確保其平和也其然豈其然乎彼功名之念熾虛榮之心盛之政治家與軍人大抵徒懼其銃礮之鏽澁徒懼其戰艦之朽廢必覓其機而欲於寶地以試之如醉漢之持劍睨而欲試其鋒發發乎殆哉其確保平和者僅一轉步實爲擾亂平和耳

然在兩兩相持威力相當歐洲列國之間則名爲勢力均衡主義始爲確保平和者若遇人少力弱之亞細亞與阿非利加則又變爲帝國主義以擾亂其平和爲不見近時之於淸國與南阿乎彼等汲汲於武裝者僅支持消極之平和决不能徹去軍備而享積極之平和者何以故也

彼等猶不能撤去其軍備役役勞勞而擴張之不竭盡其國力而不止者何也此無他彼等之良心爲其功名利欲所掩也其正義道德之念爲動物的天性與好戰心所壓也博愛之心爲虛誇所滅也理義之念爲迷信所昧也

轉步

酌

## 第四章 論帝國主義

### 第一節

野獸磨其牙琢其瓜咆哮而肆威猛者求其肉餌也。不能脫野獸的天性之彼等愛國者發其武力擴張其軍備自陷於迷信虛誇好戰之心者求其犧牲也故愛國心與軍國主義之狂熱達其極點之時即爲擴張領土之政策極其全盛之時是固不足怪令之所謂帝國主義之政策之流行者即是也。

然則所謂帝國主義者即欲建設大帝國之意味建設大帝國者即欲大擴張其領屬版圖之意味。而吾所悲夫大擴張領屬版圖者蓋以其因不正非義之意味與腐敗墮落之意味而遂流於零落滅亡之意味也何以言之吾試申而論之。

夫建設大帝國者惟主人與住民開拓草萊荒蕪之山野而移植之是固可佳也然而智術日

嗚呼旣能解簡人之武裝國家何獨不能乎。旣能禁簡人暴力之決鬭國家何獨不能乎。二十世紀之文明者猶未脫弱肉強食之域也世界各國民者猶在猛獸毒蛇之區不能一日高枕而臥也非恥辱之極者乎非痛楚之極者乎。而社會先覺之士何漫然而不加省也。

〔猛獸毒蛇之區〕

〔野獸求肉餌〕

〔領土之擴張〕

## 帝國主義

巧交通日便今日渾圓之球上何處而有無主無人之地乎彌世界之內既無無主人與住民者彼等果能不用暴力不爲戰爭不行譎詐而能占取尸寸之地乎歐洲列國之於亞細亞阿非利加美國之於南洋其擴張版圖之政策非皆以軍國主義行之者乎非皆以武力行之者乎

彼等皆爲此政策日費千萬之金日損數百人之命勤越期年而不知其終局役役勞勞永遠自苦非爲彼等動物的愛國心勃勃不能禁歟

唯思張其武威唯思滿其私慾侵畧他人之國土掠奪他人之資財殺戮他人之臣妾爲之奴僕之而揚揚曰是建設大帝國也然卽今其果能建設大帝國究何異於切取强盜之所爲耶

切取强盜者武士之習也而非義不正之帝王政治家所贊美而噓助之者也前世紀以前所謂英雄豪傑之事業大抵如此然默而察之其天決不恕此等之不正非義者也古來彼等武力的膨脹之帝國果能久遠保守者乎彼等之帝王政治家其初爲功名與利慾若國內既能結合安寧則必煽揚國民之獸性以從征於外國也戰而勝之則必擴張其領土以建設一大帝

建設大帝國者切取强盜也

# 帝國主義

## 第四章 論帝國主義

**武力的帝國之興亡**

國而國民則炫於虛榮而軍人則日長其權勢以壓制酷虐新附之領土以重徵其貢租奪掠其財貨也而繼其後者則領土之荒廢困竭不平叛亂相乘而起而本國之奢侈腐敗陷落隨其後焉而其邦家又更爲其新興之帝國所征服古來武力的帝國之興亡其揆一也。普在西比阿兒加魯些兰志之廢跡而歎曰羅馬亦有如此之一日乎然竟有如此之一日也成吉思汗之帝國安在乎拿破侖之帝國安在乎神功皇之版圖安在乎豐公吉秀之雄圖安在乎。如朝露如晨霜消滅而無痕矣若謂基督教國之帝國決不滅亡則羅馬帝國之末年非受基督教化者乎若謂工業的帝國決不衰落木麥人及呼羅林他因人非工業的國民乎制者乎若謂解放蓄奴以後之帝國決不零落西班牙大帝國之本上非廢蓄奴之國家之繁榮決不因切取强盜而得之也國民之偉大決不因掠奪侵暑而得之也文明之進步決不在一帝主之專制也社會之福利決不在一國旗之統一也唯在平和唯在自由唯在博愛惟在平等昧昧我思之我國北條氏治下之人民比烈必之士卒果誰得遂其生乎今日自由義之人民比俄德諸國之人民其享太平之幸福孰爲優劣乎。

故以工商業而建國旗者與帝國主義而建國旗者固相殊也否則其國旗之零落可立而待

**國旗之零落**

也前车既覆后车继蹈其轨。如走马灯之迴转不知其所究极吾不禁为西比阿而歎息。又不禁为今日欧美诸国之末路而惕惕然惧也。

## 第二节

而帝国主义者曰古之建设大帝国之帝王政治家为功名利慾所驱使。是洵然矣。今之扩张领土者为其国民膨胀之不得已也。古之帝国主义为简人的帝国主义。今之帝国主义为民国的帝国主义决不得以古之非义与恶害而律今之世界也。

是真然乎今之帝国主义果为国民之膨胀乎是非少数之政治家与军人功名心之膨胀乎。是非少数之资本家投机师利慾之所膨胀乎。但见彼等所谓国民膨胀之一面而不见多数之国民之甚激也。而不见社会上贫富之益悬隔也。而不见贫窮者饑餓者与无政府党及诸航之罪恶者之益增加也。以彼等如是之多数国民何逞能为无限之膨胀也。

而彼少数之军人政治家资本家不惜妨害多数国民之生产消靡其财货掠夺其生命以建设其大帝国也。不惜犠牲其多数其自国国民之进步与福利而胁嚇凌虐彼之资弱之亚细亞人阿非利加人及非律賓人也而名爲國民之膨脹眞耶妄耶假使此多數之國民不與聞此政策未見其膨脹也惟爲彼等野獸的好戰心所煽起不一時爲愛國心之虛榮迷信狂熱之發越也其非義與毒害決不讓古帝王之帝國主義明矣。

德蘭士瓦路之征討

英國之征德蘭士瓦路也奪波亞人之自由奪其大利之金礦以統一阿非利加於英國國旗之下縱買其鐵道而少數之資本家工業者投機師之利慾於是滿足也而些須路羅德之野心與志揚巴林之功名心於是滿足也而彼等爲此無用之目的任其如何之驚恐而不顧但求爲其犧牲而已矣。

歐英人之鮮血之價十億萬圓

一千八百九十九年十月自德蘭士瓦路戰爭開始以來吾之著此書起草之時方五百日其間英兵之死者已達一萬三千員傷者倍之因傷而支體不具免兵役而歸家者三萬人士人之死者不知其數也嗚呼慘哉。

不更見爲彼等財政的犧牲乎其二十萬之兵士曝於二千里之外爲其往返多數之船舶。一日之費算二百萬圓彼等非以十億圓之富而購兩國民之鮮血乎而其間之金礦以戰事而停止採掘者殆減二億圓金之出產非獨兩國之不幸其影響於世界之福利者尙不尠

## 帝國主義

也。至若土人之慘狀尤為可憫。彼等為英人之囚虜繫於新德耶列拉者六千人流於蘭錫島者二千四百人今者其志耶列路將軍更送一萬二千人於印度而兩共和國之壯丁調殘殆盡矣田園荒蕪廬宇傾頹兵馬所經野無青草嗚呼彼等果何咎乎果何罪乎既如此矣今之帝國主義者猶得謂非非義不正乎非橫暴毒害乎可容於有高尚道義之國民乎可容於二十世紀文明之天地乎

### 德意志之政策

以尊自由愛平利稱於世界之英國猶然如此更何論於德意志矣彼德意志者固軍國主義之化身也為大擴張其海陸軍備常以多數貴重之事物供其犧牲更無足怪矣德意志者固軍國主義之亂德意志皇帝復讎之語不絕於口派瓦路的路斯將軍特至東亞是年九月同國社會黨大

### 德意志社會黨之決議

會之決議於德意志帝國主義之真相暴破而無餘蘊矣馬易索開德意志社會黨之總會其決議摘錄於左

德意志帝國政府於支那戰爭政策者出於資本家之利益狂心與建設大帝國之軍事的榮譽心掠奪的情慾心而已此政畧者以強制的領有外國之土地抑壓其住民為主義者

## 第四章　論帝國主義

也。此主義之結果掠奪者振其獸力以遑其破壞。以強暴非義之手段充其吞噬之慾決其彼之受虐待者斷不敢向掠奪者而試其反抗之力也雖然是等之獸力僅足以欺壓彼之老大帝國耳而海外之掠奪政策及征服政策必喚起列國之嫉視與競爭。於是海陸軍備之負擔不至不堪而不止國際上之葛藤必招危險則世界一般之混亂不知其所稅紀矣。我社會民主黨者與「人間與人間」互相抑壓互相滅燼之主義為反對者也斷乎必與掠奪政策征服政策為反對以保護人民之權利而尊重自由與獨立依近世文明之教義與世界各國文化之關係及交通之關係而保持之是吾黨之所希圖也現今各國中流社會及軍事上之有勢力者所應用之教則皆為對文明的之大侮辱是吾黨之所必反對也。何其言之公明高尚也所謂炳乎與日月爭光者非此論乎。

然則依掠奪征服以圖擴張領土歐洲諸國之帝國主義者是對文明人道之大侮辱不待言矣。進而再徵美國之帝國主義其非義與不正亦豈讓於彼耶。

美國之初則助起耶巴之革命黨以與西班牙戰。自稱為自由為人道以除其虐政若真有若此之高義足以發揚公理者若起耶巴之民果真感恩慕德以希為美國治下之民則併之

**非律賓之併吞**

亦何不可。而美國者必百方詭計以摘發起耶巴島民煽動敎唆之迹而乘其隙焉卒至於吞併征服非律賓羣島而後此是猶可怨歟。

彼美國者果眞爲起耶巴革命黨之自由而戰乎而何侵害非律賓人民自由之甚也反其人民之宗旨而以武力暴起耶巴之自主獨立而戰乎而何束縛非律賓自主獨立之甚也果眞爲力而強壓之義其地之美富而爲擴奪之計實爲光彩燦爛之文明與自由之汚辱而美國建國以來歷史上之穢史也夫呑併非律賓之富地於美國固有多少之利益而背文明之公理可乎則古之武士切取強盜之主義亦爲一己之利益故也彼等將其祖

**獨立之檄文建國之憲法奈何**

先獨立之檄文建國之憲法孟羅之宣言置於何地耶姑勿論夫擴張領土非國家生存之必要出於不得已也而彼等出師之道乎忽變而藉口爲國家生存的生存危險也然彼縱不併吞非律賓其所得假如彼等之言非擴張領土也而爲美國經濟的生存危險乎果有生存之利益未必不如之也果藉非律賓而救其危險乎果有衰亡即在時間之問題乎彼等之土地之人口彼等之資本以企業的無限之勢力而敢設此悲觀

## 帝國主義　第四章　論帝國主義

的口實果欺人耶抑亦自欺耶。

吾所敢決烈而信者將來美國國家生存之危險萬一有之其危險決不在領土之狹而在擴張領土之究極也不在對外勢力之不張而在社會內部之腐敗墮落也不在市場之少而在富厚分配之不公也不在自由平等之滅亡而在侵略主義帝國主義之流行跋扈也。

則試研究美國今日所以致若是之隆盛繁榮者自由耶壓制耶理義耶暴力耶資本的勢力耶軍備的威嚴耶虛榮之膨脹耶勤勉之企業耶自主主義耶帝國主義耶今日彼等為一種功名利慾為愛國的狂熱競入邪徑而不返吾為彼等前途之危險而大懼吾又為自由正義人道而深悲也

去年之秋美國呼易阿瓦州之莫德拉多黨決議之一節深得我心矣其言曰。

吾人之反對征服非律賓者蓋深痛夫帝國主義即軍國主義意味也蓋深痛夫武斷政治意味也蓋深痛夫武斷政治者即合議政治死亡之意味也即政治的及工業的破壞其自由之意味也即殺害世界之權利平等殲滅世界之民主制度之意味也。

然則帝國主義之所極必行如此之不正與害毒明矣。

美國之危險

美國隆盛之原因

莫德拉多黨之決議

## 第三節

移民之必要

英德之帝國主義者以為建設大帝國之必要第一之論據則在移民彼等揚言曰。今日我國之人口日益繁殖。而貧民日益加增。所以擴張版圖者不過移住人口所不得已者也。貿貿然聞之。於理亦似尚近也。

人口增加與貧民

然而英德之諸國。其人口之增加。實事也。至若貧民之增加。別有因由。而可歸於人口之增加耶。欲救濟之。舍移住海外之外。遂無策耶。是殆未嘗一考也。如彼等之言。即其論而研究之。人口多者財富乏人口少者財富饒。果有是事耶。是可笑之甚也。是實未知社會進步之大法也。未知尼西亞路塞因士也。未知經濟之學理也。禽獸魚介者皆食自然之食物者也。食者益多。則食物益減。必至之理也。若夫人者生產的動物也。有利用天然力自得其衣食。與生產之智識與能力。而此智識與能力者。一年異於一年。一時代異於一時代。駸駸改良。以增加其進步者也。故自殖產的革命之行以來。世界之人口。同時已增數倍。其財富亦漸增數十倍矣。故英德諸國者。非實古取世界財富之大部。而尚藉口貧民歟。

雖然德之財富既冠世界矣。而貧民仍日增加者豈人口充溢之罪蓋別有因由存乎其間也。

彼等貧民增加之因由因現時經濟組織與社會組織之不良因資本家與地主壟斷法外之利益與土地因財富分配之失其公平。故自吾而策之非依眞正文明的道義與科學的智識以除去此弊因不可。但如移民之策不過一時之姑息灌腸的治療耳縱令全國之民移住淨盡而貧民仍不能絕迹於世界也。

更推而求之彼之移民者果爲對人口充溢與貧民增加之惟一救濟策。而彼等果非爲擴張版圖之必要乎非爲建設大帝國之必要乎彼等之人民非隷於本國國旗之下而能生活乎則何不見諸實事以釋吾人之疑也。

英國版圖之廣大旣以遍於「日所照處」而見稱於世界矣。自一千八百五十三年至千八百九十七年之間英人及愛蘭人移住海外者約八百五十萬人其自國而赴殖民地者不過二百萬人其餘之五十萬人皆自北美合眾國而至者也。今餘一千八百九十五年英國移民之統計表之於左以備吾人之攷察焉。

### 北美合眾國　一九五、三三三人

#### 帝國主義　第四章　論帝國主義

貧民增加之原因

英國移民之統計

三十一

## 澳洲

### 北美英領土

其自自國而赴領土者不過對六之一之割合耳。彼等移民者不必問其必自鄉里也不必問其必自母國之版圖也故知彼帝國主義藉口移民為必要者決無理由也。吾之痛惡移民之事者非如司拔路他人惡其奴隸人口之增加而殺戮之也必求進步之方法。此固毫不容疑者蓋世界之中擴張所得之領土本來有限。而人口之增加仍無限也若必移民於自國之領土其困迫可坐而待也。昧昧我思之英德諸國之初向亞細亞阿非利加無人之境而求其領土而分割之。而所移之民逐充滿於所分割之領土而更進而求其餘之領土。至無餘地於是彼等諸國非相殺相奪而不可而武力強大之一國不得不取他國之領土而移殖之。而其所得之領土不數年而又充滿。而後來者又復困迫零落而無策焉。帝國主義者之理論之目的如此也。甚哉其非科學的之所能實測也。

更就一面而觀之彼法國之擴張領土也如火如熾求之不已然彼之人口決不見其增加也其貧民之比較的未見其多也彼以移民爲必要者又何說也今日之美國亦求擴張領土者也非關其人口之增加以移民爲必要明矣美國領土之大天富之饒世界移民之就之者如百川之朝宗也而以英國之人爲占其多數若德意志人自一千八百九十三年至一千八百九十七年之間移住海外者二十二萬四千人其十九萬五千人皆自美而移者也而瑞西和蘭斯康已拿掇諸國之移民者亦皆如之世界各國之移民將欲併呑美國而美國猶復獎勵移民者豈眞人民之膨脹歟

伊太利廢財巨萬殺人盈野苦鬭不已所得馬比西尼亞廣漠之殖民地其所移民皆赴南北兩美外國國旗之下者也

吾故斷而言之名爲帝國主義而建擴張領土之政策以移民爲必要者是大謬見也若夫僅以移民爲口實是不徒欺人而實自欺之甚者也皆不足論者也

### 第四節

帝國主義者爲口同聲曰欲以商務而建國旗則擴張領土者實爲我商品求市場最急之要

## 帝国主义

必要

务也。

吾不知欲益列国交通之便利欲益列国贸易之繁荣而英国国旗之下而必移民以求之德国物品之市场必不在德国国旗之下而必移民以求之英国国旗之下而必移民以求之英国物品之市场必不在英国国旗之下而必移民以求之吾真不解其理由之何在也吾人之贸易非强以武力暴力则必不得行之吾又不解其理由之何在也

黑暗时代之英雄豪杰者为希自国之富盛故常侵掠他国却掠其财富征收其贡租成吉思汗帖木儿之经济固如此也若帝国主义者亦唯压倒其余之蛮族侵夺其土地臣仆其人民

黑暗时代之经济

强其买卖以为其经济也是文明时代之科学所决不许者也

试问彼等资本家何为开拓新市场之必要日苦于资本之饶多与民产之过剩也呜呼是何

生产之过剩

言欤为彼等资本家苦于生产之过剩就其一面而观之而不见数千万之下屑人民号泣而诉其衣食之不足也彼等生产之过剩非真为其需用也为多数人民购买之力不众也多数人民乏于购买之力者财富之分配失其公平而贫富之悬隔太甚也

欧美贫富所以悬隔太甚者以富者之资本由堆积于一部少数之手而多数人民对其购买力逐至极其衰微实现时自由竞争制度之结果亦由于彼等资本家工业家对其资本而为题

## 第四章　論帝國主義

**今日之經濟問題**

斷法外之利益也。故歐美今日之經濟問題、欲禁其歷伏其餘未開之人民強其消費其商品、則非兀進其自國多數人民之購買力不可。欲兀進自國之購買力、非禁其資本家壟斷法外之利益其對一般勞働者公平分配其利益不可。欲分配之公平、非改造現時之自由競爭制度之根本的而確立社會主義的制度不可。

**確立社會主義的制度**

果能如此資本家之爭競必無可壟斷之利益矣、既無壟斷之利益、則多數之衣食分配必能公平。多數之衣食既足、則生產必無過剩之事。生產既不憂過剩、又何必假國旗之威嚴以行帖木兒的經濟乎、果能如此、則實所謂文明的也、科學的也、而亦實爲道義的也。

**破產與墮落**

而歐美之政事家商工家、不出此惟誇一時之虛榮本永遠以行其壟斷之策。爲擴張海外之領土、而抛莫大之資源滔滔日下。而不知其所底而其結果究何如乎、惟見其政府之財政、愈膨脹也、資本家之利權、愈吸收也、商工家之利益、愈狂急也、分配之貧富、愈不公也、而領土之擴張、則愈大、而買易之總額、則愈增進、而國民多數之困窮、則愈增加、不至於破產墮落不止。

繼令彼等擴張領土之費用其困竭不至於如吾前之所云以至於破產墮落則誠幸矣、然而如今日列國競爭之勢所謂求新市場者。將來果存幾何之餘地乎至無餘地之際則必生而待饑而後可否則必列國互起相鬩相奪而後可。不見夫逐水草而遊牧者乎水草既盡則必束手待斃否則非相殺相掠。則有不能自存之勢矣帝國主義之經濟夫豈遊牧之敵也。

然而彼等為求新市場之餘地列國相掠之兆今已見矣英人「曰德意志吾市場之敵也」非擊破之不可」德人曰「英吉利者與吾競爭者也非壓倒之不可。」而兩國戰爭之準備惟日不足奇哉彼等之通商貿易不在相互之福利而在損他人以自利也不在競爭和之生產而在事武力之爭奪也。

### 英國之貿易

夫英國者非德意志貿易之最大華主耶德意志者非落英國貿易華主第三位以下者耶兩國之貿易最近十年之間增加既至數千萬英國對德國之貿易額與其在澳洲者比較雖不無遜色而合加拿大與南阿相比則邁乎大矣而德國輸入英國之資本其利用者亦甚鉅少而彼等或欲擊破之而後快是其貿易之大部。必起絕大之殺機而後已也其餘列強之關係大抵如此若天下之商人皆殺戮其華主以奪其財貨而謂為得貨殖之訣可笑之事

### 菲末之殺

執有甚於此乎彼歐美諸國之欲排抑他人而圖自國之利者何其與此相類之甚也。

## 帝國主義　第四章　論帝國主義

吾所痛心疾首而不能已於晉者盡實研究而推其極矣今之所謂市場擴張之競爭者亦猶軍備擴張之競爭也關稅之戰爭者亦猶武力之戰爭也彼等之所以苦人者實所以自苦彼等所以抑他人之利益者實所以自抑其利益也而使其多數之國民以陷於困迫饑餓腐敗滅亡也吾故曰帝國主義之經濟者蠻人的經濟也帖木兒一時之奇利也非科學的也逐政事家眼前之虛譽而爲投機師博一時之奇利也

而自觀我日本之經濟更有甚者我日本者亦欲藉武力而建國旗於海外者也而我國民必益跋扈政費必益增加資本必益欠乏生產必益萎靡我日本將持帝國主義而進乎其結果惟如此而已矣

歐美諸國之帝國主義者則藉口於資本之饒多生產之過剩而日本經濟之情實則全與之相反歐美諸國之帝國主義者其腐敗與零落雖可決然猶或有若千年間誇其國旗之虛榮至我日本苟或建設帝國豈能維持一日而多數之軍隊擁戰艦者而大呼曰帝國主義哉我日本之主唱帝國主義者其愚不可及哉

及其愚不可

日本之經濟

## 第五節

英國殖民地之結合

英國之帝國主義者又曰吾之講求武備者蓋欲統一結合以鞏固殖民地之全體耳此說者尤彼好戰的愛國者之所喜也而其可笑之甚不足一道矣彼等英國之民所以防備不懈慄慄危懼者非為其領土過大歟彼等各殖民地之人民當其生於母國也幾不聊生為求其衣食遠適異國始為移住之人民也今幸而得遂其志而享繁華之幸福何苦更隸於大帝國統一之名下甘受母國之干涉桎梏乎何苦更為母國而負擔其莫大之軍資與兵役乎何憚於離其母國而自立於歐美列國紛爭之際乎其

不利與危險

不利與危險蓋莫大於是矣

小英國當時武力之斟酌

夫武力之無用與罪惡前既言之矣然用為防備自國之必要此又列國不可告人之隱恩也故其防備之周武威之熾惟因其領土之廣大也惟因建設大帝國之防範也不見擊破夫呼伊尼布二世之西班牙大帝國者非當時之英國擊破路易十四世負國大帝國者非當時之英國乎擊破拿破崙之光彩者惟當時之小英國為最著耳故彼等武力放爛之光彩者惟當時之小英國乎然則彼等武力放爛之光彩者惟當時之小英國為最著耳故彼等之唱帝國主義者懼其

英國繁榮之原由

防備。而尤引爲至憂。故斷斷乎不許各殖民地之獨立也。惟其如此彼等始得高枕而臥。而各殖民地之人民亦減其自由之福利。而彼等然後快於心矣。

然吾細察英國之繁華膨脹者決非因其武力也實因其饒多之鐵與石炭之膨脹也決非因其武力之侵奪劫掠也實在其平和之製造工業也而彼等偶一誤其目的而逞其野獸的性。以逐古代帝國主義之跡。其遇殖民地之人民概以帖木兒的經濟之手段施之既而懲於合衆國之離叛翻然乃改其圖始許各殖民地之自治故彼等領土之廣大者徵其實事決非帝國主義者之所謂帝國徒以形成言之也。惟其血脈語言文學無不相同爲其有眞箇之同情故其貿易自有相互之利益能聯合而持永久之運命以致無限之繁榮也。

大英國帝國存在爲他日之問題

然則英國者使其早醉於武力的虛榮汲汲繼橫於大陸諸邦豈能致今日之廣大乎今日雖云廣大。然將來爲其國旗與武力之光榮而冒各殖民地之不利與危險以失其同情之感則將來大英帝國之存在與否實他日之一問題也。

而今日彼志揚巴林勃勃之野心將繼比德志十列利之衣鉢。率此平和的大國民沈湎於軍國主義帝國主義之惡酒以腹古來之武力的帝國滅亡之轍吾深爲此有名譽之國民所大

帝國主義 第四章 論帝國主義

三十五

其布林達
與賓列

帝國主義
者獵夫之
生計也

惜也。然此急功名之軍人政治家逐奇利之投機師猶可恕也。至若具特出之智識與學術於國民之心靈的教育有無限的責任之文士詩人骨率而唱道武力之膨脹實可痛之極也。如英國之其布林達賓列其最甚者。

彼等野獸的愛國者爲逞其野心而自贊美曰國旗之光榮也偉人之勳業也國民的思想之喚起也孰不以生於此三須路羅之英國爲幸也孰不崇拜其志耶列路之功績也。一爲擴我帝國數千里之版圖一則以雪加母之國恥以蠻野獷悍之俗而代之文明平和故帝國主義者於野蠻人則討伐之戮滅之以布文平和之治也嗚呼帝國主義存在之期間乎亦如獵夫之生計惟在其附近山野之飛鳥與走獸乎帝國主義一南阿已平定矣試問其志耶列路之生命活力唯在蠻人存處而求斯唐歟。至若討代蠻人者彼等不知大失其國旗之光榮也消滅其國民的思想也汚壞其偉人之勳業也果若是者豈帝國主義前途之佳境歟。

若其布林達君與賓列君者惟以犬言壯語爆起國好戰之心而已其思想不暇他及也。自吾

## 第六節　帝國主義之現在與將來　國民之尊榮幸福

自前所述者而攷察之，所謂帝國主義之現在與將來不難知也。彼之愛國心如此其卑也，其軍國主義如此其惡也。而本是以行其政策，其結果不至於墮落與滅亡而不止也。彼等之所謂建設大帝國者，非必實慾望也，實災害也，非國民的膨脹，實少數人功名野心之膨脹也，非貿易實投機也，非生產實強奪也，非扶植文明實壞滅他人之文明也，是豈社會文明之目的耶，是豈經營國家之本旨耶。勿言爲移民也，移民非擴張領土之必要也。勿言爲貿易也，貿易亦非擴張領土之必要也。擴張領土之必要者，惟軍人政治家之虛榮心，惟投機師趁金鑛及鐵道之私利心，惟供軍需所用之商人之壟斷心而已。

夫國民之尊榮幸福，決不在領土之偉大，而在道德程度之高決不在武力之強盛，而在理想之高尚，決不在軍艦兵士之多，而在衣食生產之饒。英國昔日之尊榮與幸福，而能擁有強大之印度帝國者，是時也。果有一些斯比亞者在歟，果有一加拉伊路者在歟，果誰欺其自欺乎。

# 帝國主義

抑亦欺人乎。

沙亞羅巴德莫利耶路氏曾評俾斯麥曰彼蓋誤以德國爲大而以德國之人民爲小也不知僅以領土之偉大而與國民之偉大者乃反比例也彼等之欲建設大帝國者惟其武力之膨脹也野獸的天性之膨脹也彼等但富其國而貧其人民也但強其國而弱其人民也但輝其光國威而腐敗墮落其人民也故曰帝國主義者其國大其人民小國民既小矣而國家豈能獨大乎如其大也不過一時之泡沫耳空中之樓閣耳沙上之瓜印耳罡風忽起霧散雲消是古來歷史之所燭照也哀哉世界列國競向於若此之泡沫的膨脹力而自趨於滅亡而不自知其危險也

我日本之今日亦此主義狂熱達其極點之時也擴張十三師團之陸軍三十萬頓之海軍增大臺灣之領土遣派軍隊干涉北清之事件以揚其國威與國光軍人之胸間裝飾無數之勳章議合從而贊美之文士詩人從而謳歌之而是等之武力有幾何之關係於我國民者乎有幾何之福利與我社會者乎

八千萬圓之歲計不數年則三倍之經營臺灣者自占領以來奪去內地一億六千萬之費二

〔小標〕德意志國
大德意志
人民小
一時之泡沫
日本之帝國主義
其結果

## 第三章 結論

嗚呼。二十世紀之新天地。吾人果如何經營而求其完全歟。吾人欲世界之平和。而帝國主義則擾亂之也。吾人欲自由與平等。而帝國主義則破壞之也。吾人欲生產分配之公平。而帝國主義則激成之。而使之不公也。文明之危險實莫大爲其奈之何。是非吾之私言也。去歲一『紐約瓦德』新聞公『二十世紀之危險』爲命題。而徵歐美諸名士之意見。答之者無不以軍備主義與帝國主義之可恐爲音呼列的利巴尼林曰將來政

億之償金條爾消失。而財政日益紊亂。輸入者益超過之政府逐不能不增稅以增稅之故。於是市塲益困迫風俗益頽廢罪惡者亦日加增。而改革社會之說則嘲罵以迎之教育普及之論則冷笑以過之國力日竭民命日蹙若是之境果從而忘反則數年之後吾恐東洋之君主國有二千五百年之歷史者始如黃粱之一夢也。嗚呼是非我日本帝國主義之功果歟。吾政斷言之曰帝國主義之政策爲少數之慾望而奪多數之福利者也爲野蠻的感情而沮礙科學的進步者也殘滅人類之自由平等戕賊社會之正義道德破壞世界之文明之蠹賊也。

治上之危險惟在歐洲列國蓄積軍隊兵艦及軍資之過甚其結果也。即誘彼等之統治者及其人民而爭攘權於亞細亞及阿非利加之野而已桑希爾曰。二十世紀之危險者中古之愚想反動的興起之軍國主義是也加伊路巴路志曰。最危險者莫若軍國主義矣加路布拉因德曰。最危險者帝國主義也。

然則帝國主義之可忌可恐者亦猶耶斯德之流行也其所觸者不至滅亡而不已彼之所謂愛國心者實病菌之所謂軍國主義者實傳染之媒介也。蓋自十八世紀之末法國革命之大清潔法者掃除歐洲之穢惡幾將歸於湮沒自後英國三十二年之改革法國四十八年之革命伊大利之統一希臘之獨立皆所以防禦此時疫也。而其間若拿破侖若美的路易若俾斯麥輩撒布此病菌於天地之中至今日而又發生者也。

至於今日此愛國之病菌蔓延於朝野上下之間。而帝國主義的耶斯德傳染於世界列國不盡毀破二十世紀之文明而不已。有忘改革社會之健兒以國家之良醫自任之仁人志士非乘時奮起而急救之其忍袖手默視耶。

然則果如何計以應今日之急症也曰無他惟更向社會國家再施其大清潔法竇而言之開

始世界的大革命之運動耳。變少數之國家爲多數之國家。變少數軍人之國家爲農工商大之國家。變貴族專制之社會爲平民自治之社會。變資本家橫暴之社會爲勞働者共有之社會。而後以正義博愛之心。而壓其偏僻之愛國心也。以科學的社會主義。而亡其野蠻的軍國主義也。以布拉沙呼德之世界主義。而掃蕩刈除掠奪的之帝國主義也。是救之之必要也。惟能如此。而後吾人始得改造此「不正」「非義」「非文明的」「非科學的」現時之天地也。而後可期社會永遠不進步人類全般之福利也。如其不然則趁此今日之趨勢以放任而漫不加省則吾人之四圍。惟百鬼之夜行也。吾人之前途。惟黑暗之地獄也。志士仁人。能箝口如寒蟬如仗馬哉。

二十世紀之怪物 帝國主義終

光緒二十八年七月初十日印刷
光緒二十八年八月十六日發行

著　者　　日本土佐　幸德秋水

譯　者　　中國武陵　趙必振曰生
　　　　　上海英界大馬路同樂里

印刷所　　廣智書局活版部
　　　　　上海英界大馬路同樂里

發行所　　廣智書局

（定價大洋四角）

帝國主義

# 进化论革命者颉德之学说

1902

1902年10月，梁启超在《新民丛报》第十八号上发表《进化论革命者颉德之学说》，对马克思作了简要介绍，这是马克思主义第一次在中国人的著述中被提及。文章指出，"麦喀士（日耳曼人，社会主义之泰斗也）"。今以《新民丛报》1902年10月第十八号为底本予以整理。

　　二十世纪之天地，开其幕者今已一年有奇。此年余之中，名人著述，鸿篇巨制，贡献于学界者，固自不少。而求其独辟蹊径，卓然成一家言，影响于世界人群之全体，为将来放一大光明者，必推英国颉德（Benjaman Ridd①）先生今年四月出版之《泰西文明原理》一书。

　　颉德者，何人也？进化论之传钵巨子，而亦进化论之革命健儿也。自达尔文《种源论》出世以来，全球思想界忽开一新天地。不徒有形科学，为之一变而已。乃至史学、政治学、生计学、人群学、宗教学、伦理道德学，一切无不受其影响。斯宾塞起，更合万有于一炉而冶之。取至淆至赜之现象，用一贯之理，而组织为一有系统之大学科。伟哉！近四十年来之天下，一进化论之天下也。唯物主义昌，而唯心主义屏息于一隅。科学（此指狭义之科学，即中国所谓格致）盛，而宗教几不保其残喘。进化论实取数千年旧学之根柢而摧弃之、翻新之者也。

　　进化论之功在天壤，有识者所同认矣。虽然，以斯宾塞之睿智，创综合哲学，自谓借生物学之原理，以定人类之原理。而其于人类将来之进化，当由何途，当以何为归宿，竟不能确实指明。而世界第一大问题，竟虚悬而无薄。故麦喀士（日耳曼人，社会主义之泰斗也）嘲之曰："今世学者，以科学破宗教，谓人类乃由下等动物变化而来。然其变化之律，以人类为极点乎？抑人类之上，更有他日进化之一阶级乎？彼等无以应也。"赫胥黎亦曰："斯宾塞之徒，既倡个人主义，又倡社会主义（即人群主义）。然此两者

---

① 其他文章中有译作 Benjamin Kidd。

势固不可以并存，甲立则乙破，乙立则甲破。故斯氏持论虽辩，用心虽苦，而其说卒相消而无所余。"此虽过激之言，亦实切当之论也。虽然，麦喀士、赫胥黎虽能难人，而不能解难于人。于是颉德乃百尺竿头，更进一步，于一千八百九十四年，初著一书，名曰《人群进化论》（Social Evolution），以解此问题。

颉德以为人也者，与他种动物同，非竞争则不能进步。或个人与个人竞争，或人种与人种竞争。竞争之结果，劣而败者灭亡，优而适者繁殖，此不易之公例也。而此进化的运动，不可不牺牲个人以利社会（即人群），不可不牺牲现在以利将来。故挟持现在之利己心，而谬托于进化论者，实进化论之罪人也。何以故？现在之利己心，与进化之大法无相关。故非惟不相关，实不相容。故此现在之利己心，名之为"天然性"。颉德以为此天然性者，人性中之最"个人的""非社会的""非进化的"。其于人类全体之永存之进步，无益而有害者也。

颉德以为人类之进步，必以节性为第一义。节性者何？有宗教以为天然性之制裁是也。苟欲群也，欲进化也，必不可不受此制裁。宗教者，天然性之反对者也，补助者也。常有宗教以与人类天然之恶质相抗，然后能促人群之结合，以使之进步。故宗教家言，未有不牺牲个人现在之利益，以谋社会全体未来之利益者。宗教之可贵，在是而已。颉德以为论人群之进化，不可不以生物进化之公例为其基础。因首引达尔文之学说以为前提。达氏之学说，其根本思想有二。

第一，一切生物皆有非常之繁殖力。无论何种生物，苟一任其生殖，而无他力以阻之，则其一雄一雌所产之子孙，必至布满地球。此繁殖力，以几何级数而增进（参观本报第二号第三十一叶）。

第二，凡一切生物，惟适于境遇者乃能生存。故常顺应于境遇，而递有所变化。其变化之结果，则遗传于其子孙。而此之变化，非独在外形为然耳，即内部之机关亦然，即心理之机能亦然。

因此二者，而自然淘汰之公例出焉。自然淘汰者，谓生物虽恃其繁殖力，可以生存，然以其所产太多之故，不得不竞争。竞争之结果，于是大部分归于灭亡，而生存者不过一小部分。当其竞争之际，各生物皆有自变化之能力。其变化虽小，而一以适于境遇为主。于是优而适者独存，遗其种于后。一切生物，依此公例，经无量世、无量劫以至今日。其间所经过之境遇，至复至杂。故其身体之组织，心智之机能，亦随之以日趋复杂。一言蔽之，则一切生物，皆常受外界之牵动，而屡变其现在之形态而已。

此实达尔文学说之大概。举数千年之旧思想翻根柢而廓清之，为科学界、哲学界起大革命者也。虽然，达氏之所谓优、所谓适者，不过专指现存个人之利益，或其种族多数之利益而已。达氏之言曰："无论何等生物，必当常变其状态，使有益于己，然后可以生存。"颉德氏以为达氏进化论之中心点在此，其所以不完满者亦在此。

颉氏以为自然淘汰之目的，在使同族中之最大多数，得最适之生存。而所谓最大多数者，不在现在而在将来。故各分体之利益，及现在全体之利益，皆不可不牺牲之，以为将来达此目的之用。于是首明现在必灭之理，与现在灭然后群治进之义。乃进言曰：以寻常人之识见，所最贪者生也、寿也，所最恶者死也、夭也。然死之与夭，有大关系于进化功用者存。何则？彼高等生物、下等生物之别，非以其住世之久暂为差，而以其传种之长短、布种之广狭为差。（按：若以住世之久暂第其高下，则动物之寿视人类为长者，多多矣。）故高等生物，其寿命不特不加长而已，往往愈进于高等而其寿愈短。种族之所以能发达，有时故赖长寿，有时亦赖短命。使当外界境遇变化甚剧之际，则惟短命者乃可与之顺应。何以故？惟短命则交代之事屡起，于是乎其习惯、其状态、其性质等，变化甚速，得以适于时代而自存。苟不尔者，以长寿而保持旧态，变化甚缓，不能与外界之变迁相追逐。则其竞争必败北，而日归澌灭。夫物之所以有生，其目的必非在自身也。不过为达彼大目的（即未来之全体）之过渡而已。其所以有死，亦即为达此大目的之一要具也。故死也者，进化之大原也。

颉氏以为凡物之不进化者，则无有死。彼下等简单之生物，以单细胞结集而成者是也。故其一个之生物体，俄然可剖分以为二个焉，更可剖分以为四个焉。分裂又分裂，繁殖以至巨万而终不死。若是者，谓之无限之生命。高等进化之生物则不然，其种族皆有平均一定之寿限，及限而不得不死。若是者，谓之有限之生命。今使既列于高等生物，与他高等者相竞争。而生命仍复无限，则他族之屡屡交代者，其子孙皆多变化，而有顺应境遇之资格。我乃持旧态以与之竞争，其种族之败亡，可翘足而待也。故死也者，进化之母，而人生之一大事也。人人以死而利种族，现在之种族以死而利未来之种族。死之为用，不亦伟乎！夫既为未来而始有死，则亦为未来而始有生，断断然矣。

案：死之为物，最能困人。《记》曰："天地之大也，人犹有所憾。"人既生而必不能无死，是寻常人所最引为缺憾者也。故古来宗教家、哲学家，莫不汲汲焉研究"死"之一问题，以为立脚点。尝综论之，约有八说：儒家之教，以为死而有不死者存。不死者何？曰：名。故曰："君子疾没世而名不称焉。"又曰："死或重于泰山，或轻于鸿毛。"若何而与日月争光，若何而与草木同腐，此儒家之所最称也。其为教也，激厉志气，导人向上。然只能引进中人以上，而不能范围中人以下，美犹有憾焉。此其一。道家之教，厥有三派：一曰庄列派。以为生死齐一，无所容心。故曰："物方生方死，方死方生。"又曰："莫寿于殇子，而彭祖为夭。"其为教也，使人心志开拓。然放任太过，委心任运，亦使人彷徨无所归宿。此其二。次为老扬派。以为死则已矣，毋宁乐生。故曰："生则尧舜，死则腐骨。生则桀纣，死则腐骨。腐骨一耳，孰知其极。"其为教也，使人厌世，使人肆志，伤风败俗，率天下而禽兽，罪莫大焉。此其三。又次为神仙派，以为人固有术可以不死，于是炼养焉，服食焉，其愚不可及矣。此其四。此皆中国之言也。（墨氏以为死后更无他事，故所言者惟人世间之事。盖墨教不以死为立脚也。短丧节葬之说，其一端矣。）其在域外，则埃及古教虽死之后，犹欲保其遗骸。于是有所谓"木乃伊"术者。其思想何在？虽不能确指，要之出于畏死而欲不死之心而已。此其五。印度婆罗门外道，以生为苦，以死为乐。于是有不食以求死者，有喂蛇虎以求死者，有卧辙下以求死者。厌世观极盛，而人道或几乎息矣。此其六。景教窃佛说之绪余，冥构天国，趋重灵魂，其法门有可取者。然其言末日审判，死者复生，是犹模棱于灵魂躯壳之间者也。其解释此问题，盖犹未确未尽。此其七。佛说其至矣。谓一切众生本不生不灭，由妄生分别，故有我相。我相若留，则堕生死海；我相若去，则法身常存。死固非可畏，亦非可乐。无所挂碍，无所恐怖，无所贪恋。

举一切宗教上最难解之疑问，一喝破之。佛说其至矣。虽然，众生根器，既未成熟，能受者盖寡焉。此其八。八家之宗旨，虽各不同，要之，皆离生以言死，非即生以言死也。所论者，既死后之事，非未死前之事也。出世间之言，非世间之言也。宗教家言，非科学家言也。其以科学谈死理，圆满透达、颠扑不破者，吾以为必推颉德氏此论。夫死之困人也至矣。虽有英雄豪杰，气概不可一世。一语及此，鲜有不嗒然若丧、幡然改其度者。公德之所以不能尽，群治之所以不能进，皆此之由。颉氏此论，虽未可为言死之极轨，然使人知有生必有死，实为进化不可缺之一要具，为人人必当尽之一义务。夫其必不能免也。既如彼，而其关系重大也又如此。等是死也，等是义务也。其奚择哉，奚怖哉，奚馁哉？以此论与孔、佛、耶诸大宗教说并行，则人庶不为此问题所困，而世运可以日进。颉氏所以能为进化论革命巨子者，在此焉耳。

颉氏又言凡物之有男性、女性之别也，亦非为现在也，非为生物各个之利益也。凡以为未来计，使适应于时势，而速其变化之率也。有两生物于此，则必各经过其特别之境遇，各自发达，各有其过去所受之特色，因使之结合焉，调和焉。俾共传其特色于其子，则比之仅传单一之特色者，其必有所优矣。欲结合两物之特色，不可不结合其含此特色之细胞，此男女之事所以为贵也。凡生物之由生而至死也，其间体内细胞，又屡屡变化。故当其受生也，既受祖宗传来各种复杂之特色。及其成长也，又自有所受外界熏染之特色，复加于旧特色之内，而一并贡献于其子孙，此乃种族之所以日进也。然则人生数十寒暑，所以常转旋其体内细胞而变化之者，凡亦为未来计而已。自然淘汰既以未来为目的故，生物既全为未来而存立故，故凡为未来而多所贡献者，高等生物也；反是者，下等也。代未来而多负责任者，高等生物也；反是者，下等也。故勤劳于为未来者，则为优为胜；息逸于为未来者，则为劣为败。不见夫动物乎，最下等者，产卵则放任之，不复顾。故其卵及其幼儿之大多数，皆常灭亡。稍进至鸟类，则孵化其卵而复养育之。更进至哺乳动物，则养育其儿之劳愈多，而在生物界愈占高等之位置。物既有之，人亦宜然。

颉德现定此义为进化论之标准，因持之以进退当世之学说。其言曰：

"进化之义，在造出未来。其过去及现在，不过一过渡之方便法门耳。今世政治学家、群学家之所论，虽言人人殊，要之皆重视现在，而于未来少所措意焉。是可为浩叹也。如所谓社会论、国家论、人民论、民权论、政党论、阶级论等，虽其立论之形式不同，结论各异，而其立脚点，常在于是。即如近世平民主义之新思想，所谓最大多数之最大幸福者，亦不过以现在人类之大多数为标准而已。其未来之大利益，若与现在之多数利益不能相容，则弃彼取此，非所顾也。试条论之。自百年以前法国大革命所自出之思想，以迄近世德国社会民主党所称述之学说，其最精要之论，不过以国家为谋公众利益之一机关而已。胎孕法国革命者，若康辄、若希比沙士、若志的罗、若达廉比尔诸家，皆"以社会为个人之集合体，故不可不以个人之利益为目的。社会之义务，即为现时组织社会之人汲汲尽瘁是也"。其意义未尝有所谓未来者存也。卢梭祖述此说，而益倡之。混国家与社会为一，其所重者亦在国家多数人民之利益，亦未尝有所谓未来者存也。英国平民主义，首倡之者为斯密·亚丹。其所著《原富》，发挥民业之精神，建设恒产之制度，破坏过去之习惯，以谋现在之利益。而于未来一问题，盖阙如也。斯密所发起之新思想，经边沁、阿士丁（按：日人常译为壊斯陈，法理学大家也）、占士·弥勒（按：约翰·弥勒之父也，世人称为大弥勒）、玛儿梭士、理嘉图（按：二人皆生计学家，斯密派之巨子也）、约翰·弥勒诸贤之讲求，益臻完备，皆以现在幸福为本位，以鼓吹平民主义者也。边沁以为群学之理想，在于增进一群之利益。而一群之利益，即合其群内各人之利益而总计之者也。一切道德，皆以此为根原。能自进己之利益者，谓之善行；反是，谓之恶行。为利益而牺牲义务可也，为义务而牺牲利益不可也。若此者，世称之为乐利说。实现在主义之极端也。（按：颉氏所论边氏，不无太过，观前号边氏学说自明。）此等思想，自经约翰·弥勒引申发明之后，以未曾有之势力，深入于英国人之脑中，斯实可谓近世自由主义之导师也。然其流弊所存，固有不能为讳者。约翰·弥勒学贯百家，识绝千古。其高深博大之理想，固吾所大敬服。虽然，其所论亦以现在之利益为基础，仅能言国家之所以成立，而于人群之进化仍无关也。夫国家非人群之一机关乎？以弥勒而达识，生当进化公例大明之日，而于"现在者，非为现在而存，实为未来之存"之理，竟不克见及。不可谓非贤者千虑之一失也。斯宾塞以进化哲学，倡导学界，其大功固不可及。至其群学之思想，亦不免与弥勒同病。斯宾塞屡言牺牲过去以造现在，而不言牺牲现在以造未来。无他，重视现在太过，见有所蔽。而于现在必灭之理，未尝厝意也。虽然，斯宾塞非全忘未来者。彼尝言曰：人群之进化，实由现在之利益与过去之制度相争，而后胜于前之结果也。又曰：国界必当尽破，世界必为大同。此皆其理想之涉于未来者也。虽然，彼其所根据者，仍在现在。彼盖欲以现在国家思想扩之于人类统一之全社会，未足真称为未来主义也。其在德国，有所谓唯物论者，有所谓国家主义者，有所谓保守党者，有所谓社会党者。要之，悉皆以现在主义为基础而已。今之德国，有最占势力之二大思想：一曰麦喀士之社会主义，二曰尼志埃之个人主义（尼志埃为极端之强权论者，前年以狂疾死，其势力披靡全欧，世称为十九世纪末之新宗教）。麦喀士谓今日社会之弊，在多数之弱者为少数之强者所压伏。尼志埃谓今日社会之弊，在少数之优者为多数之劣者所钳制。二者虽皆持之有故，言之成理，要之，其目的皆在现在，而未尝有所谓未来者存也。颉德氏既胪列诸家之说，一一驳难之。因断言曰："十九世纪者，平民主义之时代也，现在主义之时代也。虽然，生物进化论既日发达，则思想界不得不一变。此等幼稚之理想，其谬误固已不可掩。质而论之，则现在者，实未来之牺牲也。若仅曰现在而已，则无有一毫之意味，无有一毫之价值。惟以之供未来之用，然后现在始有意味，有价值。凡一切社会思想、国家思想、道德思想，皆不可不归结于是。"此实颉德著书之微意也。

# 新民叢報

## 第捌拾號

SIN MIN CHOONG BOU
P.O. Box 255
YOKOHAMA
JAPAN

光緒二十八年九月十
明治三十五年十月十

●本號要目

克林威爾像
格蘭德像
神戶同文學校兵式體操
圖
敬告當道者
進化論革命者頡德學說
政治學學理摭言（二）
女羅蘭夫人傳
傑中國學術思想變遷之
大勢
西村博士自識錄
嗚呼劉坤一嗚呼陶模
飲冰室詩話
萬國思想家年表

每月二回朔望發行

# 新民叢報第拾捌號目錄

光緒二十八年九月十五日

●圖畫
　克林威爾像　格蘭德像
　神戶同文學校兵式體操之圖

●論說
　敬告當道者 …………………………………… 一

●學說
　進化論革命者頡德之學說（完未） 中國之新民 … 一七

●政治
　政治學理摭言（二） 中國之新民 …………… 二九

●學理摭言
　最大多數最大幸福義 明夷 …………………

●新疆增吏篇（完）

●傳記 …………………………………… 四三
　近世第一女傑羅蘭夫人傳（完） 中國之新民

●學術 …………………………………… 五九
　論中國學術思想變遷之大勢 中國之新民
　　第五章 老學時代

●談叢 …………………………………… 六五
　西村博士自識錄

●國聞短評 ……………………………… 七三
　俄皇遜位之風說●俄羅斯與高麗●嗚呼劉坤一嗚呼
　陶模●獎勵歐美遊學

●雜俎 …………………………………… 七七
　新智識之雜貨店

●小說 …………………………………… 八一

## 學說

### 進化論革命者頡德之學說

中國之新民

二十世紀之天地開其幕者今已一年有奇此年餘之中名人著述鴻篇鉅製貢獻於學界者固自不少而求其獨闢蹊徑卓然成一家言影響於世界人羣之全體爲將來放一大光明者必推英國頡德 BenJaman Kidd 先生今年四月出版之「泰西文明原理」一書。

頡德者何人也進化論之傳鉢鉅子而亦進化論之革命健兒也自達爾文種源論出世以來全球思想界忽開一新天地不徒有形科學爲之一變而已乃至史學政治學生計學人羣學宗教學倫理道德學一切無不受其影響斯賓塞起更合萬有於一爐而冶之取至賾至殽之現象用一貫之理而組織爲一有系統之大學科偉哉近四十年來之天下一進化論之天下也唯物主義昌而唯心主義屏息於一隅科學之科學即中國所謂格致 盛而宗敎幾不保其殘喘進化論實取數千年舊學之根柢而摧棄之翻新之

進化論之功在天壤。有識者所同認矣。雖然以斯賓塞之睿智創綜合哲學。自謂借生物學之原理以定人類之原理。而其於人類將來之進化當由何途當以何爲歸宿竟不能確實指明。而世界第一大問題竟虛懸而無薄。故麥喀士[日耳曼人社會主義之泰斗也]嘲之曰。「今世學者以科學破宗教謂人類乃由下等動物變化而來。然其變化之律以人類爲極點乎抑人類之上更有他曰進化之一階級乎彼等無以應也」赫胥黎亦曰。「斯賓塞之徒既倡簡人主義又倡社會主義。即人羣主義。然此兩者勢固不可以並存。甲立則乙破乙立則甲破。故斯氏持論雖辯用心雖苦其說卒相消而無所餘」此雖遭激言亦實切當之論也。雖然麥喀士赫胥黎雖能難人而不能解難於人。於是頡德乃百尺竿頭更進一步於一千八百九十四年初著一書名曰人羣進化論 Social Evolution 以解此問題。

頡德以爲人也者與他種動物同非競爭則不能進步。或箇人與箇人競爭或人種與人種競爭。競爭之結果劣而敗者滅亡。優而適者繁殖此不易之公例也。而此進化的運動不可不犧牲箇人以利社會。即人不可不犧牲現在以利將來。故挾持現在之利己心而謬託於進化論者實進化論之罪人也何以故現在之利己心與進化之天法無相關故非惟不相容故此現在之利己心名之爲「天然性」頡德以爲此天然性者人性中之最「箇人的」「非社會的」「非進化的」其於人類全體之進步無益而右害者也。

頡德以爲人類之進步必以節性爲第一義。節性者何有宗教以爲天然性之制裁是也苟欲羣也欲進化也必不可不受此制裁宗教者天然性之反對者也補助者也常有宗教以與人類天然之惡質相抗然後能促人羣之結合以使之進步故宗教家言未有不犧牲簡人現在之利益以謀社會全體未來之利益者宗教之可貴在是而已。

說以爲前提達氏之學說其根本思想有二。

第一 一切生物皆有非常之繁殖力。無論何種生物苟一任其生殖而無他力以扼之則其一雄一雌所產之子孫必至布滿地球此繁殖力以幾何級數而增進。

第二、凡一切生物惟適於境遇者乃能生存故常順應於境遇而遞有所變化其變化之結果則遺傳於其子孫而此之變化非獨在外形爲然耳卽內部之機關亦然卽心理之機能亦然。

因此二者而自然淘汰之公例出爲自然淘汰者謂生物雖恃其繁殖力可以生存然以其所產太多之故不得不競爭競爭之結果於是大部分歸於滅亡而生存者不過一小部分當其競爭之際各生物皆有自變化之能力其變化雖小而一以適於境遇爲主於是優而適者獨存遺其種於後一切生物依此公例經無量世無量劫以至今日其間所經過之境遇至複至雜故其身體之組織心智之機能亦隨之以日趨複雜。

一言蔽之則一切生物皆常受外界之牽動而屢變其現在之形態而已。

此實達爾文學說之大概舉數千年之舊思想翻根柢而廓清之爲科學界哲學界起大革命者此雖然達氏之所謂優所謂適者不過專指現存箇人之利益或其種族多數之利益而已達氏之意曰無論何等生物必當常變其狀態使有益於己然後可

以生存。韻德氏以爲達氏進化論之中心點在此其所以不完滿者亦在此。

韻德氏以爲自然淘汰之目的。在使同族中之最適之生存而所謂最大多數者不在現在而在將來故各分體之利益及現在全體之利益皆不可不犧牲之以爲將來達此目的之用於是首明現存必滅之理與現在滅然後羣治進之義乃進言曰以尋常人之識見所最貪者生也壽也所最惡者死也夭也然死之與夭有大關係於進化功用者何則彼高等生物下等生物其壽命不特不傳種之長短布種之廣狹爲差。按若以住世之久暫第其高下則勤物之壽視人類爲長者多多矣故高等生物其壽有時固賴長壽有時亦加長而已往往愈進於高等而其壽愈短種族之所以能發達有時固賴短命有時亦賴短命使當外界環境遇變化之際則惟短命者可與之順應何以故惟短命則交代之事屢起於是平其習慣其狀態其性質等變化甚劇之際則惟短命者乃可與之順應何以故惟短命則不爾者以長壽而保持舊態不能與外界之變遷相追逐則其競爭必敗北而且歸澌滅夫物之所以有生其目的必非在自身也不過爲達彼大目的之全體之過渡而已其所以有死亦卽爲達此大目的之一要具也故死也者進化之大原也頡氏以爲凡物之不進化者則無有死彼下等簡單之生物以單細胞結集而成者是也故其一箇之生物體俄然可剖分以爲二箇焉更可剖分以爲四箇焉分裂又分裂繁殖以至巨萬而終不死若是者謂之無限之生命高等進化之生物則不然其種族皆有平均一定之壽限及限而不得不死若是者謂之有限之生命今使旣列於高等生物與他高等者相競爭而生命仍復無限則他族之屢屢交代者其子孫皆多變化而有順應境遇之資格我乃持舊態以與之競爭其種族敗亡可翹足而待也故出者進化之母而人生之一大事也人以死而利種族現在之種族以死而利未來之種族死之爲用不亦偉乎夫旣爲未來而始有生斷斷然矣

案死之爲物最能困人記曰天地之大也人猶有所憾人旣生而必不能無死是尋常人所最引爲缺憾者也故古來宗敎家哲學家莫不汲汲焉研究「死」之一問題。以爲立脚點嘗綜論之約有八說儒家之敎以爲死而有不死者存不死者何曰名故曰君子疾沒世而名不稱焉又曰死或重於泰山或輕於鴻毛若何而與草木同腐此儒家之所最稱也其爲敎也激厲志氣導人向上然只能

光若何而與草木同腐此儒家之所最稱也其爲敎也激厲志氣導人向上然只能

引進中人以上而不能範圍中人以下羨猶有憾焉此其一道家之教厥有三派一曰莊列派以爲生死齊一無所容心故曰物方生方死方死方生又曰莫壽於殤子而彭祖爲夭其爲教也使人心志開拓然放任太過委心任運亦使人彷徨無所歸宿此其二次爲老揚派以爲死則已矣毋甯樂生故曰生則堯舜死則腐骨生則桀紂死則腐骨腐骨一耳孰知其極其爲教也使人厭世使人肆志傷風敗俗率天下而禽獸罪莫大焉此其三又次爲胭仙派以爲人固有術可以不死於是煉養爲服食焉其愚不可及矣此其四此皆中國之言也。墨氏以爲死後更無他事。故所言者惟人世間之事,蓋墨敎不以死爲立脚也。短喪節葬之說矣。其在域外則埃及古敎雖死之後猶欲保其遺骸於是有所謂「木乃伊」術者其思想何在雖不能確指要之出於畏死而欲不死之心而已此其五印度婆羅門外道以生爲苦以死爲樂於是有不食以求死者有餵蛇虎以求死者有臥轍下以求死者厭世觀極盛而人道或幾乎息矣此其六景敎竊佛說之緒餘冥構天國趨重靈魂其法門有可取者然其言末日審判死者復生是猶模棱於靈魂軀殼之間者也其解釋此問題蓋猶未確未盡此其七佛說基至究謂一切衆生本不生不滅由妄生分別故有我相我相若留則墮生死海我相若去則法身常存死固非可畏亦非可樂無所畏礙無所恐怖無所貪戀舉一切宗教上最難解之疑問一喝破之佛說其至矣雖然衆生根器既未成熟能受者蓋寡焉此其八家之宗旨雖各不同。要之皆離生以言死非即生以言死也所論者既死後之事非未死前之事姑出世間之言也宗教家言非科學家言也其以科學談死理圓滿透達顛撲不破者吾以為必推頡德氏此論夫死之困人也至矣雖有英雄豪傑氣槪不可一世一語及此鮮有不喪幡然改其度者公德之所以不能進皆此之由頡氏此論雖未可為言死之極軌然使人知有生必有死實為進化不可缺之一要具其為人人必當盡之義務也既如彼而其關係重大也又如此等是死也其奚擇哉奚怖哉奚餒哉以此論與孔佛耶諸大宗敎說並行則人庶不為此問題所困而世運可以日進頡氏所以能為進化論革命鉅子者在此為耳。

頡氏又言凡物之有男性女性之別也亦非為現在也非為生物各箇之利益也凡以

為未來計使適應於時勢而速其變化之率也有兩生物於此則必各經過其特別之境遇各自發達各有其過去所受之特色因使之結合焉調和焉傳其特色於其子則比之僅僅單一之特色者其必有所優焉欲結合兩物之特色不可不結合其含此特色之細胞此男女之事所以為貴也凡生物之由生也其間體內細胞又屢屢變化故當其受生也既受祖宗傳來各種複雜之特色及其成長也又自有所受外界薰染之特色復加於舊特色之內而一併貢獻於其子孫此乃種族之所以日進也然則人生數十寒暑所以常轉旋其體內細胞而變化之者凡亦為未來計而已。自然淘汰既以未來為目的故生物既全為未來而存立故敵不見夫動物乎最下等者高等生物也反是者為下等也故勤勞於為未來者則為優為勝怠逸於為未來者則為劣為敗不見其卵而復養育故其卵及其幼兒之大多數皆常滅亡稍進至鳥類則孵化其卵而復養育之更進至哺乳動物則養育其兒之勞愈多而在生物界愈占高等之位置物既有之人亦宜然頡德現定此義為進化論之標準因持之以進退當世之學說乎曰「進化之義在造出未來其過去及現在不過一過渡之方便法門耳今世政治學家經學家之所論雖言人人殊要之皆重視現在而於未來少所措意是可為浩歎也如所謂社會論國家論人民論民權論政黨論階級論等雖其立論之形式不同結論各異而其立脚點常在於是卽如近世平民主義之新思想所謂最大多數之最大幸福者亦不過以現在人類之大多數為標準而已其未來之大利益若與現在之多數利益不能相容則棄彼取此非所顧也試條論之自百年以前法國大革命所自出之思想以迄近世德國社會民主黨所稱述之學說其最精要之論不過以國家為謀公衆利益之一機關而已胎孕法國革命者若康輒若希比沙士若志的羅若達廉比爾諸家皆「以社會為簡人之集合體故不可不以簡人之利益為目的社會之義務卽為現時組織社會之人汲汲盡瘁是也」其意義未嘗有所謂未來者存也盧梭祖述此說而益倡之混國家與社會為一其所重者亦在國家多數人民之利益亦未嘗有所謂未來者存也英國平民主義首倡之者為斯密亞丹其所著原富發揮民業之精神建設恆產之制度破壞過去之習慣以謀現在之利益而於未來一問題蓋闕如也斯密所發起之

新思想經邊沁阿士丁〔按日人常譯為奧斯丁陳法理學大家也〕占士彌勒〔按約翰彌勒之父也〕瑪兒梭士理嘉圖〔按二人皆生計學家斯密派之鉅子也〕約翰彌勒諸賢之講求臻完備皆以現在幸福為本位以鼓吹平民主義也邊沁以為羣學之理想在於增進一羣之利益而一羣之利益即合其羣內各人之利益而總計之者也一切道德皆以此為根原能自進已之利益不可也若此者世稱之為善行反是謂之惡行以為利益而犧牲義務可也為義務而犧牲利益不可也此等思想自經約翰彌勒引申之為樂利說實現在主義之極端也〔按顏氏所論邊氏不無太過觀前號邊氏學說自明〕發明之後以未曾有之勢力深入於英國人之腦中斯賓可謂近世自由主義之導師也然其流弊所存固有不能為諱者約翰彌勒學貫百家識絕千古其高深博大之理想固吾所大欽服雖然其所論亦以現在之利益為基礎僅能言國家之所以成立而於人羣之進化仍無關也夫國家非人羣之一機關乎以彌勒之達識生當進化公例大明之日而於「現在者非為現在而存實為未來而存」之理竟不克見及不可謂非賢者千慮之一失也斯賓塞以進化哲學倡導學界其大功固不可及至其羣學之思想亦不免與彌勒同病斯賓塞屢言犧牲過去以造現在不言犧牲現在以造未來無他重視現在太過見有所蔽而於現在必滅之理未嘗厝意也雖然斯賓塞非全

忘未來者。彼嘗言曰人羣之進化實由現在之利益與過去之制度相爭而後勝於前之結果也。又曰國界必當盡破世界必爲大同此皆其理想之涉於未來者也。雖然彼其所根據者仍在現在彼蓋欲以現在國家思想擴之於人類統一之全社會未足眞稱爲未來主義也其在德國有所謂唯物論者有所謂國家主義者有所謂保守黨者有所謂社會黨者。要之悉皆以現在主義爲基礎而已。今之德國有最占勢力之二大思想。一曰麥喀士之社會主義二曰尼志埃之箇人主義。尼志埃爲極端之强權論者。前年以狂疾死其勢力披靡全歐。世稱爲十九世紀末之新宗敎。麥喀士謂今日社會之弊在少數之强者所壓伏尼志埃謂今日社會之弊在少數之優者爲多數之劣者所鉗制二者雖皆持之有故言之成理要之其目的皆在現在而未嘗有所謂未來者存也」頡德氏既臚列諸家之說一一駮難之因斷言曰「十九世紀者平民主義之時代也現在主義之時代也雖然生物進化論既日發達則思想界不得不一變此等幼稚之理想其謬誤固已不可掩質而論之則現在者實未來之犧牲也若僅曰現在而已則無有一毫之意味無有一毫之價値惟以之供未來之用然後現在始有意味有價値凡一切社會思想國家思想道德思想皆不可不歸結於是」此實頡德著書之微意也。

（未完）